新时代高等法学教育创新教材

第 1 辑

传播法教学案例精选与评析

卢家银 主编

知识产权出版社
全国百佳图书出版单位
—北京—

图书在版编目（CIP）数据

传播法教学案例精选与评析. 第1辑/卢家银主编. —北京：知识产权出版社，2022.7
ISBN 978-7-5130-8137-5

Ⅰ.①传… Ⅱ.①卢… Ⅲ.①新闻学—传播学—法学—中国—教案（教育）Ⅳ.①D922.161

中国版本图书馆 CIP 数据核字（2022）第 064718 号

责任编辑：韩婷婷　　　　　　　　　责任校对：潘凤越
封面设计：杰意飞扬·张　悦　　　　责任印制：孙婷婷

传播法教学案例精选与评析（第1辑）
卢家银　主编

出版发行：	知识产权出版社有限责任公司	网　　址：	http://www.ipph.cn
社　　址：	北京市海淀区气象路50号院	邮　　编：	100081
责编电话：	010-82000860 转 8359	责编邮箱：	hantingting@cnipr.com
发行电话：	010-82000860 转 8101/8102	发行传真：	010-82000893/82005070/82000270
印　　刷：	北京建宏印刷有限公司	经　　销：	新华书店、各大网上书店及相关专业书店
开　　本：	787mm×1092mm　1/16	印　　张：	16.75
版　　次：	2022年7月第1版	印　　次：	2022年7月第1次印刷
字　　数：	300千字	定　　价：	89.00元

ISBN 978-7-5130-8137-5

出版权专有　侵权必究
如有印装质量问题，本社负责调换。

编辑委员会

（按姓氏字母排序）

范玉吉　顾理平　李丹林　林爱珺
刘文杰　卢家银　牛　静　彭桂兵
滕　朋　张志安　赵双阁　郑　宁

前　言

2020年11月16日，习近平总书记在中央全面依法治国工作会议上发表重要讲话，强调围绕建设中国特色社会主义法治体系、建设社会主义法治国家的总目标，坚持党的领导、人民当家作主、依法治国有机统一，在法治轨道上推进国家治理体系和治理能力现代化。2021年11月11日，党的十九届六中全会通过《中共中央关于党的百年奋斗重大成就和历史经验的决议》，提出"坚持依法治国、依法执政、依法行政共同推进，坚持法治国家、法治政府、法治社会一体建设"。在我国全面实施依法治国战略的过程中，已经陆续出台了与传播活动息息相关的《民法典》《著作权法》《个人信息保护法》等一系列法律法规，法治国家、法治政府和法治传播一体化建设正在持续推进。

立足我国当下的传播法治发展实践和战略需求，学术界围绕媒介融合的最新发展、网络治理的现实进程和传播科技的侵权挑战，一方面，对当下的传播法治展开了系统研究，出版、发表了一系列令人备受鼓舞和启发的优秀作品；另一方面，全国一百多所新闻传播院校均已开设"新闻传播法规""媒介法规与伦理"等相关课程，南京师范大学顾理平教授团队牵头成立中国新闻史学会媒介法规与伦理专业委员会，华中师范大学江作苏、李理和陈科教授团队率先探索案例库建设，华中科技大学张昆、牛静教授团队牵头举办教学研讨会，中山大学编者所在的传播法教学团队坚持运用案例教学法，全国各大兄弟院校均不约而同地以各类方式对传播法教学展开了多维度的实践探索。

为推动传播法教学与科研更上一层楼，鼓励和引导本领域师生深入探索我国传播法治中遇到的实际问题，开发与总结出适用于中国特色传播法教育的高质量教学案例，在中国新闻史学会的指导下，媒介法规与伦理研究委员会和应用新闻传播学专业委员会携手开展了"2021年传播法教学创新案例征集"活动。经过两轮遴选，来自中国传媒大学、武汉大学、西北大学、华东政法大学和上海电视台等全国十多所高校与媒体研究机构同人撰写的18篇案例作品入选。《传播法教学案例精选与评析》（第1辑）即收录了这些入选的案例。

本案例集立足我国传播法治的本土实践，尝试从法治维度展示和剖析传播管理的实践与情境，启发读者理解传播法治的实践挑战、法律适用与理论争议，从而提升学生解决复杂实践问题的能力。本案例集涵盖网络平台治理、网络诽谤犯罪、媒介名誉侵权、个人信息保护、网络知识产权与司法新闻报道六个领域，既有民事案件，又有刑事案件，共18篇案例。其中，信息网络传播权纠纷涉及文字作品、影视作品和类电影作品三类作品的侵权表现与责任认定。所有入选案例均具有一定的代表性，案例分析材料和数据大多数来源于中国裁判文书网和"北大法宝"，案例作者既有长期从事新闻传播法和法学课程教学的资深教授，又有熟悉该领域的知名业界精英和律师，还有作为教学主体的青年学生。案例分析紧扣课堂教学的实践环节，体例上主要分为理论背景、案例概述、案例评析和讨论与小结四个部分，对案例进行了尽可能详细和全面的剖析，并配有引导和启发学生思路的思考题。

《传播法教学案例精选与评析》（第1辑）植根于我国传播法治实践，具有一定的理论与实践价值，可作为新闻传播法课程的参考资料或教辅材料，适用于新闻传播学类本科生和研究生相关课程的教学，可供同行作教学参考之用，也可以为媒体和互联网平台管理者的合法合规运营提供借鉴。本案例集既能够为新闻传播法等相关课程的教学提供案例指引，又能够帮助学生更好地理解传播法治理论与实践，有助于培养和提升学生运用理论知识分析和解决复杂实践问题的能力，培育法治精神，达到学以致用的目的。

本案例集的编写与体例设计，得到了中国新闻史学会媒介法规与伦理研究委员会会长顾理平教授、应用新闻传播学专业委员会会长张志安教授、中华全国法制新闻协会理论研究专业委员会常务副主任范玉吉教授、媒介法规与伦理研究委员会副会长林爱珺教授以及全国三十多位学者的鼎力支持和帮助，衷心感谢所有参与和支持本案例集设计、编辑和校对工作的同人与同学，感谢大家的理论探讨和倾情奉献。虽然编辑团队已经尽了最大努力，但难免仍然存有不足，对此责任在我、不在大家，并请读者批评指正。

编　者
2022年春于中山大学

目 录

平台治理篇

第一章　网络平台垄断行为的认定标准／卢家银　詹　紫 ………… 3
　　　　——评微源码公司与腾讯公司垄断纠纷案
第二章　舆论监督与未成年人人格权益平衡／郑　宁　葛　扬 ………… 17
　　　　——评李某某与魏某、微梦创科公司网络侵权责任纠纷案

网络诽谤篇

第三章　网络空间"跟风评论"的边界与尺度／李婷婷 ………… 33
　　　　——评江某某自诉谭某侮辱诽谤罪案
第四章　英雄烈士的名誉与荣誉保护／李　彦　张子琪 ………… 46
　　　　——仇某诋毁中印边境戍边官兵案例分析

名誉侵权篇

第五章　诽谤诉讼中"事实"与"意见"的二分／崔明伍 ………… 59
　　　　——评刘某舟与刘某群名誉权纠纷案
第六章　专业人士自媒体的传播注意义务标准
　　　　探讨／李洋　王菲　吴峰 ………… 72
　　　　——以"教科书式耍赖"名誉权案判决书为例
第七章　已尽合理核实义务抗辩的司法创生／王伟亮　杨龙雪 ………… 83
　　　　——评某某石油公司诉《新京报》等名誉侵权案
第八章　新闻侵权诉讼中的责任认定与利益平衡／陈　科　姜译涵 ……… 97
　　　　——评世奢会与《新京报》等名誉权侵权责任纠纷案

1

个人信息篇

第九章　个人信息与隐私的界分／周丽娜 ················ 117
　　　　——以"微信读书 App"案为例
第十章　人脸信息的合法、正当、必要处理／李　兵　李铮铮 ········ 131
　　　　——评国内"人脸识别第一案"
第十一章　人脸识别应用中"知情—同意"原则的局限与
　　　　实现／王　敏　钟　焯 ···················· 145
　　　　——评郭某诉杭州野生动物世界案

知识产权篇

版块一　文字作品

第十二章　可信时间戳技术在版权司法实践中的应用与
　　　　反思／彭桂兵　谢雅楠 ···················· 163
　　　　——评众佳公司与咪咕传媒信息网络传播权纠纷案
第十三章　人工智能生成稿件的著作权及其归属／雷丽莉　朱　硕 ······ 176
　　　　——腾讯诉盈讯侵害著作权案评析

版块二　影视作品

第十四章　视频平台在履行"通知—删除"规则之外是否还应尽到
　　　　注意义务？／路　鹃　杨果郁娜 ················ 190
　　　　——评优酷网络与 B 站信息网络传播权纠纷案
第十五章　二次创作影视解说类作品侵权路径
　　　　认定／何秋红　丁　悦　朱宇婷 ················ 205
　　　　——评优酷诉深圳蜀黍科技有限公司案

版块三　类电影作品

第十六章　赛事直播节目著作权保护的固定性要件
　　　　分析／姚岚秋　魏高灵 ···················· 216
　　　　——评新浪诉凤凰网侵犯著作权及不正当竞争纠纷案

第十七章　赛事节目的作品构成与独创性分析／赵双阁　南　梅 ……… 230
　　　　　——以新浪中超案为例

司法报道篇

第十八章　司法案件的媒介报道与利益平衡／梁光兆　曹小杰 ………… 245
　　　　　——以劳某案为例

平台治理篇

第一章　网络平台垄断行为的认定标准

——评微源码公司与腾讯公司垄断纠纷案

卢家银* 詹 紫**

伴随着数字经济的快速发展，平台反垄断已成为网络治理中的重大问题。为了应对限制交易、滥用数据和扼杀收购等垄断挑战，域内外均加强了反垄断立法与执行。在2018年的深圳微源码软件开发有限公司（以下简称微源码公司）诉腾讯科技（深圳）有限公司（以下简称腾讯公司）垄断纠纷案中，微源码公司因在其微信公众号上发布"数据精灵""一键转发"等使用外挂接入微信的信息，腾讯公司以其违反了运营协议等理由封禁了涉案公众号。微源码公司以腾讯公司构成限制交易等垄断行为而诉至法院，深圳市中级人民法院认定腾讯公司封禁原告微信公众号的行为不构成滥用市场支配地位，驳回原告的全部诉讼请求。该案对相关市场、市场支配地位与滥用的认定以及公共利益的适用，体现了平台反垄断法律适用的基本步骤和总体特征。

一、理论背景

近年来，数字经济突飞猛进，极大地促进了经济社会的快速发展。作为新型商业组织的网络平台重塑了经济生态和市场竞争，改变了资源配置的方式，成为政治权力和市场权利之间的第三力量。[1] 由于平台经济具有较强的网络效应和规模效应以及赢者通吃、双边市场、跨界竞争等内在特性，平台间竞争的"马太效应"凸显，众多细分领域市场份额被少数互联网巨头企业占领，呈现

---

* 卢家银，中山大学传播与设计学院教授、博士生导师。
** 詹紫，中山大学传播与设计学院硕士研究生。
[1] 张晨颖：《公共性视角下的互联网平台反垄断规制》，《法学研究》2021年第4期，第149－170页。

日益集中的市场竞争格局,资本的无序扩张使得平台经济垄断风险凸显。❶ 拥有强大技术和资本优势的超级网络平台,愈益表现出限制充分市场竞争的趋向。同时,"由新兴技术衍生的算法合谋、价格歧视、平台'二选一'、大数据'杀熟'、'扼杀式'收购、自我优待等反竞争行为多样、隐蔽、复杂、频发,损害市场竞争,侵害消费者权益,妨碍创新和影响可持续发展。"❷ 这对数字经济的健康发展构成了严重威胁。

为了应对网络平台的这种垄断趋向,中国、欧盟和美国等开始修订反垄断法律和加强数字领域的反垄断执法与行政监管。2020年1月2日起,国家市场监管总局就《反垄断法》修订草案公开征求意见,《反垄断法》时隔13年迎来了首次修订。2020年12月11日,中共中央政治局提出,要求强化反垄断和防止资本无序扩张。2021年2月,国务院反垄断委员会印发《关于平台经济领域的反垄断指南》,开始强化平台经济领域内垄断行为的治理,为平台企业的合法运营提供指引。2021年4月,国家市场监管总局在专项治理行动中对淘宝平台的"二选一"行为作出182.28亿元的行政处罚。❸ 同年11月18日,国家反垄断局正式挂牌成立,其前身为国家市场监管总局直属局,从此变为国务院新组建的副部级国家局。这是继2018年反垄断执法"三合一"❹ 之后的又一重大举措,进一步完善了中国反垄断治理的机制。该局成立第三天,即对多家网络巨头未依法申报经营者集中的行为给予单一案件顶格50万元的行政处罚。

与我国类似,欧美多国也在平台反垄断领域采取了积极行动,普遍通过修法和行政执法等多种手段规范数字经济和加强平台反垄断监管。对于中外反垄断实践,方兴东和钟祥铭发现,"欧洲施行严格的规制策略,积极运用反垄断手段,聚焦数据对市场竞争的影响;美国对超级平台的反垄断规制则更加审慎。"❺ 在欧洲,早在2004年,欧盟即裁定微软公司构成垄断,对其处以6.13

---

❶ 倪红福、冀承:《中国平台反垄断政策的过去、现在与未来》,《改革》2021年第11期,第82-94页。
❷ 孙晋:《数字平台的反垄断监管》,《中国社会科学》2021年第5期,101-127页。
❸ 《国家市场监督管理总局行政处罚决定书》(国市监处〔2021〕28号)。
❹ 2018年国务院机构改革后,原先分别由商务部、国家发改委、国家工商行政管理总局承担的反垄断执法工作统一归属国家市场监督管理总局承担,专门负责反垄断执法,同时承办国务院反垄断委员会日常工作。
❺ 方兴东、钟祥铭:《互联网平台反垄断的本质与对策》,《现代出版》2021年第2期,第37-45页。

亿美元的罚款，该裁决还得到了欧洲初审法院的支持。在《通用数据保护条例》的基础上，欧盟于2020年年底颁布《数字市场法》与《数字服务法》草案，要求网络巨头改变商业行为，否则将面临巨额罚款，甚至会被强制拆分或退出欧盟市场。2018年7月，欧盟还对谷歌在智能手机安卓操作系统的垄断处以创纪录的43亿欧元罚款。在美国，反垄断诉讼在微软案达成协议之后再次成为热点问题。2020年10月，美国众议院司法委员会发布《数字市场竞争状况调查报告》，将反垄断的矛头直接指向了包括苹果、亚马逊、谷歌和脸书在内的多家网络超级平台，重点分析了科技巨头滥用市场支配力量、排除市场竞争的问题。2020年10月20日，美国司法部对谷歌提起反垄断诉讼，指控谷歌非法实施反竞争行为来维护其垄断地位。

从域内外平台反垄断的历史与实践来看，平台反垄断的本质不仅是经济问题，还是政治问题，平台与政府博弈的不只是利益问题，还有深层次的权力问题。[1] 在数字时代，互联网平台已经从商业模式、技术工具上升为信息社会的核心组织形式。[2] 它直接影响着网络空间的信息传播、舆论走向和交易模式等。"互联网平台正在崛起成为政府之外的社会管理者：互联网平台可以为平台上的各方制定行为规则，决定数字经济市场的交易规则、准入条件和资源配置""国家也越来越多地依靠互联网平台提供公共服务、开展执法活动"[3]，与公民权利保护、社会稳定和国家安全息息相关。在当下，国内外所采取的各类平台反垄断举措，其总体目标和价值追求是与这个时代的政治、经济和社会环境的变化相伴的，除去其保护消费者利益、保护市场公平竞争之外的多元目标，其政治使命始终是显而易见的。正因如此，《反垄断法》通常被称为"经济宪法"，认为其具有超级法的巨大威力。有研究指出："反垄断法不是一般的部门法，而首先有宏大的政治使命和政治目标，旨在对竞争自由、市场结构和市场运行进行宏观性和基础性的调整，甚至以此传导更为重大的政治使命，因而决定着经济的安全和繁荣。"[4]

在反垄断的法律实践中，平台反垄断行为的认定通常从相关市场、市场支

---

[1] 方兴东、钟祥铭：《互联网平台反垄断的本质与对策》，《现代出版》2021年第2期，第37-45页。
[2] Cohen, J. E. Law for the Platform Economy. *UC Davis Law Review*, 2017, 51 (1): 133-204.
[3] 刘云：《互联网平台反垄断的国际趋势及中国应对》，《政法论坛》2020年第6期，第92-101页。
[4] 孔祥俊：《论互联网平台反垄断的宏观定位：基于政治、政策和法律的分析》，《比较法研究》2021年第2期，第85-106页。

配地位和滥用市场支配地位等维度展开。其中，对相关市场的界定既是对竞争行为进行分析的起点，也是反垄断判定的重要步骤，其目的是科学地对经营者市场份额、市场集中度情况、市场地位对市场竞争的影响等进行分析和判断，但并不是所有的反垄断案件都需要先界定相关市场。具体而言，可以根据平台所涉及的一边或多边商品，运用需求替代分析、供给替代分析和假定垄断者测试等多种方法界定相关商品市场或地域市场。在法律上，"拥有市场支配地位本身并不违反《反垄断法》，只有利用市场支配地位实施产生排除、限制竞争效果的垄断行为且无合理理由时才违法。"❶ 互联网平台的垄断行为主要包括"二选一"在内的限制交易、差别待遇、滥用数据控制权与不合理并购等排除与限制竞争的行为。对此，《反垄断法》和《关于平台经济领域的反垄断指南》均有详细规定，各级法院在适用法律的过程中亦参照该标准执行，以期通过对消费者利益、平台利益和社会公共利益的价值权衡，促进数字经济健康发展。

二、案例概述

深圳微源码软件开发有限公司是一家软件开发销售公司。2015年10月，该公司在腾讯科技（深圳）有限公司和深圳市腾讯计算机系统有限公司运营的微信平台上注册了"数据精灵分销平台"等26个公众号，用于宣传和推广其产品和服务。微源码公司在其运营的微信公众号上发表了大量图文信息，这些信息涉及"数据精灵""爱转多开""色子神器"等使用外挂接入微信系统软件的介绍，内容主要是宣传介绍相关软件的使用方法、安装方法、购买信息以及相关营销活动。腾讯公司以涉案公众号推广的外挂软件明显超越微信所允许的功能范畴，认为微源码公司违反了微信服务协议及运营规范等相关规定，干扰和影响了微信平台的正常运营，封禁了其所运营的26个公众号。微源码公司诉至法院，请求法院判令腾讯公司停止滥用市场支配地位，解封公众号并赔偿损失。❷

在法庭上，微源码公司认为，腾讯公司的活跃用户数量达到6.8亿人，拥有强大的财务实力、技术实力和作为交易商的控制力，在我国的即时通信服务

---

❶ 侯利阳：《互联网平台反垄断的局限与突破：由"腾讯封禁抖音案"引发的思考》，《商业经济与管理》2021年第4期，第88—96页。

❷ 广东省深圳市中级人民法院（2017）粤03民初250号。

市场中具有市场支配地位。腾讯公司在未经其许可的情况下，封禁了微源码公司注册的 26 个公众号，突如其来的封禁行为使得微源码公司无法保存原有的客户资料，流失了大量客源，遭受了巨额损失，在试图申请解封时更是发现申诉无门。为此，微源码公司主张腾讯公司实施了无正当理由的"拒绝交易"和"差别待遇"等行为，构成滥用市场支配地位。腾讯公司则表示，微源码公司的行为违反了此前双方签订的《服务协议》和《运营规范》，注册大量公众号反复向用户推送同样内容，发布色情内容、外挂工具与方法等，试图通过病毒式营销手段吸引尽可能多的用户关注，以宣传、推广其"数据精灵""一键转发"等微信外挂软件。这严重影响了微信用户的使用体验，扰乱了微信平台的公共秩序。

2018 年 8 月，深圳市中级人民法院对此案作出裁决。该院指出，微源码公司并非使用微信即时通信及社交服务的普通用户，而是在平台上以自媒体形式营销推广软件产品的商业主体，其需求为在线推广宣传，故本案"相关商品市场"应为互联网平台在线推广宣传服务市场。深圳市中级人民法院还认为，微源码公司未能提供证据证明腾讯公司具有滥用其微信即时通信及社交服务市场支配地位的行为，作为微信平台运营方，腾讯公司依据双方事先达成合意的《服务协议》及《运营规范》，对原告微源码公司的违规行为进行必要管理并无不当。由此，该院驳回了原告的全部诉讼请求。❶

值得注意的是，在此案审理期间，腾讯公司亦将微源码公司等多家公司诉至法院，指控称微源码公司依托其运营的"数据精灵"软件，并配合其提供的特定微信版软件，在手机终端增加了正版微信不具有的"定点暴力加粉"（一键可对两公里范围内的所有微信用户发送添加好友请求）、"一键点赞和评论"等十三项特殊功能。深圳市中级人民法院经审理认为，"数据精灵"软件强行改变并增加功能，其高频次、大范围、自动发送、与不特定用户人群交互信息的功能特征，除了会破坏微信的社交生态环境，还会引发服务器过载、信息内容不安全等风险，属于不正当竞争行为，判决微源码公司等停止侵害、连带赔偿损失 500 万元。被告不服并提起上诉，广东省高级人民法院于 2020 年年底作出终审判决，驳回上诉，维持原判。❷

原告和被告之间的这种争讼引发了社会关注和广泛讨论，前者被广东省高

---

❶ 广东省深圳市中级人民法院（2017）粤 03 民初 250 号。
❷ 广东省高级人民法院（2019）粤民终 2093 号。

级人民法院列入互联网领域反不正当竞争和反垄断十大案例，后者被最高人民法院列入互联网十大典型案例，成为网络平台反垄断法律适用的重要参考。

三、案例评析

在网络平台的反垄断法律适用中，相关市场界定、市场支配地位及滥用市场支配地位的认定是三个重要问题。除了对"二选一"等排除竞争行为的分析，相关市场的界定与市场支配地位的认定通常是判断垄断行为的重要步骤。

（一）相关市场的界定

在网络平台的反垄断中，相关市场的界定是法律适用的关键所在。与传统实体经济的单边市场相比，互联网时代的数字经济具有双边市场特征。双边市场指具有两个不同但相互之间存在关联性客户群的市场。有研究指出：互联网产业是具有双边市场特征的产业，它"不是由一类企业作为供给方和一类用户作为需求方所构成的单边市场，而是通过运营商提供平台和应用服务，两类或者多类用户通过平台实现交换的双边市场或者多边市场。"[1] 身处这类市场之中的网络平台，连接着用户和企业，兼备市场和企业的双重属性。互联网企业所提供的服务呈现动态化和平台化的特点，在基础服务上整合了多种不同类型的增值服务，具有多样性和复杂性，相互之间的边界较传统行业更为模糊。[2] 在这种情况下，就不能援用实体经济中的单边市场来界定和分析双边市场。"一个有效的方法是区分所涉主体的不同消费群体和可能的竞争对手，然后再区分出为这些消费者服务的不同商家。"[3]

对于相关市场的界定，我国法律界主张根据实际情况采用不同方法进行界定。《国务院反垄断委员会关于相关市场界定的指南》（以下简称《指南》）第7条指出："界定相关市场时，可以基于商品的特征、用途、价格等因素进行需求替代分析，必要时进行供给替代分析。在经营者竞争的市场范围不够清晰或不易确定时，可以按照'假定垄断者测试'的分析思路来界定相关市场。"在北京奇虎科技有限公司（以下简称奇虎公司）诉腾讯科技（深圳）有限公

---

[1] 陈宏民、胥莉：《双边市场：企业竞争环境的新视角》，上海：上海人民出版社2007年版，第4页。

[2] 广东省深圳市中级人民法院（2017）粤03民初250号。

[3] 张江莉：《互联网平台竞争与反垄断规制：以3Q反垄断诉讼为视角》，《中外法学》2015年第1期，第264－279页。

司、深圳市腾讯计算机系统有限公司（以下简称腾讯两公司）滥用市场支配地位纠纷案中，最高人民法院即运用假定垄断者测试（HMT），将该案的相关市场界定为中国大陆地区即时通信服务市场。该院认为，实践中，假定垄断者测试既可以通过数量不大但有意义且并非短暂的价格上涨（SSNIP）的方法进行，又可以通过数量不大但有意义且并非短暂的质量下降（SSNDQ）的方法进行。"互联网即时通信服务的免费特征使用户具有较高的价格敏感度，采用价格上涨的测试方法将导致相关市场界定过宽，应当采用质量下降的假定垄断者测试进行定性分析。"❶

在微源码公司诉腾讯公司案中，深圳市中级人民法院则是运用需求替代分析法对相关市场进行界定。在裁判文书中，深圳市中级人民法院指出："相关商品市场的界定一般首先从反垄断审查关注的经营者提供的商品（目标商品）开始考虑，逐步考察最有可能具有紧密替代性关系的其他商品。如果该商品被认为是可替代的，则该商品应纳入'相关市场'范畴，以及逐步考察对该商品'最有可能具有紧密替代关系'的另一商品。"❷ 同时，该院强调，"相关市场界定要围绕被诉行为的竞争损害展开。在滥用市场支配地位案件中，要考察涉案争议行为是否在相关市场上产生了竞争损害，首先应当明晰涉案行为到底可能在哪些商品或服务所构成的市场范围内产生了竞争损害。因此，应当以涉案争议行为所指向的商品或服务为出发点，进而围绕该商品或服务进行需求替代分析。这一点在涉及互联网行业的反垄断诉讼案件中更为重要。"❸

基于此，法院判定本案相关商品市场应为互联网平台在线推广宣传服务市场。深圳市中级人民法院认为，微信公众号服务与即时通信服务不同，不能将微信公众号服务等同于微信产品。微信是腾讯公司向用户提供的跨平台通信工具，是一个集合了多种服务的综合性互联网应用平台；而微信公众号则主要向用户提供信息发布、媒体传播、企业宣传等服务。微信软件上提供的上述增值服务，尽管都共享微信这一入口，但微信的各项增值服务相对于基础即时通信服务而言具有高度独立性，在各自领域独立地与相关互联网产品或服务产生竞争。❹ 在此背景下，不能简单地将任何发生在互联网环境下的活动都直接锁定在平台基础服务所在的商品或服务市场。并且，从功能上看，新浪微博、自办

---

❶ 最高人民法院（2013）民三终字第 4 号。
❷ 广东省深圳市中级人民法院（2017）粤 03 民初 250 号。
❸ 广东省深圳市中级人民法院（2017）粤 03 民初 250 号。
❹ 广东省深圳市中级人民法院（2017）粤 03 民初 250 号。

网站与 QQ 空间等其他互联网产品都具有原告所主张的宣传、推广功能，能够对微信公众号实现有效的替代。❶

当然，也有论者认为，在平台反垄断纠纷中，并非都要对相关市场进行界定。在法律适用中所应防止的一种倾向，是目前所表现出来的相关市场界定中心主义。在垄断协议类案件中，界定相关市场主要是为了对比其产生的积极效果和消极效果，从而评估竞争损害。如果通过分析垄断协议本身便能够得出结论，那么则不需要对相关市场进行界定。❷ 最高人民法院也承认，并非在每一个滥用市场支配地位的案件中均必须明确而清楚地界定相关市场。"即使不明确界定相关市场，也可以通过排除或者妨碍竞争的直接证据对被诉经营者的市场地位及被诉垄断行为可能的市场影响进行评估。"❸ 在奇虎公司诉腾讯公司案中，由于涉案相关市场的边界具有模糊性，一审法院和最高人民法院才对其进行了界定，且对相关市场的界定只是作为工具而非目的。

尽管如此，2021 年 2 月，国务院反垄断委员会印发的《关于平台经济领域的反垄断指南》肯定了平台反垄断中相关市场界定的必要性。该指南虽然并不主张对每个案件都须进行相关市场界定而提出坚持个案分析的原则，但是其第 4 条第 3 款仍然指出：调查平台经济领域垄断协议、滥用市场支配地位案件和开展经营者集中反垄断审查，通常需要界定相关市场。在本案中，深圳市中级人民法院指出："科学合理地界定相关市场，对识别竞争者和潜在竞争者、判定经营者市场份额、认定经营者的市场地位、分析经营者的行为对市场竞争的影响、判断经营者行为是否违法等关键问题具有重要作用。"❹ 在奇虎公司诉腾讯两公司案中，最高人民法院也认为，在滥用市场支配地位的案件中，合理地界定相关市场，对于正确认定经营者的市场地位、分析经营者的行为对市场竞争的影响、判断经营者行为是否违法，以及在违法情况下需承担的法律责任等关键问题，具有重要意义。

（二）市场支配地位及其滥用的认定

1. 市场支配地位

市场支配地位是指经营者在相关市场内具有能够控制商品价格、数量或者

---

❶ 广东省深圳市中级人民法院（2017）粤 03 民初 250 号。
❷ 孙晋：《数字平台垄断与数字竞争规则的建构》，《法律科学》2021 年第 4 期，第 63 - 76 页。
❸ 最高人民法院（2013）民三终字第 4 号。
❹ 广东省深圳市中级人民法院（2017）粤 03 民初 250 号。

其他交易条件,或者能够阻碍、影响其他经营者进入相关市场能力的市场地位。❶ 对于市场支配地位的认定,《反垄断法》第 18 条规定,应当依据该经营者在相关市场的市场份额以及相关市场的竞争状况、该经营者控制销售市场或者原材料采购市场的能力、该经营者的财力和技术条件、其他经营者对该经营者在交易上的依赖程度、其他经营者进入相关市场的难易程度等因素进行判断。根据平台经济的特点,《关于平台经济领域的反垄断指南》依据《反垄断法》第 18 条和第 19 条的规定,提出从六个层面认定市场支配地位:经营者的市场份额以及相关市场竞争状况、经营者控制市场的能力、经营者的财力和技术条件、其他经营者对该经营者在交易上的依赖程度、其他经营者进入相关市场的难易程度和其他因素。

在该案中,原告提交了微信平台的"平均月度覆盖人数""平均日均覆盖人数""月度总有效使用时间""平均人均使用次数"等数据作为衡量腾讯公司市场份额的证据,并试图凭借微信的用户总量和微信平台所拥有的用户注意力来认定被告具有市场支配地位。但是,深圳市中级人民法院判决认定尚无证据证明被告在我国在线推广宣传服务的相关市场具有支配地位。对此,该院认为,这些数据不仅不符合本案相关商品市场范围,也因互联网用户往往同时使用多个互联网应用导致了大量用户重叠,无法作为认定被告市场份额的客观依据;平台内的用户总量与平台内个体所能获得的市场力量不具有必然联系。❷ 同时,从原告微信公众号的使用方式可以看出,通过原告微信公众号的推荐可以链接到其他网站,原告在微信公众号微博上推广的文章也可以链接到原告微信公众号,社交平台或网站互联互通的特点意味着所有拥有接口互联互通的平台用户均可以收到原告的推广文章,也都可能成为原告潜在的用户。因此,该院指出:"以平台内的用户总量来衡量平台内个体所能获得的市场力量并不具有任何现实意义。"❸

与之类似,在奇虎公司诉腾讯两公司案中,最高人民法院立足已生效裁决,从市场份额、相关市场的竞争状况、被诉经营者控制商品价格的能力、经营者的财力和技术条件、其他经营者对该经营者在交易上的依赖程度等方面对市场支配地位进行了分析。该院最终认定被上诉人并不具有市场支配地位。在该案中,最高人民法院指出:"市场份额只是判断市场支配地位的一项比较粗

---

❶ 《反垄断法》第 17 条最后一款。
❷ 广东省深圳市中级人民法院(2017)粤 03 民初 250 号。
❸ 广东省深圳市中级人民法院(2017)粤 03 民初 250 号。

糙且可能具有误导性的指标。在市场进入比较容易，或者高市场份额源于经营者更高的市场效率或者提供了更优异的产品，或者市场外产品对经营者形成较强的竞争约束等情况下，高的市场份额并不能直接推断出市场支配地位的存在。特别是，互联网环境下的竞争存在高度动态的特征，相关市场的边界远不如传统领域那样清晰，在此情况下，更不能高估市场份额的指示作用，而应更多地关注市场进入、经营者的市场行为、对竞争的影响等有助于判断市场支配地位的具体事实和证据。"❶

2. 滥用市场支配地位

对于滥用市场支配地位的认定，我国法律主要依据《反垄断法》第三章和《禁止滥用市场支配地位行为暂行规定》进行适用。根据《反垄断法》第17条的规定，滥用市场支配地位的行为主要包括：以不公平的高价销售商品或者以不公平的低价购买商品；没有正当理由，以低于成本的价格销售商品、拒绝交易、限定交易；没有正当理由搭售商品，或者在交易时附加其他不合理的交易条件；没有正当理由差别待遇等。在奇虎公司诉腾讯两公司案中，最高人民法院围绕用户"二选一"（产品不兼容）和搭售问题进行了分析。该院认为，"虽然被上诉人实施的'产品不兼容'行为对用户造成了不便，但是并未导致排除或者限制竞争的明显效果。"❷ 这说明涉案的"产品不兼容"行为不构成反垄断法所禁止的滥用市场支配地位行为。在该案中，之所以广东省高级人民法院和最高人民法院都未认定被告构成滥用市场支配地位，关键原因在于两审法院认为原告无法证明被告在本案相关市场中具有支配地位。所以无论被告是否符合非法限定交易行为和搭售行为的要件，均不能认定其构成滥用市场支配地位。

但是，广东省高级人民法院仍然认定被告的行为实质上属于限制交易的行为，最高人民法院也支持了广东省高级人民法院的裁决。广东省高级人民法院指出："被告强迫用户'二选一'，表面上赋予用户选择权，但假如被告是一个具有市场支配地位的经营者的话，用户极有可能放弃360而选择QQ。被告采取'二选一'的目的不是要拒绝与用户交易，而在于逼迫用户只能与其进行交易而不与360进行交易。"❸ 对于原告通过"360隐私保护器"及网络言

---

❶ 最高人民法院（2013）民三终字第4号。
❷ 最高人民法院（2013）民三终字第4号。
❸ 广东省高级人民法院（2011）粤高法民三初字第2号。

论对被告实施的不正当行为[1]，"在法有明文规定的情况下，被告没有依法行使诉讼权利寻求制止不法侵害行为的途径，转而单方面采取'二选一'的行为，致使'3Q大战'范围扩大波及用户，其行为缺乏正当性。另外，被告强迫用户采取'二选一'的行为也超出了必要的限度。"[2]

在微源码公司诉腾讯公司案中，尽管原告因其涉案微信公众号为被告封禁而提起诉讼，指控被告利用其在中国大陆移动互联网即时通信和社交软件与服务市场的支配地位，对其实施了无正当理由"拒绝交易"和"差别待遇"的滥用市场支配地位的行为。但是，深圳市中级人民法院依据《反垄断法》认定被告在本案相关市场既不具有市场支配地位，也未产生任何排除、限制竞争的效果，没有任何证据证明其滥用了所谓的市场支配地位。并且，被告腾讯公司并未实施针对原告的差别待遇，即使原告运营的26个微信公众号被封禁后，原告也确认其运营的其他公众号仍然能够正常使用，这说明微信平台仅针对公众号的使用是否违规进行判断，而非将公众号运营主体身份作为判断是否封禁的依据。这意味着被告对原告微信公众号的封禁，并没有产生排除、限制竞争的动机和效果。在判决书中，该院还指出："涉案微信公众号中反复多次发送大量违规违章信息，被告对其实施封号不仅是具有《服务协议》与《运营规范》的合同依据，也是被告作为微信公众平台运营方，保护广大微信用户不受垃圾信息的反复骚扰，维护微信公共秩序的职责所在。"[3] 与之类似，在广州华多网络科技有限公司（以下简称华多公司）诉广州网易计算机系统有限公司（以下简称网易公司）案中，广东省高级人民法院亦是因网易公司在相关市场范围内不具有市场支配地位，且网易公司将《梦幻西游2》与网易CC软件打包安装未违背交易惯例、消费习惯等，也未产生排除、限制其他经营者在搭售品或者被搭售品市场上的竞争，由此认为其不足以对网络游戏服务市场和游戏直播市场的竞争秩序造成影响，从而不构成滥用市场支配地位和垄断。[4]

（三）公共利益问题

所谓公共利益，通常指相关空间内大多数人的利益。[5] 它是司法机构进行

---

[1] 北京市第二中级人民法院（2011）二中民终字第12237号。
[2] 广东省高级人民法院（2011）粤高法民三初字第2号。
[3] 广东省深圳市中级人民法院（2017）粤03民初250号。
[4] 广东省高级人民法院（2018）粤民终552号。
[5] 陈新民：《宪法基本权利之理论基础》，台北：元照出版有限公司1999年版，第134页。

利益衡量所要考虑的重要因素。在法律适用过程中，"法官常常会在尊重基本法律事实的基础上，根据个人利益、社会公共利益的不同需求，权衡各种利益的价值大小，作出与法律精神和社会价值要求相一致的价值判断。通过合理的利益衡量，以达到情、理、法相统一，实现法律效果和社会效果的统一。"❶ 法学家本杰明·卡多佐使用社会福利的表述讨论了司法过程中的公共利益问题，他称"法律的终极原因是社会的福利，未达到其目标的规则不可能永久性地证明其存在是合理的"，当法官"应召就现存规则应如何延伸或如何限制而发言时，他们一定要让社会福利来确定路径，确定其方向和其距离"❷。换言之，当不同的价值目标出现冲突的时候，司法部门通常会结合具体情况综合考虑和衡量，以协调和平衡利益冲突。在我国，公共利益既是《反垄断法》的追求目标，也是其规定的重要免责事由之一。依据《反垄断法》第28条，经营者能够证明该集中对竞争产生的有利影响明显大于不利影响，或者符合社会公共利益的，国务院反垄断执法机构可以作出对经营者集中不予禁止的决定。并且，该法第15条还规定，为实现节约能源、保护环境、救灾救助等社会公共利益，不禁止经营者与交易相对人达成相关垄断协议。

伴随着互联网平台的快速基础设施化发展，网络平台的公共属性日益增强，其日常运营行为和商业政策就可能因滥用监管权力而阻碍市场竞争。❸ 法学者张新宝认为，互联网平台等大型在线企业对移动互联网生态具有强大的控制力和影响力，是网络生态的"守门人"，承担着与技术发展水平相适应且在经济上具有合理性的适当安全保障义务。❹ 有研究亦指出，"作为一种反垄断方法和理念上的转变，还可以将大型数字企业作为一种新的公用事业进行管制。"❺ 在本案中，法院基于互联网信息传播的特征，主张互联网公共平台的管理者对平台的运营行为具有采取必要的事前规范与事后救济举措的义务。尽管原告主张被告腾讯公司在无正当理由的情况下封禁了其部分微信公众号而构成违法，但是该院认为，微信公众号的运营和使用行为不仅牵涉到作为运营方的被告，以及作为使用方的原告，而且也涉及广大微信用户的微信使用环境以

---

❶ 时显群：《社会学法律解释方法研究》，北京：知识产权出版社2019年版，第107页。
❷ 本杰明·卡多佐：《司法过程的性质》，北京：商务印书馆1998年版，第39、40页。
❸ 刘云：《互联网平台反垄断的国际趋势及中国应对》，《政法论坛》2020年第6期，第92－101页。
❹ 张新宝：《互联网生态"守门人"个人信息保护特别义务设置研究》，《比较法研究》2021年第3期，第11－24页。
❺ 高薇：《平台监管的新公用事业理论》，《法学研究》2021年第3期，第84－100页。

及互联网公共秩序。即原告和被告双方的运营行为与反垄断的争讼内容均涉及重大公共利益。司法机关对公共利益的考量正是法律适用的难点所在，由于公共利益具有不确定性，特别是在平台反垄断这种涉及多种价值目标的司法活动中，更需要结合政治、经济和文化等多种因素、多元主体进行多重价值标准的综合评价才能作出判断。法学者尼尔·麦考密克曾说过，法官要综合考量和权衡种种相互冲突的利益和价值，确认一个更重要的价值和利益置于优先地位，同时也要确保能够对被平衡掉的利益和价值的损害降到最小的方式运作。❶

在裁判文书中，深圳市中级人民法院指出："被告作为微信公众号平台的运营方，不仅要保证微信公众号用户正常使用微信公众号服务，同时也承担着维护广大微信用户的良好使用环境和微信公众平台正常使用秩序之责任，涉及一定的社会公共利益。"❷并且，原告推介的"爆粉助手"等产品和服务破坏了微信平台对用户个人系统信息的保护，在微信用户不知情的前提下被动接受陌生信息干扰，实质是对他人信息系统的非法侵入，既损害了其他微信用户利益，又严重扰乱微信的公共使用秩序。在这种情况下，平台运营者有必要采取措施来保障公共利益。2014 年，最高人民法院在奇虎公司与腾讯两公司的另案诉讼中也强调："互联网的健康发展需要有序的市场环境和明确的市场竞争规则作为保障。是否属于互联网精神鼓励的自由竞争和创新，仍然需要以是否有利于建立平等公平的竞争秩序、是否符合消费者的一般利益和社会公共利益为标准来进行判断。"❸

四、讨论与小结

总体而言，数字经济不同于传统经济形态，它具有双边市场、动态竞争和跨界运营的网络效应。尽管这些特征可能会增加法律适用的难度，但是亦能反映网络平台运营的免费模式和流量经济的现实，有助于网络相关市场的认定。在现行反垄断法的框架下，互联网产业的新生态与新业态等特征导致反垄断适法遭遇挑战，但是《关于平台经济领域的反垄断指南》作了针对性规定，各级司法部门在适用法律的过程中也根据数字经济的新发展进行个案分析和价值衡量。平台反垄断法律的适用主要包括相关市场界定、市场支配地位和滥用市

---

❶ 尼尔·麦考密克：《法律推理与法律理论》，姜峰译，北京：法律出版社 2005 年版，第 146 页。
❷ 广东省深圳市中级人民法院（2017）粤 03 民初 250 号。
❸ 最高人民法院（2013）民三终字第 5 号。

场支配地位（即限制交易、自我优待等排除与限制竞争行为）的认定三个层面。相关市场的界定与市场支配地位的认定通常是分析垄断行为的重要步骤，但关键还是对排除和限制竞争行为的认定。近年来的平台反垄断实践已表现出比较明显的以相关市场界定为中心的特征。未来还需要根据数据的流动、算法的渗透和平台的发展，结合具体案例，继续探索网络平台反垄断的法律适用标准。

思考题：

    1. 简要分析近年来互联网平台反垄断的最新动向。

    2. 在网络平台反垄断中，如何认定滥用市场支配地位？

    3. 在平台反垄断法律实践中，需要平衡的利益冲突有哪些？

第二章　舆论监督与未成年人人格权益平衡
——评李某某与魏某、微梦创科公司网络侵权责任纠纷案

郑宁[*]　葛扬[**]

我国法律坚持"最有利于未成年人"原则，给予未成年人特殊、优先的保护。如何平衡未成年人的人格权保护与公民的舆论监督之间的关系是传播法中的一个重要议题。公众享有舆论监督权，对社会上发生的违法或不当行为有权进行监督，但这种权利的行使也有边界，在涉及未成年人时，应当把未成年人权益放在首位。北京互联网法院作出的李某某与魏某、微梦创科公司网络侵权责任纠纷案判决，很好地平衡了未成年人的肖像权、隐私权、名誉权等人格权的保护与公民的舆论监督之间的关系，坚持了"最有利于未成年人"原则，对裁判类似案件具有重要参考价值。

一、理论背景

（一）"最有利于未成年人"原则

我国司法实践中的"最有利于未成年人"原则源于1989年11月联合国《儿童权利公约》中的"儿童利益最大化"原则。所谓儿童利益最大化，即涉及儿童的一切行为，必须首先考虑儿童的最大利益，尊重儿童的基本权利，并应最大限度地确保儿童的生存和发展。所谓"最大"，就是要以儿童的健康、幸福和尊严为上，以儿童的生存与发展为主要，以儿童的有效参与为先，以儿童的优先保护、特殊保护乃至无差别歧视为本，这是所有决策者、执法者考虑一切关乎儿童问题的出发点。《儿童权利公约》第3条第1款最为典型地反映

---

[*] 郑宁，法学博士，中国传媒大学文化产业管理学院法律系主任、副教授。
[**] 葛扬，中国传媒大学文化产业管理学院法律系2020级法学硕士研究生。

了这一原则,该条款规定:"关于儿童的一切行动,不论是由公私社会福利机构、法院、行政当局或立法机构执行,均应以儿童的最大利益为一种首要考虑。"❶我国早已于1990年就签署了《儿童权利公约》,我国对儿童利益最大化原则的适用受国情、传统等因素的影响,在制定相关文件的过程中并没有直接引用"儿童利益最大化"的表述方式,而是对儿童利益最大化作了不同的表述,主要是将"儿童优先"作为儿童利益最大化原则的具体化使用。该公约中的"最大利益原则"在我国的本土化进程中具体转化为"最有利于未成年人"原则。❷

"最有利于未成年人"原则建立在未成年人个体权利的基础上,赋予政策制定者本着保障未成年人最大利益的考虑作出决策的权力,实质上也是对成年人,尤其是未成年人父母权利的限制。例如,我国《民法典》在监护制度上体现出了这一原则,第35条明确规定,监护人应当按照最有利于被监护人的原则履行监护职责。其职责首先不是管教,而是要保护被监护人。传统上,监护人的职责是管教、监督和防止被监护人惹是生非、造成他人损害,但在《民法典》中,"监护"这个概念首先是指维护被监护人的利益。此外,第1098条规定,收养人应当"无不利于被收养人健康成长的违法犯罪记录",不是所有的人都能当收养人,特别强调收养人必须没有不利于被收养人健康成长的违法犯罪记录,目的就是要保护未成年人的健康成长。2021年6月1日施行的新修订《未成年人保护法》第4条明确规定了"最有利于未成年人"的原则,意味着在保护未成年人的人身权利、财产权利及其他合法权益的过程中,要综合各方面因素进行权衡,选择最有利于未成年人的方案,采取最有利于未成年人的措施,实现未成年人利益的最大化。

(二)未成年人的人格权

人格权是民事主体依法固有的以人格利益为客体,以维护和实现人格平等、人格尊严、人身自由为目标的权利。人格权的分类方式很多,可以分为一般人格权和具体人格权、物质性人格权和精神性人格权、商品化人格权和非商品化人格权、自然人人格权和法人人格权等。物质性人格权是指自然人对于其生命、身体、健康等物质性人格权要素的不可转让的支配权,包括身体权、生

---

❶ 柳华文:《儿童权利与法律保护》,上海:上海人民出版社2009年版,第266页。
❷ 王雪梅:《儿童权利保护的"最大利益原则"研究》,《环球法律评论》2003年第1期,第431页、第493—497页。

命权、健康权三种。所谓精神性人格权，是指不以具体的物质性实体为标的，而是以抽象的精神价值为标的的、不可转让的人格权，如名誉权、隐私权、肖像权、姓名权等。❶

我国现行法律对未成年人、老人、妇女、精神病患者等弱势群体的人格权都进行了特殊保护，体现了特殊主体人格权特殊保护理论。未成年人作为特殊主体，其身心状况及承受能力相对于成年人来说处于弱势地位，所以依据特殊主体理论，对未成年人的人格权也应因其自身特性进行特殊保护。❷ 根据《民法典》第110条第1款之规定，自然人享有生命权、身体权、健康权、姓名权、肖像权、名誉权、荣誉权、隐私权、婚姻自主权等权利。第991条规定，民事主体的人格权受法律保护，任何组织或者个人不得侵害。第995条规定，人格权受到侵害的，受害人有权依照本法和其他法律的规定请求行为人承担民事责任。《民法典》编纂以独立的一编专门规定人格权的各项具体权利，对未成年人来说意义重大，为未成年人人格权的维护提供了请求权的基础。❸

（三）公民的舆论监督

舆论监督是指公民通过各种公开形式对国家和社会事务进行监督的行为。公民在了解情况的基础上，通过一定的传播媒介表达意见，行使法律赋予的监督权，以影响公共决策。舆论监督具有监测、约束、警示、反馈等功能，是促进社会公平正义的重要手段。

网络为公民的舆论监督提供了极大便利。网络媒体降低了普通公民的表达门槛，为他们提供了更多的信息素材，使其可以更加方便地发表观点及看法。网络媒体作为一种信息交流平台，具有很强的交互性和强大的聚合力，可以在较短的时间内汇集民众的观点和声音，形成巨大的舆论洪流。

然而，由于舆论监督所具有的信息关注片面性、传播范围不可控性和审视评价非法律专业性等天然缺陷，尤其是在新媒体时代，舆论形成的难以预测性、舆论内容的片面狭隘性以及参与群体态度情绪化等情况，造成舆论监督时常冲破制度的藩篱和边界，造成"舆论审判"、舆论侵权等问题。如在李某某等人强奸案中，众多媒体不尊重、不重视对李某某作为未成年人的人格权保

---

❶ 王利明：《人格权法研究》，北京：中国人民大学出版社2005年版，第44页。
❷ 张莉：《人格权法中的"特殊主体"及其权益的特殊保护》，《清华法学》2013年第2期，第63-65页。
❸ 王利明：《民法典人格权编草案的亮点及完善》，《中国法律评论》2019年第1期，第96-108页。

护，导致李某某的人格权严重受侵犯。❶

（四）网络侵权责任纠纷中的平台注意义务

审查和注意义务是网络服务提供者的普遍义务。《民法典》第1195条规定，网络用户利用网络服务实施侵权行为的，权利人有权通知网络服务提供者采取删除、屏蔽、断开链接等必要措施。通知应当包括构成侵权的初步证据及权利人的真实身份信息。第1197条规定，网络服务提供者知道或者应当知道网络用户利用其网络服务侵害他人民事权益，未采取必要措施的，与该网络用户承担连带责任。因此，网络服务提供者在发布相关信息时，首先有着对用户发布内容审查的注意义务，一旦平台用户发布的信息涉及侵害他人的权利，其为尽到一定的注意义务，应当及时删除或者屏蔽相关用户发布的侵权内容。网络服务提供者须提供信息发布时的筛查情况等证明材料，证明其尽到了合理的审查义务，否则将与侵权用户承担连带责任。

同时，认定网络服务提供者采取的删除、屏蔽、断开链接等必要措施是否及时，应当根据网络服务的类型和性质、有效通知的形式和准确程度、网络信息侵害权益的类型和程度等因素综合判断。认定网络服务提供者是否"知道或者应当知道"用户侵权，需要考虑：（1）网络服务提供者是否以人工或者自动方式对侵权网络信息以推荐、排名、选择、编辑、整理、修改等方式作出处理；（2）网络服务提供者应当具备的管理信息的能力，以及所提供服务的性质、方式及其引发侵权的可能性大小；（3）该网络信息侵害人身权益的类型及明显程度；（4）该网络信息的社会影响程度或者一定时间内的浏览量；（5）网络服务提供者采取预防侵权措施的技术可能性及其是否采取了相应的合理措施；（6）网络服务提供者是否针对同一网络用户的重复侵权行为或者同一侵权信息采取了相应的合理措施；（7）其他相关因素。❷

二、案例概述

2019年5月31日清晨，6岁小女孩李某某因不愿上学而哭闹，父母将其

---

❶ 彭思彬：《论未成年人人格权法律保护的媒体义务——由"李××案"说起》，《福建师范大学学报（哲学社会科学版）》2014年第5期，第1—8页。

❷ 《最高人民法院关于审理利用信息网络侵害人身权益民事纠纷案件适用法律若干问题的规定》第4条、第6条。

绑在树上进行教育。路人魏某使用手机拍摄了上述过程，并将视频私信给多个新浪微博"大V"进行传播，引起广大网友对李某某父母教育方式的热议。

涉案视频时长9秒，视频播放过程中可以清晰地听到小女孩的哭声，画面中有一成年男子由远及近地走来，抬手指向视频拍摄者，并说道："该走走你的，听见了吗？"之后视频结束。该视频中小女孩的面部特征清晰，还露出了内裤。

当天，魏某通过其微博账号共发布了4篇相关博文，第1篇因涉案视频未通过审核而没有发布，第2、第3篇均是包含涉案视频的博文，内容为："太可怕了，这是亲生的吗？把孩子捆树上，开车就走。我去解救，他停车过来阻止我，后来路人纷纷过来帮忙才解救下来。那对夫妻还是不理孩子，说我自己的孩子你们别管。"

事件过后，李某某将路人魏某和视频发布平台诉至北京互联网法院。原告李某某主张，魏某未经其和其监护人同意，在未经模糊、打马赛克等遮掩处理的情况下，将拍摄的高清视频传播到微博上，引来众多网友热议及微博用户转发。同时，其父亲于2019年6月11日通过两个渠道通知微梦公司删除涉案视频，微梦公司未能及时采取必要措施。相关视频在网上有16.9万次播放量。

李某某认为，魏某未经允许私自将未经处理的高清视频上传微博，侵犯了其肖像权、名誉权和隐私权，同时微梦公司在其父亲向该公司提出删除视频的要求时没有及时处理，导致侵权损失进一步扩大，应与魏某承担连带责任。

被告魏某辩称，其在主观上并无过错，视频是如实拍摄的，其目的是为了保护未成年人，其行为也并非违法行为，并未侵害李某某的权利。之后，魏某将前三篇博文进行了删除处理，并在微博上发布第4篇博文向李某某道歉。

被告微梦公司辩称，该公司仅是提供空间储存服务的网络服务提供者，无任何主观过错，该公司并未找到涉案的微博内容，李某某也从未就涉案内容对微梦公司进行有效通知，涉案视频拍摄来源正当，李某某主张的损失源于其父母的教育行为，与微梦公司无关，公司不应承担任何责任。

北京互联网法院经审理认为，本案的争议焦点为：（一）魏某原发或转发涉案博文是否侵犯李某某的肖像权、名誉权、隐私权，是否应当承担责任；（二）微梦公司是否因未履行"通知—删除"义务，而与魏某承担连带责任。审理本案的法官认为，本案涉及未成年人人格权保护和舆论监督两者的冲突平衡问题。因为新修订的《未成年人保护法》已正式实施，其中规定了"保护未成年人，应当坚持最有利于未成年人的原则"。因此，本案的判决必须将

"未成年人利益最大化"原则作为解决相关矛盾冲突的基准,之后的裁判也应在此基础上展开。法院最终认定:魏某未经同意发布涉案视频博文的行为侵犯了李某某的肖像权和隐私权,涉案视频仅为对该事件的客观记录,魏某的网络评论亦在合理范围,无侮辱诽谤之处,未侵犯名誉权,判决魏某赔偿原告精神抚慰金 3000 元,律师费 3000 元,公证费 200 元。因魏某于当日自行删除了视频,故微梦公司不承担连带责任。双方并未上诉,本案判决已经生效并自动履行完毕。❶

三、案例评析

本案的分析思路是:第一,对于本案魏某是否侵犯李某某的肖像权、名誉权、隐私权,应当综合考量发言人的具体身份、言论的具体内容、相关语境、受众的具体情况、言论所引发或可能引发的具体后果等加以判断。第二,未成年人人格权保护和舆论监督的平衡需要把握三个原则。

(一) 魏某是否侵犯了李某某的人格权

1. 魏某是否侵犯了李某某的肖像权

在《民法典》颁布前,《侵权责任法》并未对肖像进行明确界定,我国传统民法学理论将肖像界定为以面部特征为中心的外部形象,其他身体部位即使能够反映个人的外在形象也不能够认定为肖像。❷ 如在叶某诉某医院、某出版社、某广告公司肖像权纠纷案中,法院认为,肖像权是肖像权人对自己的肖像依法享有的制作、使用专有权及利益维护权。原告叶某所诉的照片只有脸上的鼻子和嘴部分,不是完整的特定人形象,该照片既不能反映特定人相貌的综合特征,也不能引起一般人产生与特定人有关的思想或感情活动,因此不是法律意义上的肖像。随着自然人人格利益商业化利用的不断扩张,该理论逐渐遭到学者反对,法院在司法实践中也逐渐抛弃了"面部性"理论。如在广东省广州市中级人民法院审理的徐某某与广州某化妆品有限公司肖像权纠纷中❸,法院认为,肖像权对身体的部位并无具体指定,只要能够让人从视觉形象上感知此为具体的某个人即为肖像权。在《民法典》编纂过程中,立法机关曾认为,

---

❶ 北京互联网法院(2019)京 0491 民初 33767 号。
❷ 张俊浩:《民法学原理》,北京:中国政法大学出版社 1997 年版,第 149 页。
❸ 广东省广州市中级人民法院(2016)粤 01 民终 12021 号。

肖像的范围不应限于自然人的面部特征。肖像是一个自然人形象的标志，除面部特征外，若不把任何足以反映或者可以识别特定自然人的外部形象纳入肖像权的保护范围，都很有可能对该自然人的人格尊严造成威胁。肖像的范围过小，不利于保护肖像权人的利益。[1]

《民法典》颁布后，"肖像"便有了明确的定义，根据《民法典》第1018条第2款的规定，肖像是通过影像、雕塑、绘画等方式在一定载体上所反映的特定自然人可以被识别的外部形象。《民法典》已将肖像的保护范围扩大至具有"可识别性"的外部形象。如在易某诉成都某生物科技有限公司肖像权纠纷案[2]中，被告在微信公众号上发布了一篇商业推广文章，文章中含有一张人物肖像剪影图片，并提到该公司即将迎来一名神秘"蓝朋友"。被告在文章中用文字描述的方式提供了大量剪影图片中的人物线索，并且精选了文章留言区中提及易某名字的留言。法院认为，"肖像剪影＋人物特征描述＋精选留言"模式具有明显的可识别性，可构成侵犯肖像权。单纯的剪影因其仅有轮廓，可识别性并不强，但本案对剪影有大量明确指向性的人物特征描述，再加之精选留言，使该剪影具有很强的可识别性。

肖像权保护的是个人的人格利益，它影响到自然人的人格尊严及社会评价。肖像权作为一种人格权，既体现了肖像权人的人格利益和人格尊严，又体现了肖像权人的财产利益。无论行为人主观上是否具有营利的动机和目的，只要造成肖像权人人格利益和人格尊严的损害，就应当被认定为肖像权侵权行为。特别是，当肖像权人是未成年人时，应当给予特殊保护。《民法典》规定，未经肖像权人同意，肖像作品权利人不得以发表、复制、发行、出租、展览等方式使用或者公开肖像权人的肖像。[3]肖像权人在发现拍摄者拍摄时未反对拍摄并不等同于同意使用其肖像。《民法典》第140条对意思表示的作出方式进行了规定：行为人可以明示或者默示作出意思表示。沉默只有在有法律规定、当事人约定或者符合当事人之间的交易习惯时，才可以视为意思表示。因

---

[1] 黄薇：《中华人民共和国民法典人格权编释义》，北京：法律出版社2020年版，第131页。
[2] 四川省成都高新技术产业开发区人民法院（2021）川0191民初10252号。
[3] 《民法典》第1019条 任何组织或者个人不得以丑化、污损，或者利用信息技术手段伪造等方式侵害他人的肖像权。未经肖像权人同意，不得制作、使用、公开肖像权人的肖像，但是法律另有规定的除外。未经肖像权人同意，肖像作品权利人不得以发表、复制、发行、出租、展览等方式使用或者公开肖像权人的肖像。

此，除符合《民法典》第1020条❶规定的合理使用的情形外，拍摄肖像前应当表明身份，明示被摄者拍摄目的并获得口头或书面同意。构成侵犯肖像权的行为，通常应具备三个要件：（1）商业上的使用或非商业的肖像使用；（2）未经肖像权人同意而使用；（3）无阻却违法事由而使用。

本案中，魏某未经李某某监护人的同意传播了涉案视频即公开了李某某的肖像，涉案视频中包含李某某可以被识别的外部形象。此外，魏某使用自己的微博账号发布涉案视频没有成功，在其收到微博平台向其发送的"未通过审核"的通知后，仍旧继续进行传播，其主观过错明显。从损害后果来看，魏某虽然在当天即删除了其微博上的涉案视频，但是相关事件已经在网上发酵，事发当天警方亦通过网络得知相关线索，从侧面可以看出事件在网上已经产生一定影响。从拍摄并传播涉案视频的目的、手段来看，此案中，可以认定魏某拍摄并传播涉案视频的目的是良善的，但其采取的方式并非出于维护社会公共利益需要、维护肖像权人自身利益需要、为报道和记载特定活动需要而使用肖像，在客观上给李某某造成了次生伤害，不存在免责事由。综上所述，魏某未经李某某监护人同意，公开李某某肖像的行为侵犯了李某某的肖像权。

2. 魏某是否侵犯了李某某的隐私权

美国学者布兰代斯、沃伦最早于1890年指出隐私权是一种个人独处的权利，❷传统隐私的概念以特定的空间概念为前提，这种空间的典型意象便是以家庭和住宅为核心的个人自主空间。❸需要注意的是，虽然隐私强调私密性，但并不意味着在公开场所进行的活动就一定不构成隐私。❹主流理论认为，公共场所隐私权的有无取决于是否存在合理的隐私期待，判断公民对自己的行为是否享有隐私权时，行为发生的场所并不是唯一决定因素。应当从主观、客观两个方面认定公民是否享有合理隐私期待。第一步判断公民对某个事物是否享有主观隐私期待，第二步判断社会公众是否承认公民此种隐私期待是客观合理

---

❶ 《民法典》第1020条 合理实施下列行为的，可以不经肖像权人同意：（一）为个人学习、艺术欣赏、课堂教学或者科学研究，在必要范围内使用肖像权人已经公开的肖像；（二）为实施新闻报道，不可避免地制作、使用、公开肖像权人的肖像；（三）为依法履行职责，国家机关在必要范围内制作、使用、公开肖像权人的肖像；（四）为展示特定公共环境，不可避免地制作、使用、公开肖像权人的肖像；（五）为维护公共利益或者肖像权人合法权益，制作、使用、公开肖像权人的肖像的其他行为。

❷ Warren, S. D. & Brandeis, L. D. The Right to Privacy. *Harvard Law Review*, 1890, 4 (5): 193-220.

❸ 刘泽刚：《公共场所隐私权的悖论》，《现代法学》2008年第3期，第168-174页。

❹ 张红：《民法典各分编（草案）人格权编评析》，《法学评论》2019年第1期，第106-122页。

的。司法实践中,法官需要适用一般理性人的抽象判断标准,要考虑案件所面临的各种具体情节及因素,并且最终决定公民持有的主观隐私期待是否合理。[1]

认定隐私是否存在及其范围,应当从权利人本身的意愿和社会一般合理认知两个视角共同去界定。根据《民法典》第1032条:"自然人享有隐私权。任何组织或者个人不得以刺探、侵扰、泄露、公开等方式侵害他人的隐私权。隐私是自然人的私人生活安宁和不愿为他人知晓的私密空间、私密活动、私密信息。"侵害隐私权的具体情形包括侵害私人生活安宁、侵扰私密空间、侵害私密活动、侵害私密信息等行为,具体而言,即《民法典》第1033条所禁止的行为:"除法律另有规定或者权利人明确同意外,任何组织或者个人不得实施下列行为:(一)以电话、短信、即时通信工具、电子邮件、传单等方式侵扰他人的私人生活安宁;(二)进入、拍摄、窥视他人的住宅、宾馆房间等私密空间;(三)拍摄、窥视、窃听、公开他人的私密活动;(四)拍摄、窥视他人身体的私密部位;(五)处理他人的私密信息;(六)以其他方式侵害他人的隐私权。"该规定即为关于侵害隐私权的主要行为类型。考虑到个案的特殊性,法院认定为属于隐私范畴的内容也在变化,如原告涉及个人私密身体健康及社会敏感事件的信息[2]、原告的家庭关系信息(如生父、继父的姓名及籍贯)[3]、原告的不雅视频及部分截图[4]等。

是否构成侵犯隐私权,应当根据受害人确有隐私被损害的事实、行为人行为违法、违法行为与损害后果之间有因果关系、行为人主观上有过错来认定。本案中,首先,魏某未经李某某监护人的同意,传播了涉案视频,魏某传播涉案视频的行为披露了未成年人李某某不愿意为他人知晓的私密活动和隐私部位,构成侵犯李某某的隐私权的违法行为;其次,魏某虽然在当天即删除其微博上的涉案视频,但是相关事件已经在网上发酵,事发当天警方亦通过网络得知相关线索,从侧面可以看出事件在网上已经产生一定影响,造成了损害后果,且李某某隐私权受到侵犯与魏某上传涉案视频至网络的行为间具有因果关系;最后,魏某在拍摄涉案视频时,李某某的监护人是予以制止的,其已经通

---

[1] 张民安:《公共场所隐私权研究:公共场所隐私权理论的产生、发展、确立、争议和具体适用》,广州:中山大学出版社2016年版,第93页。
[2] 辽宁省沈阳市中级人民法院(2018)辽01民终5411号。
[3] 浙江省温州市鹿城区人民法院(2019)浙0302民初8415号。
[4] 广东省潮州市潮安区(2020)粤5103民初140号。

过行为明确表示了不愿意通过录制视频扩大知晓范围的主观意愿,但魏某仍旧实施了侵害未成年人隐私权的违法行为,主观过错明显。综上所述,魏某传播涉案视频的行为披露了未成年人李某某不愿意为他人知晓的私密活动和隐私部位,侵犯了李某某的隐私权。

3. 魏某是否侵犯了李某某的名誉权

名誉权的定义在学理上主要存在社会评价说、个人尊严说、社会评价综合说等几大学说。通说认为名誉是一种对民事主体的客观的社会评价,是一种外部评价,而非民事主体主观上的自身感受。❶ 我国《民法典》中对名誉权的规定主要为第1024条:"民事主体享有名誉权。任何组织或者个人不得以侮辱、诽谤等方式侵害他人的名誉权"。第1025条:"行为人为公共利益实施新闻报道、舆论监督等行为,影响他人名誉的,不承担民事责任,但是有下列情形之一的除外:(一)捏造、歪曲事实;(二)对他人提供的严重失实内容未尽到合理核实义务;(三)使用侮辱性言辞等贬损他人名誉"。

关于名誉权侵权的构成要件,我国的司法实践一般从受害人确有名誉被损害的事实、行为人行为违法、违法行为与损害后果之间有因果关系、行为人主观上有过错四个方面来认定名誉权侵权责任。❷ 以书面、口头等形式宣扬他人的隐私,或者捏造事实公然丑化他人人格,以及用侮辱、诽谤等方式损害他人名誉,造成一定影响的,应当认定为侵害公民名誉权的行为。如在浙江淘宝网络有限公司(以下简称淘宝公司)与广东IT时代周刊社名誉权纠纷❸案中,根据淘宝公司对该文是否享有诉的利益,涉案文章有无主要内容失实、有无侮辱性内容,涉案文章的评论观点是否造成对淘宝公司明显的负面评价,即使有相关负面评价,是否受涉案文章观点的影响,媒体发表评论本身是否是客观与善意的,法院认定广东IT时代周刊社发表的文章未构成对淘宝公司名誉权侵权。

本案中魏某传播的涉案视频是对于事发当时的客观记录,其随涉案视频而发的评论亦在合理范围,没有对李某某侮辱、诽谤之处,涉案视频中李某某本人没有实施按照社会一般认知可能导致其社会评价降低的行为,客观上不会造成李某某社会评价降低,故魏某没有侵犯其名誉权。

---

❶ 王利明:《人格权法》,2版,北京:中国人民大学出版社2016年版,第227页。
❷ 刘满达,孔昱:《网络环境下的名誉权保护初探》,《浙江社会科学》2007年第3期,第203页。
❸ 浙江省杭州市中级人民法院(2015)浙杭民终字第3493号。

（二）未成年人人格权保护与舆论监督的平衡

舆论监督是公民行使表达权和监督权的重要方式。但在现实生活中，舆论监督与名誉权、隐私权、肖像权等人格权时常会产生冲突。权利的冲突大多是因为法律规定的权利边界不明确而导致的不和谐和矛盾，或者是在行使中出现利益冲突，其背后隐含的是应否给以某种权利限制或是否应对某项权利强化保护的问题。[1] 在处理权利冲突时，应当遵循《中华人民共和国宪法》第51条所规定的原则，即"中华人民共和国公民在行使自由和权利的时候，不得损害国家的、社会的、集体的利益和其他公民的合法的自由和权利。"具体而言，应遵循以下三个原则。

1. "最有利于未成年人"原则

在平衡公民舆论监督与未成年人人格权益保护时，需要以"最有利于未成年人"原则作为解决相关矛盾冲突的基准。《民法典》第998条规定，认定行为人承担侵害除生命权、身体权和健康权外的人格权的民事责任，应当考虑行为人和受害人的职业、影响范围、过错程度，以及行为的目的、方式、后果等因素。第999条还规定，为公共利益实施新闻报道、舆论监督等行为的，可以合理使用民事主体的姓名、名称、肖像、个人信息等；使用不合理侵害民事主体人格权的，应当依法承担民事责任。《未成年人保护法》中也规定了"保护未成年人，应当坚持最有利于未成年人的原则"。

本案中，魏某可以选择更为合理的方式，如拍摄视频后报警等渠道进行检举或控告。即便魏某认为有舆论监督的必要，也应当使用打马赛克等技术对于涉案视频进行遮掩处理，使未成年人不被辨识。因此，本案中魏某采取将含有未成年人隐私的视频上传至网络平台的方式超出了舆论监督的限度，已经背离了其保护未成年人利益的初衷。本案将该原则作为解决纠纷冲突的基准，明确了舆论监督也要将未成年人权益放在首位的司法裁判理念。

2. 比例原则

比例原则最早是行政法的一项原则，发源于18世纪末的德国《警察法》，后来发展成为行政法的"帝王条款"，类似于诚实信用原则在民法中的地位。后来，比例原则又被引入宪法学、刑法学、诉讼法学、经济法学、民法学、国际法学等多个领域。针对舆论监督和未成年人人格权之间的利益冲突可以适用比例原则进行判断。比例原则作为行政法的一项基本原则，其适用需要符合三

---

[1] 梁慧星：《民法解释学》，北京：中国政法大学出版社1995年版，第320页。

个子原则：第一，适当性原则，即采取的手段能够达到目的；第二，必要性原则，在多种能够达到目的的手段中，选择对相对人侵害最小的手段；第三，均衡性原则，即采用的行为方式对个人所造成的损害与社会获得的利益之间应当均衡，成比例。

本案中，魏某的行为不符合必要性和均衡性原则，即魏某可以采取报警、打码上传等对未成年人侵害更小的手段，却采取了伤害较大的手段，而且对个人造成的损害和舆论监督产生的利益之间明显不成比例，因此违反了比例原则。

3. 文化行业"双效统一"原则

互联网平台作为文化企业，应当坚持把社会效益放在首位，社会效益和经济效益相统一的原则（即"双效统一原则"）。互联网技术在传播知识、传递信息，促进社会发展，提高社会效率，推动社会转型升级等方面发挥了不可替代的积极作用，但是也应当看到，网络是一把"双刃剑"。相对于成年人，未成年人心智尚未成熟，自我调节能力较弱，其人格权受到侵害后，更容易扩大，更难得到控制，如果救济不及时，会给未成年人身心健康造成更为严重的伤害。媒介平台作为网络服务提供者，应自觉履行其对未成年人人格权益的保护义务。

本案中，魏某于传播当日即自行删除涉案视频。对于魏某的传播行为，不存在微梦公司接到通知采取必要措施的适用空间。因此，法院认为微梦公司无须与魏某承担连带责任。不过，法院在本案的审理中发现了微梦公司对于涉及未成年人内容的视频资料的审核有待加强，对于"通知—删除"义务的理解过于机械等问题，为此向该公司发送了司法建议，以期该公司可以更好地履行保护未成年人、营造清朗有序网络空间的社会责任。

四、讨论与小结

在自媒体时代，信息传播过程中对公众人格权侵犯的案例屡见不鲜，侵害未成年人人格利益的行为不同于一般的侵权行为，由于其对象特殊、传播面广，因此相较于一般人格权侵权案件，后果更为严重。在平衡公民舆论监督与未成年人人格权益保护时，以"最有利于未成年人"原则作为解决相关矛盾冲突的基准。媒体在处理涉及未成年人的报道时应遵守"最有利于未成年人"原则，公民在进行舆论监督时应当保护未成年人的人格利益，维护未成年人的尊严，多元主体共同参与构建清朗、有序、健康的舆论监督环境，撑起未成年人权益的保护伞。

思考题：

1. 请通过具体实例说明舆论监督可能会侵犯未成年人的哪些权利。

2. 如果你是互联网平台的相关工作人员，当接到当事人关于未成年人权益受到侵害的通知时，你应该怎么做？

网络诽谤篇

第三章 网络空间"跟风评论"的边界与尺度

——评江某某自诉谭某侮辱诽谤罪案

李婷婷[*]

互联网打破了信息传播的门槛,全民参与的多元传播生态和一键转发的传播速度在丰富了网络信息内容的同时也构成了复杂的传播生态,导致网络信息的散播可能经多重加工后难以找到信息源头,增加了信息判断的困难。尤其是网络热点事件由于关注者众多,"跟风评论"者不计其数,捏造和诽谤者也混杂其中。江某某自诉谭某诽谤罪案是其中的典型案例之一,此案的案件审理和判决回答了"跟风评论"的性质,回应了当前诽谤罪适用中的若干争议问题,也以个案的形式对网络空间中的诽谤行为提供了救济的可能性示范。

一、理论背景

在有关新闻传播法的研究中,侵权问题长期以来一直是人们关注的焦点,名誉侵权作为新闻媒体常见的侵权类型备受研究者关注,在厘清媒体举证责任与相关权利义务承担等方面产出研究颇多。但总体而言,传播相关的犯罪无论是案件本身还是法律适用层面均讨论者寥寥,一方面是因为传播犯罪案例本身因与政治权力问题深度关联,超出了单一法律的讨论范畴;另一方面则是因为我国长久以来实行较为严格的出版管理制度,相关案件出现得较少。但近年来,《中华人民共和国刑法》(以下简称《刑法》)第 246 条所规定的侮辱诽谤罪,经 2013 年最高人民法院和最高人民检察院《关于办理利用信息网络实施诽谤等刑事案件适用法律若干问题的解释》(以下简称《解释》)出台,一时间备受关注,讨论者众多。针对网络海量传播主体,《解释》以明确传播数据

---

[*] 李婷婷,华南师范大学新闻传播学系副研究员。

作为入刑标准，让诸多互联网名誉权相关纠纷以刑事自诉案件的形式进入了司法程序，成为平等主体之间纠纷的解决途径。

（一）诽谤罪的构成要件

我国《刑法》第246条规定了侮辱罪和诽谤罪，第1款明确了"以暴力或者其他方法公然侮辱他人或者捏造事实诽谤他人，情节严重的，处三年以下有期徒刑、拘役、管制或者剥夺政治权利。"该条第2款规定，侮辱罪和诽谤罪除了严重危害社会秩序和国家利益的情形之外，"告诉的才处理"。而由于网络空间前台匿名的特点，普通网民无法知晓信息传播者在现实生活中的真实身份，在定位诽谤主体存在困难的情况下，该条第3款规定"通过信息网络实施第一款规定的行为，被害人向人民法院告诉，但提供证据确有困难的，人民法院可以要求公安机关提供协助。"

"捏造事实诽谤他人"是构成罪名的客观事实要件，而捏造事实要经过散播来达到诽谤他人的结果。对于"捏造"和"散播"应当是一个行为还是两个行为，在一段时间内存在争议，通说认为其中包含"捏造 + 散播"两个行为，单纯的"散播"诽谤事实不构成犯罪。[1]但这一观点近年来遭到了质疑，张明楷提出只要是明知诽谤事实并将之散播，就构成此罪，而不需要将之区分为"捏造"和"散播"两个行为。[2]而情节构成要件在《解释》中也有了更为具象和数量化的界定，包括：（1）同一诽谤信息实际被点击、浏览次数达到五千次以上，或者被转发次数达到五百次以上的；（2）造成被害人或者其近亲属精神失常、自残、自杀等严重后果的；（3）二年内曾因诽谤受过行政处罚，又诽谤他人的；（4）其他情节严重的情形。

在互联网流量为王的经济生态下，网络空间还形成了故意以博人眼球的信息赚取流量的做法，信息诽谤甚至成为一种生意，对此《解释》也有所回应，明确网络诽谤还包括以下行为：（1）捏造损害他人名誉的事实，在信息网络上散布，或者组织、指使人员在信息网络上散布的；（2）将信息网络上涉及他人的原始信息内容篡改为损害他人名誉的事实，在信息网络上散布，或者组织、指使人员在信息网络上散布的；（3）明知是捏造的损害他人名誉的事实，在信息网络上散布，情节恶劣的，以"捏造事实诽谤他人"论。

---

[1] 刘宪权：《刑法学名师讲演录 分论》，上海：上海人民出版社2014年版，第629页。
[2] 张明楷：《网络诽谤的争议问题探究》，《中国法学》2015年第3期，第60－79页。

(二) 诽谤自诉及其原因

侮辱和诽谤罪是我国四类亲告罪之一,"告诉才处理",其余亲告罪罪名分别是暴力干涉婚姻自由罪、虐待罪、侵占罪。《关于适用〈中华人民共和国刑事诉讼法〉的解释》明确规定,亲告罪应当由被害人以向法院提交刑事自诉状的形式启动程序,只有在被害人死亡、丧失行为能力或因受强制、威吓等无法告诉,或者是限制行为能力人以及因年老、患病、盲、聋、哑等不能亲自告诉时,才可由其法定代理人、近亲属告诉或代为告诉。

亲告罪是以被害人或者其他有告诉权的个人控告作为必要启动条件的犯罪。其特点是与公共利益无直接联系,是否追诉可以由被害人或其他相关的人自由决定。对于此类行为,被害人如果不希望提起诉讼,那么就没有处罚的必要。[1] 从亲告犯来看,立法允许当事人之间以法律规避的方式进行"私了",以达到息讼平诉的目的,从而使得刑罚的发动受到阻却。[2]

从名誉保护的视角,将诽谤罪设置成自诉罪,被视为基于权利保护和成本计算平衡下的制度安排。其原因至少可从以下两个层面展开:其一,从诉讼成本层面,由当事人自己判断行为人所说的内容是否属实比由公诉机关判断更加合适,在行为人的"坏话"既可能为真,也可能为假的情况下,决定提起诽谤自诉的人,被预设很大可能是问心无愧、明知行为人是在捏造事实因而敢于与行为人对簿公堂、验明真假的当事人。其二,从社会交往关系层面,传统观点认为,在名誉利益层面,被害人与犯罪行为人之间往往深度交往,因此通常存在特殊关系,提起诉讼很可能侵害被害人隐私,因此被害人不到万不得已一般不会提出告诉,以维护自身所处环境的稳定和谐。[3] 在此,诽谤作为亲告罪,其制度试图旨在以被害人的追诉意愿为启动机制,将损害追溯和救济权交由被害人自己处置,只有在极少数例外的情形——即严重危害社会秩序和国家利益的情况下,才由公诉机关提起公诉。

(三) 网络诽谤司法解释:量化的入刑标准

《解释》所规定的"同一诽谤信息实际被点击、浏览次数达到五千次以上,或者被转发次数达到五百次以上"构成诽谤"严重情节",一时间引起广泛争议。质疑者提出以他人转发和浏览行为评估行为人情节是否恰当,但由于

---

[1] 熊永明、胡祥福:《刑法谦抑性研究》,北京:群众出版社2007年版,第271页。
[2] 熊永明、胡祥福:《刑法谦抑性研究》,北京:群众出版社2007年版,第271页。
[3] 车浩:《诽谤罪的法益构造与诉讼机制》,《中国刑事法杂志》2021年第1期,第63-77页。

具体入刑情节的明晰,直观的后果是为被侵权主体提供民事侵权诉讼之外的名誉损害救济证据收集和起诉途径,也让网络诽谤在司法实践中有了明确的指引。总体看来,诽谤入罪尽管与宪法监督权存在较大的张力,但诽谤在平等主体关系间的适用问题,以及其入刑规定中的争议问题,虽然得到了理论家的关注,但以具体个案呈现的剖析尚显不足。

在互联网"跟风评论"及网络暴力相关个案中,江某某与谭某的诽谤诉讼因江某某与刘某之间的生命权诉讼而引发广泛关注,成为反映当前复杂传播生态的侧影,该案件不仅包含了名誉利益及其评价标准问题,还牵涉社会公序良俗和人们朴素的道德观念,从而引发持续讨论,随着案件的进一步发展,至今热度不减。结合个案,本篇解析将以案说法,以法院裁判为依据,回应当前网络诽谤罪中的争议问题,同时透视当前网络传播环境中的诽谤现象。

二、案例概述

本案起因源于留日学生江某在日本被其室友刘某的前男友杀害一案。2016年11月3日,江某在日本留学期间,被其室友刘某的前男友陈某某杀害。此事引发了中日两方媒体的持续关注,陈某某杀人案在日本东京的庭审过程被国内媒体全程直播,成为热点话题,案件当事人刘某、江某母亲江某某因媒体的广泛曝光在网络空间受到了极大关注,并伴随案件本身引发持续讨论。谭某是旁观者和积极参与讨论者中的一位,他在新浪微博以账号"Posh–Bin"为名持续发表多个与江某案以及江某某有关的系列文章及漫画,因激进的表达和持续的攻击性言辞被江某某以诽谤罪告上法庭。

2019年5月,江某某对谭某提起刑事自诉,这也是江某某在受到关注后,对网络攻击提起的多起名誉侵权或诽谤自诉案件其中之一。❶ 谭某在被提起诉讼后依然坚持发帖攻击江某某,致使此案本身也在网络空间引发大量关注。

江某某在诽谤自诉中称,谭某通过新浪微博大范围传播文章及漫画的方式公然贬损自诉人及江某人格,破坏自诉人及江某名誉,情节严重,其行为已构成侮辱罪;谭某通过微博账号发布博文,捏造江某是陈某某情敌而遭陈某某杀害,公然损害自诉人及江某人格,还捏造自诉人借女儿之死敛财、骗取捐款,

---

❶ 另外,北京互联网法院受理了其中4起名誉侵权诉讼、安徽省淮南市田家庵区法院受理了1起诽谤自诉、福建省建瓯市人民法院受理了1起诽谤自诉。

对自诉人进行诽谤。被告人谭某的上述行为给自诉人造成了极大的心理创伤，使自诉人患上了重度抑郁症，有高度自杀倾向，谭某的行为已构成诽谤罪。此案历经两审，法院所认定的事实一致，即认为谭某在新浪微博上针对江某及其母亲的侮辱和诽谤事实成立。❶

　　法院所认定的侮辱事实包括：（1）2018年2月25日，谭某以新浪微博账号"Posh-Bin"发布他人创作的标题为《甜心宝贝miss奖@b！tch》的系列漫画，公然丑化自诉人形象，侮辱自诉人人格。经公证，该系列漫画浏览数为24600余次。（2）2018年9月25日和2018年10月18日，谭某以同一微博账号，先后发布标题为《江某某克死自己女儿，不能怨任何人》（截至2019年7月10日浏览数为8000余次）和标题为《江某七百多天了还不安生，你想念你家鸽子就去买瓶敌敌畏就ok啦》（截至2019年7月10日浏览数为4000余次）的博文，在上述两篇文章的首部附上江某遗照，在该遗照上添加侮辱性文字对自诉人进行侮辱、谩骂。（3）2018年9月24日至10月30日以及2019年3月12日至3月15日，谭某用上述微博账号先后发布18篇微博短文，以恶毒表达连续辱骂自诉人，浏览数为43700余次。

　　法院认定的诽谤事实为：陈某某杀害江某案，经中华人民共和国驻日本国大使馆领事部认证的该案裁判文书认定，陈某某的杀人目标是刘某而非江某，江某系在现场无辜被杀。2018年2月12日和2019年3月15日，谭某通过新浪微博账号发布标题为《深度解析江某某的谎言与诡计！正义必然不属于你》的博文，捏造江某是陈某某情敌而遭陈某杀害的"事实"。经微梦创科公司统计，阅读该文的微博用户总数为26931人。经公证，该文浏览数达34万余次。❷

　　而针对江某某提出被告人诽谤其借女儿之死敛财、骗取捐款的事实，法院查明：江某被陈某某杀害后，自诉人江某某于2017年3月2日至3月15日，以"为被害独女讨公道单亲妈妈众筹赴日"为由，通过网络轻松筹平台发起筹款，又通过自己的微博公布支付宝、微信账号以及工商银行账号，接受社会捐赠。其中，自诉人通过网络轻松筹平台筹得钱款共计人民币29万余元，用于案件维权所支出的差旅、聘请律师、翻译等费用。但是，江某起诉指控谭某捏造自诉人借女儿之死敛财、骗取捐款，对自诉人进行诽谤的事实，证据

---

❶ 上海市第二中级人民法院（2020）沪02刑终672号。
❷ 上海市第二中级人民法院（2020）沪02刑终672号。

不足。

2020年3月5日，上海市普陀区法院作出一审判决，认定被告谭某侮辱罪、诽谤罪成立，依照刑法第246条、第69条第1款，以及最高人民法院、最高人民检察院《关于办理利用信息网络实施诽谤等刑事案件适用法律若干问题的解释》第1条第1款第（一）项、第2条第（一）项、第4条之规定，对谭某以侮辱罪判处有期徒刑1年，以诽谤罪判处有期徒刑9个月，决定执行有期徒刑1年6个月。

对此判决，双方均表示不服，提起上诉。江某某及其诉讼代理人认为，谭某捏造了江某某借女儿之死敛财、骗取捐款的事实，对江某某进行诽谤，一审法院未予认定不当。谭某认为，2018年其通过微博了解江某案，后受舆论影响对江某某产生偏见，跟风参与了网络骂战。2018年发布的"甜心宝贝"系列漫画及带有侮辱性的文章系其在阅览网民微博中零星收集到的，并非原创；对江某的诽谤，系其在看了某教授对江某案的分析及刘某公开爆料的言论及其他网民对此的看法分析后误认为江某为情杀，跟风参与发表了看法。其现在认罪、悔罪，对江某某表示歉意，希望对江某某进行经济赔偿，与江某某进行和解、调解，请求二审法院对其从轻处罚。

上海市第二中级人民法院经审理认为，自诉人江某某起诉指控谭某以微博大范围传播文章及漫画的方式公然贬损自诉人及江某人格，破坏自诉人及江某名誉，情节严重的事实清楚，证据确实、充分，谭某的行为已构成侮辱罪；自诉人江某某起诉指控谭某通过微博账号发布博文，捏造江某是陈某某情敌而遭陈某某杀害，公然损害自诉人及江某人格，情节严重的事实清楚，证据确实、充分，谭某的行为已构成诽谤罪。但是，江某某起诉指控谭某捏造自诉人借女儿之死敛财、骗取捐款，对自诉人进行诽谤的事实，证据不足。对谭某应予数罪并罚。谭某当庭无认罪、悔罪表现，且有犯罪前科，对其酌情从严惩处。二审法院驳回谭某与江某某上诉，维持原判。❶

三、案例评析

新中国的诽谤罪最早由1979年《刑法》第145条规定，"以暴力或其他方法，包括'大字报'、'小字报'，公然侮辱他人或捏造事实诽谤他人，情节

---

❶ 上海市第二中级人民法院（2020）沪02刑终672号。

严重的，处三年以下有期徒刑、拘役或者剥夺政治权利。前款罪，告诉的才处理。但是严重危害社会秩序和国家利益的除外。"1997 年《刑法》将此条款迁移到 246 条，2015 年《刑法修正案（九）》中，该条款中添加了通过信息网络实施诽谤，"被害人向人民法院告诉，但提供证据确有困难的，人民法院可以要求公安机关提供协助"。而在此前的《解释》中，以更为细化的方式明确了网络诽谤的事实与情节要件。

在适用中，网络诽谤罪及其相关犯罪构成依然存在不少争议。从字面规定看，《刑法》条款界定了诽谤罪的客观要件"捏造事实诽谤他人"，《解释》则对"情节严重"的标准以及"严重危害社会秩序和国家利益"这一公诉标准进行了明确。但一方面，网络空间中以讹传讹究竟是否属于"捏造事实诽谤他人"，诽谤行为是单一说还是复合说的争议再次凸显；另一方面，《解释》对于网络诽谤情节认定的量化规定如何把握在司法实践运用中的边界也被持续探讨。

（一）构成要件之单一行为还是复合行为争议

"捏造事实诽谤他人"通说认为属于复合行为，即要求行为人既实施了捏造行为，又实施了散布行为才构成此罪。在早期全国人大关于刑法分则的解释网络公开信息中也持这一观点，称"捏造事实的行为与散播行为必须同时具备才构成本罪。如果只是捏造事实与个别亲友私下议论，没有散播的，或者散播的是客观事实而不是捏造的虚假事实的，都不构成本罪。"❶

对此，张明楷教授表示反对，他提出，刑法条款的表述并不意味着诽谤罪的行为构造为先捏造、后诽谤（或散布）；相反，诽谤罪的构成要件行为并不是复数行为，而是单一行为。他认为，应当将"捏造事实诽谤他人"解释为"利用捏造的事实诽谤他人"或者"以捏造的事实诽谤他人"。❷ 也即，散布明知是损害他人名誉的虚假事实，也属于诽谤。

对于张明楷所认为的散布他人捏造的虚假事实亦属于诽谤的观点，高铭暄和张海梅提出了反对，他们认为将"散布他人捏造的虚假事实"解释为"捏造事实诽谤他人"属于类推解释。因为从句子逻辑结构来看，"捏造事实"是诽谤罪客观行为的组成部分，没有捏造行为只有散布行为的不构成诽谤罪。只

---

❶ 中国人大网：《什么是侮辱罪、诽谤罪?》，http：//www.npc.gov.cn/npc/c2373/200204/84ebee28c41945039e4e0c8e3f140458.shtml，访问日期：2002 年 4 月 19 日。

❷ 张明楷：《网络诽谤的争议问题探究》，《中国法学》2015 年第 3 期，第 60 - 79 页。

有在散布者和捏造者存在共同犯罪故意，构成共同犯罪的情形下才可能构成诽谤罪。❶

但张明楷提出，从语法上说，他关于条款属于单一说的解释并无问题。总体上，成文文字表达总会存在模糊之处，此时，需要通过考察用语的语境与目的揭示用语的真实含义，即使法条文字形式上表述为复数行为，实际上也未必要求是复数行为。诽谤罪所侵害的法益是他人的名誉，单纯利用捏造的事实就足以诽谤他人，造成法益侵害结果。所以，在诽谤罪中，造成法益侵害的是散布侵害他人名誉的虚假事实的行为，而不是捏造事实的行为。既然单纯散布他人捏造的事实就足以毁损他人名誉，就没有任何理由将这种行为排除在诽谤罪之外。❷

对此争议，江某某诉谭某案给出了基于个案的回答。根据本案的基本案情，谭某对江某及其母亲的诽谤并非原创，也即"跟风参与骂战"，或通过零星搜集网民微博的信息汇集整理后转发，或看到其他网民分析后跟风发表的意见。换言之，谭某并非捏造诽谤事实的"原创者"，而是跟风散播诽谤事实的转发者。二审法院审判意见提出：

谭某发布他人创作的《甜心宝贝 miss 奖@b！tch》系列漫画，该漫画将江某某描画得面目狰狞、形象丑陋、衣着暴露……谭某在发布的 18 篇微博短文中连续辱骂江某某，语言恶毒；发布标题为《深度解析江某某的谎言与诡计！正义必然不属于你》的博文，捏造江某是陈某某情敌而遭陈某杀害的"事实"。谭某发布的上述漫画和博文的浏览数总计达 42 万余次。2019 年 1月，经山东省青岛市精神卫生中心初步诊断，江某某患有创伤后抑郁。

谭某作为成年人，应当具备明辨是非的判断能力，应当对自己的言行负责。因此，谭某关于其系受他人影响，跟风参与网络骂战的辩解不能成为对其从轻处罚的理由。❸

两审法院对谭某跟风参与网络骂战的观点十分明晰，即认定其即便不是捏造事实的原创主体，但作为成年人，在信息可以快速散播的网络空间，跟风参与"骂战"，情节严重的也构成诽谤罪。而谭某在此案中的行为被法院界定为网络暴力，"不仅损害、破坏了江某、江某某的名誉权和人格权，严重伤害了

---

❶ 高铭暄、张海梅：《网络诽谤构成诽谤罪之要件——兼评"两高"关于利用信息网络诽谤的解释》，《国家检察官学院学报》2015 年第 4 期，第 117–125 页，第 175 页。
❷ 张明楷：《网络诽谤的争议问题探究》，《中国法学》2015 年第 3 期，第 60–79 页。
❸ 上海市第二中级人民法院（2020）沪 02 刑终 672 号。

江某某，而且混淆了公众视听"。谭某一方面将网络已公开散播的信息加以拼凑二次传播，另一方面自己也持续关注此事相关进展，并发布自己的观点和意见。从此事可以窥测到当前网络空间传播的诸多特点——在信源难以追溯的情况下，每一个信息发布和扩散节点都成为传播链条上至关重要的环节，因此即便是普通人，对自己在网络空间针对他人的评论也应当是基于理性人的判断作出。

正如张明楷教授所提"如果以相同的事实诽谤他人，只有最先捏造的行为人才可能成立犯罪，显然不利于被害人权利的保护"。[1] 尤其在网络空间中信息来源纷繁复杂，追溯"捏造人"几乎是难以完成的任务，若强制要求自诉人提起诽谤自诉时溯源诽谤信息，无疑会将被害人的诉讼成本无限扩大，从而让相关条款规定无法真正实施。本案审判结果回应了互联网信息传播的上述特点，在当前的低门槛高速网络信息传播环境下，明知或应知诽谤事实而散播，与"捏造"并传播一样属于诽谤。

（二）构成要件之主观心态问题争议

诽谤罪成立的主观心态在当前网络传播环境下同样存在争议，争议聚焦是网络诽谤是否需要直接故意。我国《刑法》第14条规定，故意犯罪成立的前提是行为人"明知自己的行为会发生危害社会的结果"，从字面描述上看，明知的事实包括"明知必然发生"与"明知可能发生"。[2] 前者为直接故意，即"行为人就其行为所可能引发之构成犯罪事实，于主观上存有明确的认知，并决议使之实现的心态"，后者则为间接故意，即"行为人虽然预见犯罪事实可能发生，却缺乏积极付诸实现的意图，仅令其自然发展，该事实的实现并未出意料之外"。从《解释》的规定看，明知是捏造的损害他人名誉的事实，在信息网络上散布，情节恶劣的，以"捏造事实诽谤他人"论。通说认为需要存在直接故意才构成此罪，在当前的网络传播环境下遇到了诸多现实问题。

在网络诽谤信息难以判断来源的情况下，信息传播者或转发者"明知而故意追求结果的发生"的断定在多种场合下难以直接判定。以网络"水军"为例，对于"水军"这类受雇佣发布诽谤信息的情况，其中的"团长""水母"以及具体发帖、转帖的"水手"并不一定存在"明知"和"积极追求"

---

[1] 张明楷：《网络诽谤的争议问题探究》，《中国法学》2015年第3期，第60-79页。
[2] 付玉明、杨卫：《犯罪故意的规范释明与事实认定——以"复旦投毒案"为例的规范分析》，《法学》2017年第2期，第183-192页。

的结果,因而难以证明他们存在直接故意的心态。因此,罗翔提出,从现实的角度出发,将侵犯名誉的犯罪理解为间接故意比较合适。因为《刑法》是保护法益之法,无论行为人出于直接故意还是间接故意,在实质上对于被害人名誉损害的效果是相同的。同时,在传媒高度发达的社会,尤其是在互联网传播环境下,信息可以在短时间内传递给不特定的多数人,造成重大的损害。此时,信息的传播者就具有较高的审查义务。如果仍然将侵犯名誉罪的主观心态规定为直接故意,显然不利于对名誉权的保护。❶

诸多研究者表达了类似的观点。高铭暄和张海梅提出,网络环境下诽谤信息的传播者并不确知自己传播的是他人捏造的诽谤信息,对给他人造成的名誉损害也未必都是希望其发生,很可能是一种放任的态度。如果将诽谤罪的故意一概只限于直接故意,不符合网络环境下诽谤信息传播者的实际心理特征,从而会导致将上述情形排除在外,无法实现对网络诽谤行为有效规制以保护公民的名誉权之立法目的。❷

对于主观故意问题,本案说理显示出对间接故意说的支持。二审法院审判中提出,谭某作为成年人,应当具备明辨是非的判断能力,应当对自己的言行负责。因此,谭某关于其系受他人影响,跟风参与网络骂战的辩解不能成为对其从轻处罚的理由。且谭某在一审法院审理期间还发布相关微博,侮辱江某某。

在本案中,对于谭某的行为,很难说其存在明知是诽谤而故意追求后果的发生;但不可否认的是,他整理侮辱性言辞以及跟风评论的行为至少存在明知可能发生而放任的间接故意。事实上在网络空间,类似谭某的这种明知而放任的行为更为常见。对此,本案主审法院给出的态度是,"具备成年人明辨是非的判断力,并对自己的言行负责"。对于复杂的网络传播生态而言,即便是普通人都明显已经注意到了信息散播的速度及其诽谤行为可能造成的严重后果。采纳间接故意说,比论证主观"明知而追求"的主观故意说,显然更能提醒网民提高参与网络讨论的审慎态度,无论是在评论还是参与讨论时,都至少做到对他人的基本尊重和对网络空间的表达作出基于普通人的审慎判断。

---

❶ 罗翔:《网络水军与名誉权的刑法保护》,《社会科学辑刊》2019 年第 4 期,第 121 – 131 页,第 217 页。

❷ 高铭暄、张海梅:《网络诽谤构成诽谤罪之要件——兼评"两高"关于利用信息网络诽谤的解释》,《国家检察官学院学报》2015 年第 4 期,第 117 – 125 页,第 175 页。

(三) 构成要件之"情节严重"问题争议

《解释》出台后引起的诸多讨论实际上聚焦于其对"情节严重"的界定。即利用信息网络诽谤他人"情节严重"的标准包括"同一诽谤信息实际被点击、浏览次数达到五千次以上,或者被转发次数达到五百次以上的"。对这一量化标准最初持反对意见者众多。有学者提出,以诽谤信息被点击、浏览及转发的次数作为网络诽谤构成诽谤罪的标准属于"由他人的行为决定行为人的行为是否构成诽谤罪",不仅违反了犯罪构成的基本原理,也违反了罪刑相当、罪责自负和主客观相统一原则。❶

对此进行回应的学者众多,其中杨柳认为,网络诽谤行为与传统意义上的诽谤行为的不同在于其匿名性、制造易、传播快、影响大、消除难等特点,在传播速度、影响范围和所致损害等方面与传统诽谤具有天壤之别。因此,将转发五百次作为"情节严重"的认定标准的规定才应运而生,这是网络诽谤特征的体现,因其可计数性与传统诽谤形成区别。❷ 高铭暄和张海梅则提出,行为人对发布到网上的诽谤信息被他人点击、浏览及转发承担刑事责任具有客观与主观根据。客观上,诽谤信息被发布到网上是该信息被点击、浏览及转发的前提,不能否定二者的因果关系;主观上,行为人对其在信息网络平台上发布的诽谤信息可能被点击、浏览及转发,从而给被害人的名誉造成损害是有认识的能力及认识的义务的。❸

实际上,无论是本案还是司法解释出台后的其他诸多诽谤罪案件的起诉和审理,都将诽谤信息的点击和转发量作为情节的重要标准予以提交或确认。以本案为例,无论是一审法院还是二审法院在认定行为情节时,都明确以公正确认和平台提供的浏览量作为依据,谭某的诽谤信息被"网民浏览数达34万余次,情节严重"构成诽谤罪,成为罪名成立的重要说理依据。换言之,《解释》本身对此的量化规定实际上也为当前司法实践中的诽谤罪审理提供了明确的量化标准,从而指导法院对案件的审理。

---

❶ 李晓明:《诽谤行为是否构罪不应由他人的行为来决定——评"网络诽谤"司法解释》,《政法论坛》2014年第1期,第186-191页。
❷ 杨柳:《"诽谤信息转发500次入刑"的法教义学分析——对"网络诽谤"司法解释质疑者的回应》,《法学》2016年第7期,第137-143页。
❸ 高铭暄、张海梅:《网络诽谤构成诽谤罪之要件——兼评"两高"关于利用信息网络诽谤的解释》,《国家检察官学院学报》2015年第4期,第117-125页,第175页。

(四) 网络评论的边界与诽谤自诉

在传统传播生态中，诽谤性事实的捏造容易，但散播较为困难，传播途径的限制不仅让信息散播范围有限，且难以量化。同时，传统传播往往由大众传播媒介掌握信息扩散的主要途径，世界范围内的诽谤除罪也在大众传媒发展脉络中得以轰轰烈烈推进。[1]但网络诽谤与之不同，作为客观构成要件的"捏造事实诽谤他人"，因网络传播门槛的降低导致散播变得异常简单，散播的范围也因平台数据的可计数性而有可能被精确计算，使得网络空间的诽谤情节得以以具体数据确定。本案对此已经有明确呈现。对于江某某的诽谤性文章和漫画，谭某并非原创，而是"人云亦云"跟风评论，但谭某是其中积极的"跟风者"，也因此而获刑。

这种信息扩散方式让网络空间捏造事实并加以散播的可能性增加，网络攻击的受害人也层出不穷。净化网络生态的诉求与网络诽谤司法解释一道，让网络诽谤罪"转载五百次、点击五千次"的量化入刑标准成为人们可救济权利的方式之一。近年来，因为网络诽谤而被网民呼吁转向刑事程序的案件屡屡出现，某种程度上也得益于《解释》对于入刑情节的量化规定。对此，本案二审判决态度明确："随着自媒体的普及，每个人都拥有自己发声的渠道，信息的发布门槛大幅度降低。但是网络不是法外之地，每位网民应当尊重权利应有的法律界限，不能侵犯他人的合法权益。如其言行不当，构成犯罪的，应当承担相应的刑事责任。"

值得注意的是，本案中谭某侮辱罪、诽谤罪的成立维护了受害人名誉，也对网络空间"跟风评论"现象具有一定威慑。但网络前台的匿名性依然是提起诽谤自诉的举证难题，《人民日报》评论称"某种程度上，那些遭受网络暴力，而最终通过司法途径获得救济的受害者是相对幸运的。"在复杂的刑事司法程序以及匿名性等因素的限制下，诽谤自诉并非常规选择，在任何社会，刑事司法途径都只是平等主体间关系调整和权利维护的最后兜底，并不可能成为被大规模使用的手段。相反，营造互动更加良好的社区和形成畅达的民事救济途径才是保护公民名誉权的更好途径。

---

[1] Brenner, S. W, Should Online Defamation be Criminalized, *Mississippi Law Journal*, 2007 (76): 1 – 57.

四、讨论与小结

总体而言，网络诽谤与传统诽谤不同，其不仅散播速度快，且诽谤信息难以从网络空间完全清除。这一改变导致网络诽谤不仅容易发生，且容易造成更大的损害后果。正因为如此，我国《刑法》对此进行了规制，并以专门司法解释的方式厘清网络诽谤的构成要件和情节要件。如今网络空间的诽谤行为并不罕见，在商业利益的驱使下，"网络水军"甚至"黑公关"已成为一种产业，网民也因为前台匿名性而欠缺表达的审慎态度，导致网络骂战和无底线人身攻击频频发生，而这些现象都构成了网络空间乱象的重要层面。因此，《刑法》中有关诽谤罪的规定，以及公民对于诽谤自诉权的掌握具有重要意义。换言之，网络不是法外之地，作为网民，应当对自己的言论表达作出审慎的判断，而不是任由自己在匿名的伪装下任意对他人展开人身攻击。反之，遭遇此类人身攻击的网民，亦可拿起法律武器，提起民事侵权诉讼，当受到严重损害的时候，也可以提起刑事自诉——这均为法律赋予公民的权利。

思考题：
1. 诽谤罪的定义和内涵分别是什么？如何理解其历史和现实？
2. 诽谤罪的构成要件是什么？
3. 如何理解网络空间中传播与诽谤的关系？

第四章　英雄烈士的名誉与荣誉保护

——仇某诋毁中印边境戍边官兵案例分析

李　彦[*]　张子琪[**]

仇某诋毁中印冲突戍边官兵的案件是《刑法修正案（十一）》施行后，首个适用侵害英雄烈士名誉、荣誉罪进行审判的案件。英雄烈士是国家崇高理想和民族精神的体现，是中华民族精神的脊梁。该案件对于促进树立尊崇英雄烈士的社会氛围，弘扬社会主义核心价值观具有重大的现实意义。本文在回顾英烈名誉保护的相关立法，侵害英雄烈士名誉、荣誉罪构成要件的基础上，深入分析了个体的言论如何构成侵害英雄烈士名誉、荣誉罪，英烈与普通死者的名誉保护有何区别，以及如何认识案件中涉及的公共利益和利益平衡等问题。

习近平总书记曾指出："对一切为国家、为民族、为和平付出宝贵生命的人们，不管时代怎样变化，我们都要永远铭记他们的牺牲和奉献。"[❶]《中华人民共和国英雄烈士保护法》（以下简称《英雄烈士保护法》）将每年9月30日定为烈士纪念日——正是因为有千千万万的英烈挺身而出、慷慨前行，中华民族才能够历经无数灾厄仍不断发展壮大，构筑起中国人民的精神谱系。在社交媒体的触手不断延展的当下，个体的言论力量得到空前增强，但错误言论也得以几何倍数级地"飞沫"扩散，产生负面影响。仇某诋毁英雄烈士名誉、荣誉案进一步凸显了网络空间中的社会秩序、公共利益、言论自由等问题。

---

[*] 李彦，广州大学新闻与传播学院讲师。
[**] 张子琪，广州大学新闻与传播学院网络与新媒体专业2018级学生。
[❶] 新华社总编室：《治国理政新实践 习近平总书记重要活动通讯选（一）》，北京：新华出版社2019年版，第493页。

一、理论背景

英雄烈士是国家崇高理想和民族精神的体现，是中华民族精神的脊梁。敬重英雄烈士、崇尚英烈精神，是凝聚家国认同、促进中华民族伟大复兴的重要精神动力。加强对英雄烈士的姓名、名誉、荣誉、肖像等人格利益的法律保护，对于树立尊崇英雄烈士和英雄精神的社会风尚，维护社会公共利益，弘扬社会主义核心价值观具有重大的现实意义和深远的历史意义。

2020年12月26日，第十三届全国人民代表大会常务委员会第二十四次会议通过《中华人民共和国刑法修正案（十一）》（以下简称《刑法修正案（十一）》），在《刑法》第299条后增加一条，作为第299条之一，具体规定为："侮辱、诽谤或者以其他方式侵害英雄烈士的名誉、荣誉，损害社会公共利益，情节严重的，处三年以下有期徒刑、拘役、管制或者剥夺政治权利。"而在2020年7月3日的《刑法修正案（十一）（草案）》中，该罪被放置在《刑法》第246条后，作为第246条之一。为何会有这种变化？全国人大宪法和法律委员会在解释位置调整时指出是为了"更加准确体现树立社会主义核心价值观和维护社会秩序的目的"[1]。具体分析可知，《刑法》第246条为侮辱罪和诽谤罪，是侵犯公民人身权利的犯罪；而第299条是妨害社会管理秩序的犯罪。《刑法修正案（十一）（草案）》规定"损害公共利益"情节严重的才构成侵害英雄烈士名誉、荣誉罪，因而该罪并不是对个人法益的犯罪，而是对社会公共利益的犯罪，所以作为第299条之一放置在妨害社会管理秩序罪章节更为恰当。

其实在此之前，民法和《英雄烈士保护法》中对英雄烈士名誉、荣誉保护问题已作出了相关规定。2017年3月15日表决通过的《中华人民共和国民法总则》第185条规定了侵害英雄烈士等的姓名、肖像、名誉、荣誉，损害社会公共利益的民事责任条款[2]，2020年5月28日表决通过的《中华人民共和国民法典》（以下简称《民法典》）再次重申了这一规定。《民法典》将侵害英雄烈士名誉、荣誉放在总则的民事责任部分，而将普通死者的人格利益保护

---

[1] 周光权：《全国人民代表大会宪法和法律委员会关于〈中华人民共和国刑法修正案（十一）〉（草案）修改情况的汇报》，《中华人民共和国全国人民代表大会常务委员会公报》2021年第1期，第134–135页。

[2] 现已废止。

放在第四编，即人格权编，这又是为何？原因就在于，如果将侵害英雄烈士名誉、荣誉的规定放在分编中，即是将保护英雄烈士的名誉、荣誉视为对个人人格利益的保护，而放在总则部分则是将该问题视为对社会公共秩序利益的保护，凸显了对侵害英烈名誉、荣誉而引发的社会公共利益受损害问题的重视。《刑法》和《民法典》对英烈名誉、荣誉保护的逻辑相同，都将之视为社会公共利益，有学者指出这是英雄烈士名誉保护责任条款的民刑一体化之体现。❶

《英雄烈士保护法》中对英雄烈士名誉、荣誉问题亦作出了规定。在这部2018年4月27日由全国人大常委会通过的法律中，第22~26条明确宣示了英雄烈士名誉、荣誉受法律保护的原则，并规定了侵犯英雄烈士名誉、荣誉应承担的相应民事、行政和刑事责任，还明确规定了检察机关可以依法对侵害英雄烈士的姓名、肖像、名誉、荣誉，损害社会公共利益的行为向人民法院提起诉讼。

与上述《民法典》《英雄烈士保护法》等前置法的规定相衔接，《刑法修正案（十一）》增设了侵害英雄烈士名誉、荣誉罪。第一，本罪侵害的客体是社会公共利益。该罪位于《刑法》分则第六章"妨害社会管理秩序罪"第一节"扰乱公共秩序罪"中，而不是置于《刑法》分则第四章"侵犯公民人身权利、民主权利罪"中，从法条的位置可知，该罪重在惩戒因侵害英雄烈士名誉、荣誉而对社会公共利益造成的损害。第二，本罪的行为方式包括侮辱、诽谤或者其他方式。"侮辱"是指行为人以暴力或其他方法，公然贬损英雄烈士人格、破坏其名誉的行为。"诽谤"是指行为人编造关于英雄烈士的虚假信息，或者明知是编造的虚假信息，仍予以大肆传播，造成恶劣的影响。其他方式比如泄露英雄烈士的隐私或者报道严重失实的新闻等。第三，本罪的主观方面是故意，即行为人明知自己散布的是足以损害英雄烈士名誉、荣誉的虚假事实，或者以其他方法公然贬损英雄烈士的名誉、荣誉，并且希望这种危害结果的发生。第四，本罪的犯罪主体是一般主体，即达到刑事责任年龄，具有刑事责任能力的任何人，都可以成为本罪的犯罪主体。

二、案例概述

2020年6月，印度军队违背中印双方共识越过两国边境线。在交涉和激

---

❶ 刘艳红：《法秩序统一原理下侵害英雄烈士名誉、荣誉罪的保护对象研究》，《法律科学》2021年第5期，第110-123页。

烈的斗争中，团长祁发宝身负重伤；营长陈红军、战士陈祥榕在营救过程中不幸牺牲；战士肖思远突围后又返回营救战友，不幸牺牲；战士王焯冉，在渡河支援途中救助被冲散的战友脱险，自己却淹没在冰河之中。牺牲烈士中有刚成年不久的"00后"战士，也有孩子刚出世不久的父亲，他们用生命守护着祖国边境。2021年2月，《解放军报》发表长篇通讯，披露了边境冲突全过程。中央军委授予祁发宝"卫国戍边英雄团长"荣誉称号，追授陈红军"卫国戍边英雄"荣誉称号，给陈祥榕、肖思远、王焯冉追记一等功。

冲突过程披露后，微博上对于英雄烈士光荣事迹的讨论与话题获得了12亿的阅读量、13.5万的讨论量。与此同时，也出现了一些不和谐的声音。仇某（网名@辣笔小球，粉丝量254万）于2月19日分两次发布了两条诋毁戍边官兵的微博，声言"阵亡的不仅仅只有4人""团长个性是'飞将+脱兔+神机+血路+强运'"等。仇某的言论引起争议，网友留言批评这则微博信息，共青团中央官方微博发布仇某微博截图并评论："只恨官微不能骂脏话……"

翌日，警方正式通报仇某诋毁戍边英雄事件，仇某被公安机关刑事拘留。2月25日，公安机关以仇某涉嫌犯寻衅滋事罪，提请检察机关批准逮捕。3月1日，南京市人民检察院以涉嫌侵害英雄烈士名誉、荣誉罪对仇某批准逮捕。《人民日报》客户端也于当日报道并曝光了仇某的道歉视频。当晚，央视《新闻联播》报道了仇某被逮捕一事。犯罪嫌疑人仇某在视频中公开道歉："我在事实不明朗、掌握信息不全面的情况下，还用这样一种轻浮的、夸张的、戏谑的词汇去描述这位英雄团长，不仅仅是贬低了英雄团长的形象，也是影响了整个边防将士的形象。我这样的行为，可以说是一种良知泯灭的行为。我对此也非常自责，非常懊悔。"

3月1日，《刑法修正案（十一）》关于保护英雄烈士名誉、荣誉的条款正式生效，3月8日，最高人民检察院检察长张军在两会工作报告中提到：网络大V仇某恶意诋毁贬损卫国戍边英雄官兵，江苏检察机关迅速介入，依法适用今年3月1日起施行的《刑法修正案（十一）》，首次以涉嫌侵害英雄烈士名誉、荣誉罪批准逮捕，并在军事检察机关支持配合下，开展公益诉讼调查。[1] 仇某诋毁英烈成为该法生效后以侵害英雄烈士名誉、荣誉罪进行处理的第一案。

---

[1] 张军：《最高人民检察院工作报告——2021年3月8日在第十三届全国人民代表大会第四次会议上》，《检察日报》2021年3月16日，第1版。

5月31日下午，江苏省南京市建邺区人民法院依法公开开庭审理被告人仇某侵害英雄烈士名誉、荣誉一案。法院认为，公诉机关指控仇某犯侵害英雄烈士名誉、荣誉罪的事实清楚，证据确实、充分，指控罪名成立。仇某归案后如实供述自己的罪行，且认罪认罚，当庭表示绝不再犯。人民法院根据案件事实、证据，综合庭审中控辩双方意见，依法当庭宣判，认定被告人仇某犯侵害英雄烈士名誉、荣誉罪，判处有期徒刑八个月；并责令其自判决生效之日起十日内通过国内主要门户网站及全国性媒体公开赔礼道歉，消除影响。

三、案例评析

（一）仇某的言论如何被认定为侵害英雄烈士名誉、荣誉罪

本案中，仇某通过转发并评论其他博主已转载"央广军事"客户端对中印冲突文字报道的微博，发表了两次言论，分别是：（1）"最大的官——团长活下来了，看来这个团长个性是'飞将+脱兔+神机+血路+强运'。在此基础上，'外军溃不成军、抱头逃窜'。反正，我们赢了。"（2）"能这么写就不错了。你仔细品，牺牲的这4位都是因为'营救'而立功，连去救人的都牺牲了，那肯定有没救出来的啊，说明阵亡的不仅仅只有4人。这也是印度敢于第一时间公布阵亡人数和名单的原因。在印度看来，他们赢了，且代价更小。"

第一，从此罪的客体来看，仇某侵害戍边官兵的名誉、荣誉，损害了社会公共利益。英烈的事迹和精神是中华民族精神和社会公共利益的重要组成部分，对英雄烈士的丰功伟绩和伟大精神的认同是社会秩序得以正常运转的基础和前提。官兵英勇戍边的行为受到赞誉，是其在社会生活中所获得的名望声誉，是人民对其品德、才干、信誉等方面的社会评价；国家对其授予的光荣称号是他们因自己的突出贡献而获得的荣誉。仇某的言论侵害了英烈、幸存军人的名誉和荣誉，在一定范围和程度上伤害了社会公众的民族和历史情感，造成了对社会公共利益这一重要客体的侵犯。

第二，从该罪构成的客观方面来看，要求侵害英雄烈士的名誉、荣誉，损害社会公共利益，并且情节严重。罗斌认为，有关英烈的法律条款实际主要针对媒体传播侵害行为，这是因为实践中侵害英烈等的姓名、肖像、名誉、荣誉等行为多由媒体传播行为引发，而且也只有媒体传播侵害行为才最有可能造成

恶劣影响，从而损害社会公共利益。❶ 本案中，仇某微博账号有 254 万粉丝。仇某借用游戏《三国志 14》中人物的个性效果（飞将 + 脱兔 + 神机 + 血路 + 强运），戏谑地质疑团长祁发宝的幸存，贬低、嘲讽身负重伤的祁发宝的行为；妄自反驳"央广军事"客户端的权威报道，称"阵亡的不仅仅只有 4 人"。这些言论构成了侵害戍边官兵名誉、荣誉罪的侮辱和诽谤的方式，涉案言论经由网络传播，截至发表当日 15 时 30 分，上述两条微博一共被阅读 202569 次、转发 122 次、评论 280 次，应认定为情节严重。

第三，从此罪的主体来看，仇某达到刑事责任年龄，具有刑事责任能力，符合本罪的犯罪主体要求。因此，仇某的诋毁言论，已构成了对英雄烈士名誉、荣誉的刑事侵害。

第四，从此罪的主观方面来看，仇某的心理状态是故意，即他明知自己散布的是损害英雄烈士名誉、荣誉的虚假事实，并且希望这种危害结果的发生。

此外，还需注意的是：学界和实务界对相关法条中的"英雄烈士"包括去世的英雄和烈士基本没有异议，但对是否包括"活着的英雄"还存在一定争议。仇某诋毁戍边官兵案是首个适用侵害英雄烈士名誉、荣誉罪进行判决的案件，案件涉及活着的英雄和故去的烈士。最高人民检察院在第 136 号指导性案例中指出：应当整体评价为侵害英雄烈士名誉、荣誉的行为，不宜区别适用侵害英雄烈士名誉、荣誉和侮辱罪、诽谤罪。❷

2019 年修订通过的《烈士褒扬条例》中明确规定了公民牺牲符合评定为烈士的情形，其中第 8 条中指出，现役军人牺牲，预备役人员、民兵、民工以及其他人员因参战、参加军事演习和军事训练、执行军事勤务牺牲应当评定烈士。根据上述解释与条例，此案中牺牲的 4 名军人无疑都属于英雄烈士。而在冲突中幸存的团长祁发宝，中央军委授予其"卫国戍边英雄团长"的荣誉称号，他的名誉和荣誉同样也受到法律保护。

（二）英烈与普通死者的名誉保护有何区别

名誉是对主体的品德、声望、才能、信用等的社会评价，而名誉权则是指主体享有应该受到社会公正评论的权利和要求他人不得非法损害这种公正评价的权利。包括名誉权在内的权利始于自然人出生时，止于其死亡时。据此推

---

❶ 罗斌：《传播侵害公共利益维度下的"英烈条款"——〈民法总则〉第一百八十五条的理解与适用》，《学术论坛》2018 年第 1 期，第 84 - 90 页。

❷ 《最高人民检察院第三十四批指导性案例》，《检察日报》2022 年 2 月 22 日，第 7 版。

理，自然人死亡以后不再享有权利，包括名誉权。但《民法典》第994条规定：死者的姓名、肖像、名誉、荣誉、隐私、遗体等受到侵害的，其配偶、子女、父母有权依法请求行为人承担民事责任；死者没有配偶、子女且父母已经死亡的，其他近亲属有权依法请求行为人承担民事责任。也就是说，死者的名誉、荣誉等也受到法律保护。但英烈与普通死者的名誉、荣誉保护有所区别。

总体而言，侵害英雄烈士名誉、荣誉，损害社会公共利益达到情节严重的程度，司法机关自始介入，属于公诉犯罪（若未达到严重程度，可由其近亲属提起民事诉讼，此种情况与普通死者的名誉、荣誉保护基本相同，本文不作深入讨论）；而普通死者的名誉、荣誉引发的纠纷一般通过民事诉讼予以解决，而不按《刑法》第246条的侮辱罪和诽谤罪论处，因为"从刑事立法来看，以往对名誉、荣誉的保护对象主要局限于'活着的人'，对死者的名誉、荣誉是缺少刑法保护的"。[1]

具体而言，英烈与普通死者的名誉、荣誉保护有以下区别。

1. 调整的法律关系不同

对于普通死者名誉问题而言，自然人死亡后，权利能力终止，名誉权即告消灭，但是根据公民通常的观念，死者的名誉、好坏，往往影响对其近亲属的评价，因此侵害死者名誉可能同时侵害其亲属的名誉。如果受到侵害，近亲属可以自己的权利为依据要求侵权者承担侵权责任。故普通死者的名誉保护属于私权范畴。而对于英雄烈士名誉保护，则是涉及国家和社会层面的公共利益问题。

2. 起诉的主体不同

普通死者的名誉受到侵犯时，其配偶、子女、父母可依法请求行为人承担责任；如果死者没有配偶、子女且父母已经死亡，其他近亲属有权依法请求行为人承担责任。而在侵害英雄烈士名誉、荣誉罪的诉讼中，起诉主体只能是检察机关，如本案中，南京市建邺区人民检察院决定以公益诉讼起诉仇某。

3. 保护时限不同

普通死者名誉的保护期限受限于近亲属的存活年限，而对于侵害英烈名誉的公益诉讼则没有时效限制。

---

[1] 陈国庆：《利用信息网络侵犯公民人格权行为的刑法规制——最高人民检察院第34批指导性案例述评》，《中国刑事法杂志》2022年第2期，第1-14页。

（三）如何认识案件中涉及的公共利益？

公共利益是侵害英雄烈士名誉、荣誉罪的核心问题，只有损害公共利益达到情节严重的标准，才适用该项罪名。公共利益也是平衡英烈名誉、荣誉与言论自由的关键。公共利益以价值选择为基础，是一个不确定的法律概念，具有历史性特征，它必须具有公共性质，体现社会发展的整体性要求和强国富民的目标。❶ 马克思曾指出"公共利益"的实质——不是仅作为一种"普遍的东西"存在于观念中，而是首先作为彼此分工的个人之间的相互依存关系存在于现实中。❷ 公共利益的含义包含"秩序"和"道德"的双重元素，秩序由外力干预形成，道德方面则旨在维护弱势群体的利益。❸

《民法典》《刑法》等法律作为《中华人民共和国宪法》（以下简称《宪法》）的下位法，其"公共利益"应以宪法文本的规定为基础，价值取向上应保持统一，不能任意扩大范围。2004年我国宪法的修正过程中增加了"公共利益"的概念和相关制度。❹ 胡锦光等认为从实践来看，"公共利益"的宪法作用主要体现在两个方面：首先是作为基本权利的界限，其次是平衡公共利益与基本权利。❺ 韩大元认为，宪法文本中的公共利益大体上具有如下含义：首先是社会各种利益的整合，承担着为社会提供规则的任务；其次，国家是公共利益的维护者；再次，公共利益具有工具性价值，在内容上以公共秩序或社会秩序为基本价值取向；最后，公共利益不同于国家利益和社会利益，公共利益的获益主体主要是社会成员，而国家利益主要是以国家为获益主体，公共利益与社会利益的区别主要在于社会利益具有功利性与排他性，不一定代表公共利益的要求。❻

英烈的"事迹和精神是中华民族共同的历史记忆和宝贵的精神财富……

---

❶ 胡鸿高：《论公共利益的法律界定——从要素解释的路径》，《中国法学》2008年第4期，第56－67页。

❷ 马克思，恩格斯：《马克思恩格斯全集》（第3卷），北京：人民出版社1960年版，第37页。

❸ 张钦昱：《〈民法典〉中的公共利益——兼论与公序良俗的界分》，《暨南学报（哲学社会科学版）》2021年第7期，第34－46页。

❹ 2004年《中华人民共和国宪法修正案》，《中华人民共和国国务院公报》2004年第13期，第4－5页。

❺ 胡锦光、王锴：《论我国宪法中"公共利益"的界定》，《中国法学》2005年第1期，第18－27页。

❻ 韩大元：《宪法文本中"公共利益"的规范分析》，《法学论坛》2005年第1期，第5－9页。

是实现中华民族伟大复兴的强大精神动力"[1]，这正体现了英雄烈士的名誉、荣誉的公共利益特征。而对英烈名誉、荣誉的尊重和维护是社会秩序得以正常运转的前提，这也体现了英烈名誉、荣誉作为公共利益对社会秩序的工具性价值。《刑法修正案（十一）》将"损害社会公共利益"作为侵害英雄烈士名誉、荣誉罪的构成要件，是对英雄烈士名誉、荣誉公共利益的本质属性的确认。早在2016年的"狼牙山五壮士"案件中，法院认为"狼牙山五壮士"是中国共产党领导的八路军在抵抗日本帝国主义侵略的伟大斗争中涌现出来的英雄群体，是中国共产党领导的全民抗战并取得最终胜利的重要事件载体，判定涉案文章侵害的不仅仅是英烈个人的名誉和荣誉，更是对英雄人物的名誉、荣誉融入的社会公共利益的侵害。[2]

戍边官兵获得的英雄称号，既是国家及公众对他们作为中华民族优秀儿女在反抗入侵、保家卫国中作出巨大牺牲的褒奖，也是他们应当获得的个人名誉和个人荣誉。与"狼牙山五壮士"一样，其事迹所凝聚的民族情感和历史记忆以及所展现的民族精神，是社会主义核心价值观的重要来源和组成部分，是我国作为一个民族国家所不可或缺的精神内核，因而是社会重大公共利益。因此，仇某对戍边官兵名誉、荣誉的损害，是对社会公共利益的损害。

仇某诋毁戍边官兵案件引起人们关注的另一个原因是其中蕴含了英烈名誉保护与言论自由的平衡问题。在我国，公民的名誉、荣誉受到《宪法》保护，与此同时，《宪法》也确认了公民享有言论自由和艺术创作自由。侵害英雄烈士名誉、荣誉罪在对英雄烈士的名誉、荣誉予以保障的同时，自然也对公民发表关于英雄烈士的言论形成了限制，两者间的张力如何化解？解决之道的关键就在于公共利益，即在侵害英雄烈士名誉、荣誉，损害公共利益达到情节严重的程度时，对言论自由进行限制才具有合理性。在前述"狼牙山五壮士"等英雄人物人格权益的相关案例中，也反映出此类案件中多个权益间的复杂平衡难题。法院在该案判决书中指出：表达自由是一般人格尊严的重要内容，但言论自由并非没有边界，如果超出合理限度，就会造成对他人的合法权益以及更为重要的社会公共利益的侵害。

然而，公共利益概念存在确定性缺失的不足——公共利益概念的不确定性会在名誉侵权领域给滥用公共利益留下空间。因此，有学者认为，应当对侵害

---

[1] 许安标：《关于〈中华人民共和国英雄烈士保护法（草案）〉的说明》，《中华人民共和国全国人民代表大会常务委员会公报》2018年第3期，第392–394页。

[2] 北京市第二中级人民法院（2016）京02民终6272号。

英雄烈士名誉、荣誉罪中的"损害社会公共利益"进行限缩解释，认定其仅包括类似《刑法》第 246 条第 2 款"严重危害社会秩序和国家利益"的情形。❶秦前红等学者指出基于宪法价值与精神，可从价值填充与规则再造两条路径实现公共利益目的具体化。价值填充指的是将公共利益还原到具体的法律制度中，将其在适用的特定场域中实现最大可能的具体化；规则再造指的是找到公共利益目的抗辩的适用机制，将其与我国的司法实践相融合，以保障公共利益目的抗辩的可操作性。❷

四、讨论与小结

英雄烈士名誉、荣誉及其蕴含的公共利益在我国社会主义法律体系中具有崇高的地位。本文以《刑法修正案（十一）》实施后的第一案——仇某诋毁中印边境戍边官兵案为例，在探究《民法典》《英雄烈士保护法》《刑法》中的相关规定及原理的基础上，分析了仇某的言论如何构成侵害英雄烈士名誉、荣誉罪；英烈与普通死者的名誉保护有何区别；如何认识案件中涉及的公共利益、英烈名誉保护与言论表达的平衡等问题，公共利益作为一条红线始终贯穿其中。

在新媒体时代，更应该利用好新媒体的特性和技术优势，传承好英雄烈士的精神。在仇某发布涉案言论的当晚，新浪微博官方就发布公告，对仇某账号予以禁言一年的处罚，第一时间删除微博，从源头上防止扩散，并通过平台实名认证机制协助警方锁定嫌疑人，一定程度上体现了平台的社会责任感。对于互联网时代的每一个传播者而言，不能只追求流量带来的利益，而不惜侵害他人合法权益甚至公共利益。仇某拥有两百多万粉丝，作为一个有着相当大影响力的网络意见领袖，其侮辱、诋毁戍边官兵的行为可能会一时满足部分人的猎奇心理，但终究不能经受理性和公益的考问。正如那句"网络绝非法外之地"，"辣笔小球"终成"辣笔小囚"。

---

❶ 王钢：《刑法新增罪名的合宪性审查——以侵害英雄烈士名誉、荣誉罪为例》，《比较法研究》2021 年第 4 期，第 83－97 页。

❷ 王雨亭、秦前红：《名誉侵权中的公共利益目的抗辩——新闻报道、舆论监督等行为的特殊免责事由》，《河北法学》2022 年第 2 期，第 162－183 页。

思考题：

1. 侵害英雄烈士名誉、荣誉罪的构成要件是什么？
2. 如何认识侵害英雄烈士名誉、荣誉保护中的公共利益？
3. 结合传播实践，谈谈怎样平衡英雄烈士名誉、荣誉保护与言论表达之间的关系。

名誉侵权篇

第五章　诽谤诉讼中"事实"与"意见"的二分

——评刘某舟与刘某群名誉权纠纷案[*]

崔明伍[**]

新闻传播的内容不外乎"事实"与"意见",一旦涉讼,真实的"事实"自可脱责,反之担责;而"意见"难以证实或证伪,尤其尖刻的"意见"往往令人难堪,认定其法律责任颇费周章。刘某舟与刘某群名誉权纠纷案即从"事实"与"意见"的区分出发,法院认为概括他人的言论属于"意见表达",虽与他人原话有内容上和理解上的差异,但未虚构或歪曲事实以致与一般公众理解存在较大差异,亦未有明显的侮辱、诽谤内容的,不应认定为构成侵权。原告作为知名人士,应对自身公开发言的内容所产生的社会公众评价有适当的容忍义务。在涉及事实与意见二分的判决中,本案是近年来我国法院论证较为详细者,具有一定的示范意义。

一、理论背景

"事实"与"意见"二分的哲学起源可以追溯到现代经验主义创始人之一的大卫·休谟。休谟声称:"人类理性或探索的所有对象自然可以分为两类,即思想关系和实际事物。"[❶]在《人性论》中,休谟还区分了"事实判断"和"道德判断"。学者们将其概括为"休谟之问",即人们不能从"是"推出"应当"(cannot infer an "ought" from an "is")。后世学者在此问题上有褒有

---

[*] 本文系国家社科基金项目"网络空间治理背景下我国非法网络出版的规制研究"(18BXW042)的阶段性研究成果。

[**] 崔明伍,安徽大学新闻传播学院副院长、副教授。

[❶] 休谟:《人类理解研究》,关文运译,北京:商务印书馆2011年版,第29页。

贬，尤其是希拉里·普特南通过对日常生活中所使用的概念的分析，发现事实与价值相互缠结，相互预设特征，驳斥了这种二分法。❶

"事实"与"意见"的二分作为诽谤诉讼的抗辩事由之一，是基于"只有虚假的事实，没有错误的意见"的理论推定与司法实践。❷

理论推定上，言论的自由市场论者最喜欢援引约翰·密尔的观点，即"我们永远不能确信我们所力图窒闭的意见是一个谬误的意见。假如我们确信（它是谬误），要窒闭它也仍然是一个罪恶。"❸ 因为"意见"无所谓正确与谬误，才有助于人们追求真理。从历史上看，"许多最广为人知的真理被证明是错误的。从哥白尼到爱因斯坦，人类知识中许多最重要的进步都是由于挑战迄今为止无可置疑的假设。"❹ 言论的自治论者常引用亚历山大·米克尔约翰的观点："由公众作出明智和知情的决策对自治是必不可少的。"❺

司法实践中，"事实"与"意见"的二分源自英国法的"公正评论"（Fair Comment）抗辩，即仅仅表达观点可免于承担诽谤责任。最早的公正评论抗辩可追溯至英国1793年的 Dibdin v Swan and Bostock 案。肯扬勋爵（Lord Kenyon）引导陪审团说："公共报纸的编辑可以公正、坦率地评论任何公共娱乐场所或活动；但在公众看来，评论必须公正，且没有恶意或试图伤害或歧视经营者。如果做到这样，无论责难多么严厉，它的正义使编辑免受法律上的批评；但如果可以证明该评论是不公正的，是恶意的，或超过了公正评论的界限，就构成诽谤，因此是可控告的。"而美国最高法院在1974年 Gertz v. Rober Welch 案中更是将其上升为宪法原则。鲍威尔大法官（Lewis F. Powell）在判词中写道："第一修正案之下无所谓错误的观点。无论一种意见看起来多么有害，要想纠正它，只能取决于它同其他意见的竞争，而不能仅靠法官和陪审团的良知。"❻ Gertz 案之后，大多数美国法院将"意见"视为宪法保护的言论，是不可诉的。❼

---

❶ 希拉里·普特南：《事实与价值二分法的崩溃》，应奇译，北京：东方出版社2006年版，第37－55页。

❷ "中国新闻侵权案例精选与评析"课题组：《中国新闻（媒体）侵权案件精选与评析50例》，北京：法律出版社2009年版，第152页。

❸ 约翰·密尔：《论自由》，程崇华译，北京：商务印书馆1959年版，第17页。

❹ Emerson, T. I. Toward a General Theory of the First Amendment. *Yale Law Journal*, 1963, 72: 877－956.

❺ Alexander, M, *Political Freedom*, Oxford university press, 1965: 27.

❻ Gertz v. Robert Welch, Inc., 418 U. S. 323, 340 (1974).

❼ Margaret, C. J. *The Law of Libel & Slander*. Oceana Publications, Inc., 1996: 41.

不过，英美学者对"公正评论"也是褒贬不一。有人誉其为"法律皇冠上最耀眼的宝石"；❶ 有人分析其将被"诚实评论"替代，因为"其范围存在不确定性"，有可能伤及其宣称所保护的言论自由。特别是英国诽谤诉讼中要求被告（大部分为媒体或媒体工作者）证明其所言不虚。难怪菲利普斯勋爵（Lord Phillips）称公正评论是"诽谤法中最困难的领域之一"。❷

为避免争议，英美法系的司法实践中力求归纳"公正评论"所需的标准。2000年，香港特区终审法院李启新勋爵在"郑经翰诉谢伟俊"案中，确定了判断公正评论抗辩的五步：第一步，有关评论必须涉及一项关乎公众利益的事宜；第二步，有关评论必须可被辨认为评论，而非基于事实的诋毁；第三步，有关评论必须基于真实的或受特许权保护的事实；第四步，有关评论必须以明示或暗示方式至少大致上指出其所针对的事实为何；第五步，有关评论必须可以是由一名诚实的人作出的，不管该人可能如何偏颇及其看法如何夸张或固执。❸

该五步法目前为英美法院普遍适用。

2013年英国颁布新诽谤法（Defamation Act 2013），并于次年元旦生效。其第3条用"诚实意见"（Honest opinion）取代"公正评论"。而构成诚实意见的条件有三："第一，被指控的言论是意见的表达；第二，被指控的言论无论是概括性的还是具体的，必须言之有据；第三，一个诚实的人持有意见必须基于（1）被指控的言论发表时已存在的任何事实，（2）被指控的特许权言论发表时确信已存在的任何事实。"和"公正评论"相比，"评论必须涉及公众利益"的规定被废止。

2019年，在Koutsogiannis诉兰登书屋案中，尼克林法官（Nicklin J.）提出判断"事实"与"意见"的五条指引：（1）该言论须可识别为评论，以区别于可责难的事实。（2）意见是指或可以合理推断为推理、推论、结论、批评、评论、观察等的东西。（3）最终的问题是，这个词语对普通理性的读者会产生怎样的影响。词语的主题和上下文可能是判断它们是事实还是意见的重要指标。（4）根据其特征和外在表现，某些言论仍被视为事实陈述。比如某言论暗示申请人做了某事，但没说此事是什么，就是纯粹的评论。（5）关于

---

❶ Sableman, M. S. Fair Comment, the Brightest Jewel in the Crown of the Law: As Protection for Free Speech and against Abusive SLAPP Suits. *Journal of the Missouri Bar*, 2005, 61 (3): 132.
❷ Joseph v. Spiller [2010] UKSC 53, [2011] 1 AC 852.
❸ Albert Cheng and Another v. Tse Wai Chun Paul [2000] 4 HKC 1.

某人"不诚实"或"犯罪"的指控是事实陈述还是意见表达,很大程度上取决于上下文。❶

这五条指引比李启新勋爵的五步法更为具体。不过,将"公正"变为"诚实",能否解决该抗辩理由存在的问题,还有待时间验证。爱丁堡大学的埃里克·德舍马克即认为,英国2013年《诽谤法》将"公正评论"改为"诚实意见",是三个错误之一。他认为,"意见"属于"评论",但"评论"比"意见"的范围要宽。他举例说,如果被告毫不犹豫地断言"×××是一个小偷",这是一种事实陈述,必须有正当的理由。但如果他确信一些主要事实(例如,"我的笔记本电脑不见了""这件事发生时只有×××在场""我第二次见到他时他脸红了"),然后继续断言"因此×××是一个小偷",后者现在将算作评论(尽管显然是可证伪的):这是被告根据他所发现的事实作为评论的基础,对事实作出的推断。

因此,德舍马克预言,英国《诽谤法》虽然改变了名称,但司法实践并没有真正转换为另一种范式,即新法中的"意见"还是等同于旧法中的"评论"。❷

我国立法中虽没有明确提及"事实与意见的二分",但亦有相似的规定。最高人民法院1993年《关于审理名誉权案件若干问题的解答》第8问中规定:"文章反映的问题基本真实,没有侮辱他人人格的内容的,不应认定为侵害他人名誉权。""文章的基本内容失实,使他人名誉受到损害的,应认定为侵害他人名誉权。"1998年《关于审理名誉权案件若干问题的解释》第9问规定:"新闻单位对生产者、经营者、销售者的产品质量或者服务质量进行批评、评论,内容基本属实,没有侮辱内容的,不应当认定为侵害其名誉权;主要内容失实,损害其名誉的,应当认定为侵害名誉权。"两个司法解释的基本原则是:先判断事实的真假,基本内容或主要内容失实,损害当事人名誉的,构成名誉侵权;事实基本属实,再区分诽谤与侮辱,基于事实或内容基本属实的批评和评论,没有侮辱内容的,不构成名誉侵权,有侮辱内容的,应认定为侵害他人名誉权。最高人民法院梁书文法官直接称,"这一解释涉及公正评论权问题。"他进一步解释,"公正评论权的构成有以下三个条件:首先,评论的对象必须是与社会公共利益有关的问题。……其次,评论依据的事实必须是真实

---

❶ Koutsogiannis v. The Random House Group Ltd [2019] EWHC 48 (QB).

❷ Erik, D. Three Errors in the Defamation Act 2013. *Journal of European Tort Law*, 2015, 6 (1): 24–48.

的、存在的。……再次,评论必须是出于诚意,出于善意,没有恶意。"❶

我国学者对此着墨较多的是新闻法泰斗魏永征先生。他借点评《新快报》诉《新闻记者》杂志案,重申"把事实和意见分开"。他引用判决书中说理:"新闻报道,传达的是事实,它是客观的,事实真相具有唯一性,评价事实(报道)的标准是真实;而新闻评论,表达的是观点与意见,它是主观的,具有多元性,评价观点(评论)的标准是公正与公允。"❷ 魏永征先生认为,区分"事实"与"意见"的重要性有三:首先,决定名誉的是特定人行为表现的事实而不是个别人的意见;其次,司法只能判断事实真假而不能判断意见对错;最后,意见自由是表达自由的基础。他还特地强调,"意见"的合法性必须基于:"第一,相关意见必须针对某一事实并且不致被误认为提出新的事实。""第二,相关意见并未侮辱他人的人格。"❸

因《中华人民共和国民法典》的出台,有关名誉权案件的两个司法解释已被最高人民法院废止,相关内容整合成《民法典》第1025条。该条同样以"严重失实内容""侮辱性言辞或类似表达"作为责任要件,在措辞和闭合式列举方式上均体现出与以前司法解释的一脉相承,从反面肯定了将"无严重失实"(或"基本属实")、"无侮辱人格内容"作为抗辩事由的合法性。❹

近年来,我国司法实践中也有一些案例涉及"事实"与"意见"的二分。笔者在中国裁判文书网(https://wenshu.court.gov.cn)中以"事实陈述"和"意见表达"为关键词检索,截至2021年12月底,共有19个案例,其中和名誉权直接相关的案例有11个。遗憾的是,除个别案例外(如小米科技有限责任公司诉张某某名誉权纠纷案,(2021)川7101民初130号),大多判决书的表述为:"判断××言论是否构成侵权,应当综合考量……事实陈述与意见表达的区分……,合理确定××行使言论自由和侵犯他人名誉权之间的界限。"至于如何区分"事实"与"意见",多付之阙如。

---

❶ 全国人大网:《〈最高人民法院关于审理名誉权案件若干问题的解释〉的理解与适用》,http://www.npc.gov.cn/zgrdw/huiyi/lfzt/qqzrfca/2008-12/21/content_1462860.htm,2008年11月21日。
❷ 广州市天河区人民法院(2010)天法民一初字第766号。
❸ 魏永征:《把事实和意见分开——〈新闻记者〉评点假新闻文章名誉权案一审胜诉的启示》,《新闻记者》2011年第8期,第52-56页。
❹ 刘文杰:《〈民法典〉在新闻侵权抗辩事由上的探索与创新》,《新闻记者》2020年第9期,第63-73页。

二、案例概述

本案源于 2018 年的"鸿茅药酒"事件。2018 年 4 月 2 日，由内蒙古鸿茅国药股份有限公司[1]支持召开的"保护民族品牌，振兴中蒙医药"研讨会在呼和浩特举行，多位专家及 40 余家媒体出席。中国广告业协会法律咨询委员会委员、某某财经大学法学院教授刘某舟（以下简称原告）也出席研讨会并发言。该发言刊登在多家媒体的报道《"保护民族品牌，振兴中蒙医药"研讨会在呼和浩特举行》中，该文至今仍在内蒙古鸿茅国药股份有限公司的官网中。

从报道中看，刘某舟说："最近一段时间来，主要是个别互联网媒体、自媒体针对中医药企业、产品还有广告提出了很多的质疑。中国广告行业协会连续收到多家企业会员的反映，大家一致认为这些其中不少的文章不符合事实，广告协会非常重视，春节前后就对这些事情进行了调查。""我们（的）调查结果发现，这些媒体反映的问题和我们所掌握的情况出入比较大。"

报道中，刘某舟"以鸿茅药酒为例，总结了诸如误导、混淆、夸张等几种手法，'比如刻意的误导，像广告批文的问题，批文多与违规并无必然联系，反而恰恰证明企业是重视广告管理和广告审批的，是按照广告法的规定进行投放的。'"

报道中还说，刘某舟"同时坦承，广告法对于中药的规定存在漏洞，'我们花了 11 年时间写广告法，一共写了 75 条。其中仅仅有一条是关于药品广告的，没有考虑到中药和西药的区分。'"刘某舟还呼吁国家尽快出台治理自媒体的办法、规定或者法律。

2018 年 4 月 16 日，微信公众号"新闻哥"发表文章《鸿茅药酒，诸葛亮有句台词送给你》。文中说："其实，随着危机发酵，鸿茅药酒这两天也是这么做的。来，听听专家们是怎么说的。4 月 2 日，呼和浩特办了一场'保护民族品牌，振兴中蒙医药'的研讨会……中国广告业协会法律咨询委员会委员刘某舟：鸿茅药酒的广告没问题，《广告法》对中药广告的规定有问题"，文中还有刘某舟的照片。

4 月 17 日 9：45，刘某群（以下简称被告一）用其注册的微博账号"中

---

[1] 现名为内蒙古鸿茅药业有限责任公司。

国刘杰"转发上述"新闻哥"的文章，同时评论"关于鸿茅药酒，这三个人值得关注：一、……二、质疑广告法的中国广告业协会法律咨询委员会委员刘某舟，三、……"该账号同日又两次转发上述微博内容。

该微博账号的若干关注者发表了评论，评论中称"这仨垃圾都不知道鸿茅为何会引起公众愤怒""他们仨是友军啊！第二个肯定是友军，你看连中国广告法都怼了，鸿茅广告没问题，是中国广告法出问题了，很强""给了三个魔鬼多少好处""让这些人钉在历史的耻辱柱上"……

原告以被告侵害其名誉权为由诉至北京市海淀区人民法院后，被告一将有关诉讼信息也贴在涉案微博账号上。庭审中，应原告要求，被告一删除了上述涉案微博。

庭审中，原告认为被告一的微博断章取义，致使评论出现"鸿茅药酒的友军"等攻击性言论，使原告的社会评价降低，严重侵害了其名誉权。被告一认为，他只是转发他人的文章，不存在虚构、侮辱或谩骂的情况。

2020年12月，北京市海淀区人民法院作出一审判决。该院首先区分了"事实"与"意见"，认为被告一的涉案文章中包含两方面内容：其一是转发他人文章的内容，即事实陈述部分；其二是"关于鸿茅药酒，这三个人值得关注：一、……二、质疑广告法的中国广告业协会法律咨询委员会委员刘某舟，三、……"，该部分内容为被告一的意见表达。结合媒体报道，法院认为，转发文章将原告关于广告法的发言概括为"鸿茅药酒广告没错，是广告法错了"，此概括之内容虽与发言内容存在范围及对法律理解程度上的差异，但该差异并未构成歪曲、颠倒黑白或明显与"一般公众"的理解程度存在较大差异的情况。对此，原告作为法律专业人士，应当适当容忍其发言不能被"一般公众"全面且专业地理解。被告一作为非法律专业人士，在转发文章中概括原告的发言并使用"质疑"一词，不能作为断章取义的证据，不构成故意或者恶意"断章取义"，更不能达到侮辱的程度。据此，北京市海淀区人民法院驳回了原告的所有诉讼请求。[1]

原告不服一审判决，向北京市第一中级人民法院提出上诉。

二审法院认可一审查明的基本事实。二审法院认为，公民进行事实陈述时，应做到内容基本真实，或有可靠的信息来源，或有基本的证据支持，不应传播虚假或虚构的事实。公民进行意见表达时，应做到基本客观公正，不得凭

---

[1] 北京市海淀区人民法院（2018）京0108民初48592号。

空捏造事实或侮辱贬损他人人格。本案中，刘某群涉案微博转发他人的文章构成"事实陈述"的部分，转发时的评论构成"意见表达"的部分。尽管被转发的文章内容并未与刘某舟在研讨会上的发言内容完全一致，但该文章就其发言内容所作之概括，并未虚构或歪曲事实以致与一般公众理解存在较大差异，亦未有明显的侮辱、诽谤内容。"意见表达"中，刘某群对刘某舟的定语描述是"质疑广告法的"，该描述内容与"值得关注"一词均非明显贬义。刘某群采用"质疑"这一措辞予以评价亦属于其对刘某舟所发表观点的个人理解、概括或分析，尚不足以认定为构成侮辱或诽谤。2021年8月，北京市第一中级人民法院作出终审判决：驳回上诉，维持原判。❶

三、案例评析

本案的判决认定事实准确，适用法律正确，论证逻辑严密。本判例最突出的价值在于：一方面，法院确认公民有对社会事件发表言论的自由，但网络并非法外之地，任何言论超过必要的限度，应当承担相应的责任；另一方面，法院提醒专家进入社会热点事件领域中，应对自身公开发言的内容所产生的社会公众评价有适当的容忍义务。如此判决，既给批评性言论以空间，又给批评性言论划定了较为清晰的界线。

（一）对"事实陈述"的真实性要求不必太高

前引之两个司法解释关于真实性的表述为"基本真实""基本属实""严重失实""基本内容失实"等。换言之，不应要求公民进行事实陈述时做到完全真实。一方面，完全真实难以达到；另一方面，人们对事实的认识须经历由浅入深、由表及里的过程。但在陈述时或有可靠的信息来源，或有基本的证据支持，不应传播虚假或虚构的事实。这一点对新闻工作者尤为重要。因为时效性要求，新闻工作者经常会"抢新闻"，而时效性和真实性之间是有张力的，不能因为新闻报道与事实有些微差别，就认定报道失实。在连续报道和追踪报道中，要将多篇报道作为整体看待，而不能只揪住其中一篇不放。河南省郑州高新技术产业开发区人民法院在一个判决中称："实践中新闻工作者发表报道和评论，只要主要事实是真实的，即使细节上存些出入或造词造句不妥，不能认定为侵权。"因为媒体"正当的舆论监督，……是维护社会的正常运行，维

---

❶ 北京市第一中级人民法院（2021）京01民终3782号。

护公共利益的重要措施，舆论监督不健全，社会就不可能具有自我发展和更新的蓬勃生机，从而也就不可能保障社会的正常运行。"❶

本案中，刘某群完整地转发他人微信公众号的文章属于"事实陈述"。因被转发的文章是对新闻报道内容的概括，与原告的发言并不完全一致，这种不一致是否构成"失实"呢？答案是否定的。新闻报道中刘某舟说："我们调查结果发现，这些媒体反映的问题和我们所掌握的情况出入比较大。""我们花了 11 年时间写广告法，一共写了 75 条。其中仅仅有一条是关于药品广告的，没有考虑到中药和西药的区分。"被转发文章中称"刘某舟：鸿茅药酒的广告没问题，《广告法》对中药广告的规定有问题"。刘某舟的第一句话虽然没有点鸿茅药酒之名，但其发言是在该企业主办的研讨会上，因此将其概括为"鸿茅药酒的广告没问题"并未失实。刘某舟的第二句话表明《广告法》有关药品广告的规定有缺陷，被告将其概括为"《广告法》对中药广告的规定有问题"亦无明显差错。

（二）评论必须有事实依据，且不得含有侮辱、贬损性内容

两审法院都强调，公民进行意见表达时，应做到客观公正，不得凭空捏造事实或侮辱贬损他人人格。众所周知，如果没有事实依据，公正评论抗辩将不会成功。❷ 当然，和上文对事实真实性的要求一样，这里的事实依据不能是"无一字无出处"，有明确来源的总结性或概括性材料亦可。

本案中，刘某群转发时所加的评论主要有两处：一处是"这三个人值得关注"；二是在刘某舟姓名前加上定语"质疑广告法的"。结合语境分析，"这三个人值得关注"是有事实依据的，从新闻报道看，那次研讨会上，包括原告刘某舟在内的三位专家都发表了观点，且基本都支持鸿茅药酒，这与当时的舆情热点密切相关，甚至与舆情针锋相对。因而，"值得关注"既是评论，也是事实。如前所述，因刘某舟关于《广告法》的讲话暗示《广告法》有所不足，刘某群认为其"质疑广告法"，同样未偏离事实。从语义上看，"值得关注"和"质疑广告法"均不含侮辱和贬损之义。

贵州省贵阳市花溪区人民法院审理的贵阳恒大德祥旅游开发有限公司诉宋某某名誉权纠纷一案，法院认为："被告因认为原告降价销售房屋，其在此前的购房金额过高，故在业主微信群中使用煽动性的语言煽动业主到原告销售中

---

❶ 河南省郑州高新技术产业开发区人民法院（2019）豫 0191 民初 1586 号。
❷ Robertson, G. & Nicol, A. *Media Law*. Penguin UK, 2007：152.

心聚集维权，被告多次在人数众多的不同业主微信群内采用侮辱性的语言诋毁原告的形象，已经超过了情绪发泄、合理批评建议的限度，故被告的不当行为违背了契约精神，这种超范围、反复多次、脱离客观事实的评论和行为，已经超出消费者对原告进行有效监督的范围，也超出了言论自由的范围，不属于公正评论。"❶

对比两个案件，根据前引两个司法解释，可以很清楚地看出被告刘某群的评论是其意见的合理表达，且有事实依据，应受法律保护。

（三）微博账号所有人不应对关注者的言论负责

微博等自媒体平台是开放的，其他用户可以任意关注/取消关注某一账号，并在该账号博文下发表评论。本案被告刘某群通过微博转发文章后，其微博关注者发布了若干负面评论，这是客观事实。原告刘某舟认为刘某群的博文和网友发布负面评论（甚至不当言论）有因果关系，是值得商榷的。一审法院分析："虽然刘某群在发布微博时应当预见到该社会公众事件可能会引发一定的负面评论，但不能因此推定，刘某群明知其转发行为可能引起不当言辞而故意为之的恶意，且不当言辞亦非刘某群发表，故刘某群对他人评论中的不当言论不承担责任。"二审法院则直截了当地称："刘某舟主张网友评论的内容致使其社会评价降低，要求刘某群承担侵权责任缺乏法律依据。"

笔者认同法院的理由。根据责任自负原则，发言者应对自己的言论负责。就微博而言，被关注、被评论是无须征得账号所有人同意的。除非有证据证明账号所有人和关注者合谋发布不当言论，否则，账号所有人对关注者的评论不应承担责任。再者，如果要求账号所有人对其关注者的言辞负责，将可能导致他人恶意致账号所有人于不利境地。根据过错责任原则，行为主体对自己无法预测、无法控制的事项不应承担责任。如果要求微博等自媒体账号所有人对其关注者的言论负责，必然会无端加重账号所有人的审核义务，自媒体也将名存实亡，终将危及各网络平台。原告作为法律专家，不应当不识此节。

对此产生误读的原因可能有二。一是国家互联网信息办公室发布的《互联网群组信息服务管理规定》中第9条规定："互联网群组建立者、管理者应当履行群组管理责任，依据法律法规、用户协议和平台公约，规范群组网络行为和信息发布，构建文明有序的网络群体空间。"互联网群组和微博最重要的差别，是群主和微博账号所有人对其他人行为的影响不同。群主建群是主动

---

❶ 贵州省贵阳市花溪区人民法院（2019）黔0111民初11273号。

的，而微博是被人关注和评论的。即使是群主，"仅须承担必要的管理责任，而不是对成员的行为负连带责任。"❶ 二是整治"饭圈"乱象中，国家层面的"硬"监管和行业内部的"软"监管，都要求流量明星约束粉丝的行为，甚至"粉丝犯错，明星买单"。但这根本不能类推出普通微博账号所有人应对其关注者的言辞负责。当然，当微博账号所有人变成"大V"，深度影响其关注者时，也可能转变成明星与粉丝的关系。

自媒体账号所有人和其关注者的关系，可资参考的是网络服务提供者和网络用户的关系，但前者间的依赖与服务关系远不及后者。根据《中华人民共和国侵权责任法》（以下简称《侵权责任法》）第36条的规定，网络服务提供者承担侵权责任的事由有三：第一是其利用网络侵害他人民事权益的，这责无旁贷，也不属本文的讨论范围；第二是网络用户利用网络服务实施侵权行为的，被侵权人通知其采取删除、屏蔽、断开链接等必要措施，其接到通知后未及时采取必要措施的，对损害的扩大部分与该网络用户承担连带责任；第三是其知道网络用户利用其网络服务侵害他人民事权益，未采取必要措施的，与该网络用户承担连带责任。概括地说，网络服务提供者只有在明知或被通知后不采取必要措施的才承担连带责任。因而，一般性地要求自媒体账号所有人对其关注者的言论负责，于法无据，于理不合。事实上，本案中，原告也起诉了网络服务提供者，法院即依据《侵权责任法》第36条第2款的规定予以驳回。

目前，《侵权责任法》第36条的规定被更详细地规定于《民法典》第1194～1197条中。

（四）专家对他人的批评有适度容忍的义务

原告是知名法学专家、中国广告业协会法律咨询委员会委员，曾任某某财经大学法学院副院长。一审认为，"作为法学专家，（刘某舟）应对参与该社会热点事件的发言或意见可能产生的社会影响有一定预见性，并对其发言可能产生的社会公众的合理范围内的言论意见以及相关评价有容忍之义务。"二审进一步指出，专家在容忍公众的评价时，"亦可对相关负面评价或误解公开发表言论予以解释或反驳。"

我国立法和司法实践中并未真正引入英美法的"公众人物"规则，但知名人士在获得公众关注所产生的利益时，亦应对公众传播中对其声誉产生的不

---

❶ 刘金林、刘明霄：《群成员"犯事儿"，群主要担责吗？》，《检察日报》2017年09月19日，第4版。

利影响保持适度克制。本案所涉之"鸿茅药酒"事件为一时之舆情热点,专家介入热点事件中,特别是为舆论指摘对象站台时,理应预知相应后果。再者,公众在网络上对热点事件发声,出现意见分歧并不意外,既为社会所提倡,亦为法律所保护。既然是评论,必然有褒贬。专家不能对褒扬性言论照单全收,与批评性言论对簿公堂。更不能因一言或一事对专家不利,就认定为造成专家的社会评价降低。正如魏永征老师所言,造成行为人社会评价降低的恰恰是行为人自身的言行,因为先有其言行,再有相关的评论。概括地说,专家要爱惜自己的羽毛,谨慎发言,尤其不能为利发声。

四、讨论与小结

"事实"与"意见"的二分虽然未明确地体现于我国现行立法中,但揆诸相关案例,我国不同级别的法院裁决言论侵权案件时,都注意区分二者。不过,多数判决说理不够充分,论证不够翔实。笔者揣测,这或许和"事实"与"意见"难以区分有关。一方面,"事实"与"意见"并非一目了然。同样的词语,在不同的语境中,其含义大相径庭。而法官是脱离表达的语境来判断表达的含义,难度更大了。最明显的是网络改变了某些词语的含义。比如"狗",传统语境下,和人联系在一起时,往往带有贬义,但网络中"累成狗""单身狗"之类的词语比比皆是。另一方面,和传统媒体完善的把关机制不同的是,新媒体时代,"人人皆是通讯社",缺乏专业训练易造成"事实"与"意见"不分。笔者在中国裁判文书网中检索到的11个案例,全部涉及新媒体(唯一一个涉及传统媒体的,争讼事由也是源于其新媒体平台)。再者,我们的文化传统中,表达中"留有余地""委婉""含蓄",往往为人欣赏,但易将"事实"与"意见"搅和在一起。

本文认为,虽然很难,但法院在言论侵权案中,还应努力区分"事实"与"意见",并倾斜保护言之有据的"意见"。如果说,立法都能对些微不实的言论示以宽容,更应给多元的意见与评论以表达的空间。针对网络言论侵权多发的现状,笔者借法院的判决与读者共勉:"网络无边,言论有界,边界的确定不能大而化之,基于场景和身份的不同,边界也有所不同,但均应坚持基本的底线,在网络上发言,应有基本事实进行支持,意见表达不应使用诽谤、侮辱性的言论。在自媒体时代,需要每个网民自觉遵守并互相配合、互相协调发力于互联网的科学使用，以此营造清朗的网络空间。"[1]

思考题：

1. "事实"和"意见"能明确区分吗？如何区分？
2. 抽象地区分"事实"与"意见"和在具体语境下区分"事实"与"意见"有何不同？
3. 结合具体案例，分析英国诽谤法中"诚实意见"条款的实践效果。

---

[1] 成都铁路运输第一法院（2021）川 7101 民初 130 号。

第六章 专业人士自媒体的
传播注意义务标准探讨
——以"教科书式耍赖"名誉权案判决书为例

李 洋[*] 王 菲 吴 峰[**]

随着我国互联网的发展，很多专业人士创办了自媒体账号并积极发声，进而引发了不少名誉权纠纷案件。其中，转发侵权和侮辱侵权是比较常见的现象。北京市互联网法院2019年审结的"黄某某与岳某某、北京微梦创科网络技术有限公司网络侵权责任纠纷案"是一起典型的专业人士自媒体侵犯名誉权纠纷案。本案裁判文书指出，专业人士自媒体转载信息内容时，应尽到符合自己职业身份的注意义务；自媒体环境下的侮辱认定要看行为人言辞是否构成人身攻击，并且对涉案言辞需要结合上下文语境进行理解。本案提出的专业人士注意义务标准和侮辱认定标准，值得引起学界特别关注。

一、理论背景

近些年随着我国互联网建设的日益完善，每个个体网民都可以借助手机、计算机等终端连接互联网。相比于传统媒体时代，互联网时代的信息传播具有低门槛、低成本、便捷性等特点，网络用户可以随时随地发布信息内容。媒体行业通常将发布信息内容的个体用户称为"自媒体"。我国学界普遍认为，2003年美国新闻学会媒体中心的两名学者谢因·波曼（Shayne Bowman）与克里斯·威理斯（Chris Willis）联合发表的一份研究报告提出了"自媒体"的权威定义。即"自媒体（We Media）是一个普通市民经过数字科技与全球知识

---

[*] 李洋，西北大学新闻传播学院副教授。
[**] 王菲、吴峰，西北大学新闻传播学院2020级硕士研究生。

体系相连，提供并分享他们真实看法、自身新闻的途径。"中国互联网信息中心 2021 年 8 月发布的第 48 次《中国互联网络发展状况统计报告》显示，截至 2021 年 6 月，我国网民数量已经达 10.11 亿。"人人都是自媒体"的时代已经来临。

在自媒体时代，大量医生、律师、会计师等专业人士依托职业身份注册用户账号，积极从事网络传播行为，他们运营的自媒体账号可称为"专业人士自媒体"。中国互联网信息中心第 48 次《中国互联网络发展状况统计报告》显示，截至 2021 年 6 月，我国在线教育用户规模达 3.25 亿，达到全体网民数量的 32.1%；在线医疗用户达 2.39 亿，达到全体网民数量的 23.7%。这意味着大量的专业人士开始依靠互联网从事在线服务，而专业人士自媒体账号往往具有权威性、可信性高等特点。因为运营者的专家身份和执业经验很容易获得用户信赖，让粉丝对其产生一种合理期待，从而能够吸引大量粉丝关注。以抖音平台上的自媒体账号"@李叔凡律师"为例，他在抖音平台上的身份认证是加 V 律师，个人简介注明："职业年限 15 年；专业领域：资产保值与传承、经济犯罪刑事辩护"。截至 2021 年 11 月 25 日，李叔凡律师的抖音粉丝数量高达 1205.7 万人，获赞 1.5 亿次。

专业人士自媒体的出现，让互联网不再只是草根网民的平台。不少专业人士自媒体账号拥有海量粉丝和巨大的影响力。以抖音平台为例，近年来一大批医生自媒体活跃于其中，如妇产科牛医生（767 万粉丝）、皮肤科医生王世宁（497 万粉丝）、张文宏医生（220 万粉丝）；还有不少律师自媒体也很活跃，如李叔凡律师（1204 万粉丝）、刘晓嘉律师（534 万粉丝），等等。在其他各类网络平台上，专业人士自媒体账号的粉丝量动辄以百万计，其影响力甚至远远大于一些媒体机构。由于专业人士自媒体账号体量巨大，它们产生的信息量也极其庞大，其中有原创内容，也有转发、二次创作等内容。另外，专业人士自媒体的传播行为冲击了传统意义上的职业边界。很多专业人士自媒体发布的信息内容与自己的职业身份高度相关，但是其传播行为并不属于具体执业行为。例如，医生在其自媒体账号上传播健康信息，不等于为患者提供问诊服务；律师在其自媒体账号上传播法律信息，也不等于为客户提供法律咨询服务。此种现象引发了一系列问题：专业人士自媒体的信息传播行为如何定性？专业人士自媒体在传播行为中应尽的注意义务程度和范围如何确立？学界对此迄今未有定论。

近些年来，专业人士自媒体侵犯他人名誉权的现象频繁发生，有些案例还引起了重大的社会反响。举例言之。在2015年北京市第一中级人民法院审结的"褚某诉张某等名誉权案"一案❶中，被告张某是司法机关新闻宣传工作人员，属于典型的法律专业人士。2018年年底，自媒体账号"丁香园医生"发布的《百亿保健帝国权健，和它阴影下的中国家庭》一文引发社会强烈反响。当事自媒体"丁香园医生"在医疗健康领域享有盛名，"丁香园医生"自媒体及其关联账号由众多医学专业人士运营。2019年9月，北京互联网法院在其成立一周年新闻发布会上公布了十大热点案例，其中第七个案例是"黄某某诉岳某某、北京微梦创科网络技术有限公司侵害名誉权纠纷案"。❷ 本案被告岳某某是一名执业律师，其运营的自媒体属于法律专业自媒体。该案明确了专业人士自媒体言论自由的合理边界，被网友称为"教科书式判决"。更值得注意的是，本案判决书还比较系统地探讨了专业人士自媒体的注意义务标准、自媒体环境下"侮辱"界定等重要问题，值得引起学界和司法实务界关注。

　　自媒体侵犯名誉权的行为方式主要是诽谤和侮辱。《民法典》第1024条规定："民事主体享有名誉权。任何组织或者个人不得以侮辱、诽谤等方式侵害他人的名誉权。"名誉是对民事主体的品德、声望、才能、信用等的社会评价。侮辱和诽谤在我国立法上并没有明确定义。《现代汉语词典》对"诽谤"的解释是：无中生有、说人坏话，毁人名誉；❸ 对"侮辱"的解释是：使对方人格或名誉受到损害，蒙受耻辱。❹ 人们一般认为，诽谤是指捏造散布虚假事实，损害他人名誉的行为；侮辱是通过辱骂、丑化等方式损害他人人格尊严的行为，重在令受害人产生不好的情感体验。但是，自媒体的表达行为是否逾越法律边界而构成诽谤和侮辱行为，不能轻易下结论，必须谨慎对待。一般而言，诽谤是以事实陈述为前提，侮辱主要是以个人意见表达为前提。而在实践中，涉讼言论有可能是纯粹的侮辱性表达，比如叫别人"王八蛋""他妈的"；也有可能只属于诽谤，比如叫一个遵纪守法之人"贪污犯"；还有可能是侮辱与诽谤兼而有之，比如叫一个正直勇敢的人"缩头乌龟""骗子"。

　　诽谤和侮辱的基本构成要件是行为人存在过错。《民法典》第1165条确

---

❶ 北京市海淀区人民法院（2015）海民初字第3719号。
❷ 北京互联网法院（2019）京0491民初3838号。
❸ 中国社会科学院语言研究所词典编辑室：《现代汉语词典》（第6版），北京：商务印书馆2012年版，第377页。
❹ 中国社会科学院语言研究所词典编辑室：《现代汉语词典》（第6版），北京：商务印书馆2012年版，第1382页。

立了民事侵权的过错责任原则。该条款规定："行为人因过错侵害他人民事权益造成损害的,应当承担侵权责任。依照法律规定推定行为人有过错,其不能证明自己没有过错的,应当承担侵权责任。"一般侵权责任的构成要件是行为人因为其行为给他人造成的损害承担责任所具备的条件。侵权责任构成要件包括四个方面：第一,有加害的行为；第二,有损害的事实；第三,加害行为与损害事实之间有因果关系；第四,行为人主观上有过错。在古典侵权法时代,过失判定主要采用主观标准,即通过判定行为人主观心理状态来确定其有无过错。❶ 现代侵权法对过失的判定采用客观标准,即把过失行为界定为一种对法定或者约定的注意义务的违反行为而非一种主观心理状态。注意义务是指一个人对他人造成损害后,当法院判定被告在当时情况下对原告负有不为加害行为或不让加害行为发生的法律义务,而被告却未加注意,或未达到法律所要求的注意标准,或未采取法律所要求的预防措施而违反此种义务时,他才在法律上对受害人承担过失责任。❷ 注意义务作为过错认定的客观标准,有助于消除司法裁量的不确定性,又能兼顾受害人合法利益的保护和行为人行为自由的维护。

　　注意义务延伸至传播领域就形成了传播注意义务,传播注意义务是行为人在传播活动中避免对他人造成侵权损害的义务。传统诽谤法上的传播注意义务标准主要有两层,第一层标准是理性人标准。理性人标准最主要的判断因素是某种社会活动的成员通常所具备的智识能力,并不考虑不同行为人的智力、学识及经验等具体差异。但是该标准一般不适用于专业人士或职业人士。在我国诽谤司法实务上,理性人标准的具体内容可称为"确信真实"标准。此种判准通常适用于非职业化、业余化的传播者,如普通网络用户之类。其强调行为人需对言论真实性有一定程度的认知与确信方可陈述,并不以事先审核言论内容为必要。

　　传播注意义务的第二层标准是专业（职业）人标准。专业人士也是法律上拟制的一种模型,主要包括医生、律师、工程师等,有时也包括其他拥有一技之长的人。他们通常接受过专门教育或训练,具备与其职业要求相符合的知识技能,并得到相应主管部门认可,从事职业性工作或领有从业执照。但是专业（职业）人标准并不适用于专业领域外的侵权活动,只能适用于专业人士

---

❶ 王利明：《侵权行为法研究》（上卷）,北京：中国人民大学出版社2004年版,第224-232页。
❷ 戴维·M.沃克：《牛津法律大辞典》,李双元等译,北京：法律出版社2003年版,第171页。

具体执业活动，如医生主刀的一场手术、律师代理的一起诉讼。传播注意义务的两层标准实际上是传统媒体时代的产物，二者之间的主要区别在于它们的适用对象不同。理性人标准主要适用于草根网民之类的"业余"传播者；专业（职业）人标准一般只适用于新闻记者之类的职业传播者。

按照我国相关司法解释的规定，网络用户（自媒体）的转载行为也须承担一定的注意义务。2020 年最高人民法院修正的《关于审理利用信息网络侵害人身权益民事纠纷案件适用法律若干问题的规定》第 7 条提出，人民法院认定网络用户或者网络服务提供者转载网络信息行为的过错及其程度，应当综合三类因素：（1）转载主体所承担的与其性质、影响范围相适应的注意义务；（2）转载信息侵害他人人身权益的明显程度；（3）对所转载信息是否作出实质性修改等。但是迄今为止，该司法解释及其他相关立法都没有明确转载主体的"性质"是什么？因此在司法实践中，法官对转载主体"性质"及其应承担的注意义务程度有很大解释空间。

最高人民法院曾在其 2014 年发布的典型案例公报中提出："公众人物发表网络言论时应承担更大的注意义务。"❶ 有学者提出，自媒体的注意义务程度与其盈利水平和影响力呈正比关系，盈利水平高、影响力大的自媒体，其应承担的注意义务高于普通用户；非营利或盈利水平很低、影响力小的自媒体不应承担过高的注意义务。❷ 而在 2019 年审结的"黄某某与岳某某、北京微梦创科网络技术有限公司网络侵权责任纠纷案"中，北京市互联网法院提出，自媒体的职业身份是其转载行为应承担的注意义务程度的重要影响因素。这一观点丰富了自媒体注意义务标准的含义，应引起学界特别关注。

二、案例概述

2015 年 10 月，黄某某与赵某等三人发生交通事故，赵某的父亲赵某某遭遇车祸，在唐山市丰润区第二人民医院的入院诊断为重度颅脑损伤术后植物生存状态，后于 2017 年 12 月初去世。交警大队《事故认定书》中黄某某负主要责任，赵某某负次要责任。2017 年 6 月，河北省唐山市丰润法院判决肇事者

---

❶ 罗书臻：《利用信息网络侵害人身权益典型案例》，《人民法院报》2014 年 10 月 10 日，第 3 - 4 版。

❷ 李洋：《自媒体的传播注意义务标准之探讨——以网络诽谤侵权为中心的考察》，《新闻大学》2021 年第 2 期，第 42 - 54 页。

黄某某赔偿赵某某 93 万余元，已给付 76000 元，余下 85 万余元赔偿金责令判决生效后 10 日内给付。黄某某申请再审，被河北省唐山市中级人民法院驳回，判决生效。❶

在诉讼、执行过程中，黄某某自 2017 年 2 月 13 日起，向其女刘某某转款 27 万余元，刘某某向黄某某转款 6 万余元，二者之间转款差额为 21 万余元，法院裁定为"规避执行"；同时，法院查明，黄某某在案件进入执行程序后，没有积极还款，而是高价购买家私电器、旅游。2017 年 11 月 20 日，河北省唐山市中级人民法院将黄某某纳入失信被执行人名单，黄某某成为"失信被执行人"。

2017 年某日，赵某实名发布微博："久等了！请看什么是教科书式的耍赖！#唐山黄某某#"和涉案视频。该视频经过多个网络大 V 转发、多家媒体跟进报道后迅速引发舆论关注。2017 年 11 月 22 日，律师岳某某在查询了失信人名单及公开信息后，转发了涉案视频并发布了博文。2017 年 11 月 28 日，岳某某向赵某提供法律咨询服务，于 2017 年 12 月 6 日接受赵某委托，代理原告黄某某与赵某等人之间因交通事故发生的系列案件，并就该系列案件持续发布系列博文，其先后原发、转发 17 篇相关博文。

黄某某在得知此事后，将岳某某以及北京微梦创科网络技术公司（以下简称微梦创科公司）告上法庭。黄某某诉称，赵某发布的涉案视频存在不实内容；岳某某作为网络大 V 和知名律师，转发涉案视频并发布系列博文的行为，侵害了自身的名誉权和隐私权；而新浪微博作为发布平台因未履行审查义务构成共同侵权。黄某某向法院提出判令岳某某立即停止侵权行为、删除侵权微博及侵权评论和赔偿自身精神损害抚慰金、收入损失等共计 40 万元的诉讼请求。

法院经审理后认为：（1）岳某某的身份存在从事件旁观者到知情者、相关者的转变。（2）在身份转变前，岳某某在提供法律咨询之前发布的其他涉案博文仅是对法律法规的解读，即便重新审查，仍然没有不当之处，不负有删除的义务。由于涉案视频中不存在黄某某所主张的失实和侮辱内容，即使在岳某某知道相关案件情况之后，其亦不负有删除的义务。（3）身份转变后，岳某某发表涉案博文没有主观过错。岳某某基于向公众普及法律知识的目的，发表了涉案博文且履行了相应合理的注意义务，不存在侵犯他人合法权益的主观

---

❶ 北京互联网法院（2019）京 0491 民初 3838 号。

过错。(4) 岳某某作为律师,对涉案视频的注意义务只是略高于一般社会公众,但应远低于新闻媒体的注意义务,否则会限制其言论自由和在法制宣传、法律服务中的作用。(5) 在岳某某并未实施侵权行为的情况下,微梦创科公司未对涉案视频和涉案博文采取删除措施并未侵权。故判决驳回原告全部诉讼请求。

三、案例评析

本案的关键争议焦点是,被告岳某某转发涉案视频的行为是否侵犯原告黄某某的名誉权?涉案视频拍摄者赵某称原告黄某某是不履行赔偿责任的"老赖"。如果黄某某并非欠债不还的失信被执行人,那么"老赖"之说便可能构成诽谤行为。另外,即便赵某所述内容属实,"教科书式耍赖"之类的用语也可能构成侮辱。岳某某转发涉案视频的行为扩大了其影响范围,放大了名誉侵权风险的可能性,因此应尽到一定程度的注意义务。由此而论,本案中最值得注意的问题有两方面:其一,自媒体尤其是专业人自媒体转载行为的注意义务影响因素如何确定?其二,自媒体环境下的侮辱行为如何认定?这两个问题之间是相互联系的。下面,笔者结合本案裁判文书,对这两个问题进行评析。

(一) 专业人士自媒体的注意义务影响因素:职业身份和影响力

本案裁判文书提出,行为人的职业身份是其转载行为应承担的注意义务程度的重要影响因素。这一观点应引起学界的特别关注。按照2020年最高人民法院修正的司法解释规定,法院认定网络用户转载网络信息的过错及其程度应综合考虑三类因素,其中第一类因素便是"转载主体所承担的与其性质、影响范围相适应的注意义务"❶。但是,对于转载主体的"性质",国内学界迄今没有达成理解共识,而是呈现众说纷纭的局面。在本案中,主审法官提出:"行为人主观上是否具有过错,特别是其注意义务程度或边界的判断,应根据行为人的职业、影响力及言论的发布和传播方式等进行综合判断。"由此可见,本案裁判文书确立了一种新的传播注意义务程度影响因素:行为人的职业身份。

本案被告岳某某在新浪微博上认证的身份为"岳成律师事务所合伙人、

---

❶ 《最高人民法院关于审理利用信息网络侵害人身权益民事纠纷案件适用法律若干问题的规定》第7条。

央视法律专家、央广中国之声观察员"。其是视频累计播放量上亿的视频博主，新浪微博2018年度十大影响力法律大V之一；作为执业律师，岳某某在微博平台上享有较大的粉丝基数，是粉丝数量为131万的微博账号@岳某某的实际使用人，其转发行为自然具有比较大的影响力。北京互联网法院在判决书中认为："本案中，岳某某作为拥有相当粉丝量和受关注度较高的网络大V，且其是具有法律专业知识的执业律师，对于法律事务具备高于普通网民的判断能力。"法院审理查明，岳某某转发涉案博文时选择了"教科书式耍赖"这个话题，与涉案视频的题目一致，并无加工修改之处，不应认定为过当。对于岳某某的转发行为、评论行为是否尽到与其职业身份和影响力相符合的注意义务，法院分为两个阶段予以说明。

第一阶段，岳某某向当事人赵某提供法律咨询服务之前，应承担高于普通网民的注意义务。本案主审法官提出："基于其影响力和专业能力，在其发布与法律有关的博文之时，更容易受到关注，引导舆论走向。故其应承担比普通网民更高的注意义务。"本案中的关键争议事实如"老赖"之类的说法需要借助专业法律知识加以判断。岳某某作为一名知名律师，对于这一类争议事实自然不能像普通网民那样人云亦云，随意转发，而是应该凭借专业知识能力识别出是否有明显的侵害他人名誉之处。法院审理查明："岳某某转发涉案视频前，查询了失信人名单等公开信息，尽到了较高的注意义务。"另外，岳某某针对这一事件发布的相关评论也属于就事论事的普及法律知识范畴，并无不当之处。因此，法院认为："即便岳某某拥有网络大V和执业律师双重身份，其亦尽到了与其身份性质及影响范围相适应的高于一般公众的注意义务，其转发涉案视频的行为和发布的相关评论，并未侵犯黄某某的名誉权。"

第二阶段，岳某某为赵某提供法律咨询服务之后，应承担相较于普通转发者更为严格的注意义务。专业人士自媒体的信息发布行为，并不一定等于专业人士的执业行为，不应要求其在任何情况下都尽到专业人标准的注意义务。但是，如果专业人士自媒体已从事件旁观者的身份转变为争议事件知情者和利益相关者，已经明知或应知该事件的基本情况，那么其注意义务程度较之普通用户显然应更高。自2017年11月28日起，岳某某为赵某提供法律咨询服务。同年12月6日，岳某某正式成为赵某的诉讼代理人。这一系列案件也从"公共表达"转变为与岳某某自身利益（律师费用等）相关的"私人表达"。

法院由此认为："综合考虑岳某某网络大V和执业律师的双重身份及网络传播的特点等多种因素，其应当自其提供法律咨询服务时开始承担相较于普通转发者更为严格的注意义务。"而在法院看来，岳某某发布的涉案博文不存在侮辱和诽谤的内容，"即便按照更高的注意义务标准来判断，其发布的涉案博文仍然不构成侵权。"但是，对于何谓"更为严格的注意义务"，法院并没有深入阐释。进而言之，如果专业人士自媒体的信息发布与其职务行为有关，那么该自媒体是否应尽专业人标准的注意义务？本案裁判文书并没有得出明确的解答。

笔者认为，专业人士自媒体转载与其职业相关的信息内容时，应承担高于普通用户的注意义务，但通常情况下不应承担内容核实义务。按照《互联网新闻信息服务管理规定》等文件，目前全国仅有少量中央新闻网站及网络媒体记者拥有政府赋予的新闻采访资质，数量庞大的自媒体均没有获得新闻采访权。在此背景下，自媒体对转载内容进行全面调查核实无疑存在困难。本案主审法官也提出："网络空间具有信息海量、信息共享、传播迅捷的特点，如果要求网络用户在转发言论时，对所转发言论的客观真实性进行完全的核实和调查，既不现实，也不符合互联网传播的规律，属于对网络用户过高的要求。"事实上，涉案视频中有些言论并不准确，例如视频拍摄者赵某称黄某某"一分钱没有履行赔偿"。法院查明，涉案视频于2017年10月摄制，2016年5月24日人保唐山分公司赔偿赵某某30.8万元，后又赔偿了11.2万元，这些事实在涉案视频中确实没有体现。但是法官认为："在赵某陈述黄某某未履行判决情节属实的情况下，要求普通人精确地、面面俱到地说明所有情况过于苛求，会陷入发表言论动辄得咎的境地，限制公民正当的表达。"既然拍摄者赵某都无须精确说明所有情况，作为转发者的岳某某就更无须承担苛刻的核实义务了。

（二）自媒体环境下的侮辱认定标准：人身攻击和整体语境

本案中另一个引人注意的问题是"教科书式耍赖""老赖"等说法是否构成侮辱。岳某某转发的涉案视频中包含了以上用语，如果这些用语被认定为侮辱，那么岳某某也需要承担法律责任。"侮辱"是一个意义不确定的概念。在某些情况下，即便行为人的言论属实，也可能构成侮辱行为，比如叫一个盲人为"瞎子"。"侮辱"认定并没有放之四海而皆准的判断标准，而是与公共利益等多种因素相关。正如我国著名学者王泽鉴所言，在涉及公共利益的场合，对行为人意见表达中的贬损应当更加容忍。[1] 因此，自媒体的侮辱认定在实务

---

[1] 王泽鉴：《人格权法：法释义学、比较法、案例研究》，北京：北京大学出版社2012年版，第162页。

上颇为复杂，法院应当谨慎对待。具体到本案而言，主审法官在裁判文书中明确指出了侮辱界定的两个判断标准。

首先，要考虑自媒体用户使用的言辞是否构成了人身攻击。主审法官在裁判文书中明确指出："陈述或评论时，不得使用侮辱性言辞攻击他人，即应'就事说事或论事'，不随意由事及人，使用侮辱、贬损的语汇针对他人的人身特质进行不当归因或不当定性，否则构成对他人的侮辱。"一般而言，脱离具体事实、针对他人大量使用明显贬义性词汇，很可能超出合理限度而构成侮辱。比如在方某某与微梦创科案中，被告王某某在批评方某某时，使用了大量贬低人格的字词，如"是狼还是哈士奇""畜生""方疯狗"，等等。主审法院北京市海淀区人民法院认为，这些字词是恶意的诅咒、人身攻击。对于侮辱进行人身攻击、加害他人名誉权的表达行为，应依法追究侵权责任。[1] 反之，如果自媒体的言论属于对事不对人，不属于人身攻击范畴，即便言辞激烈也不一定构成侮辱。

其次，自媒体用户的言辞是否构成侮辱，应结合上下文整体语境进行理解。从一定意义上说，表达自由包含了在一定范围内用语激烈甚至过分的许可，只要包含不文明用语的意见表达尚未达到人身侮辱的程度，也并不必然是过激的。所以即使自媒体采用了一些情绪化的、攻击性的甚至不文明的词语，也并不必然构成意见表达的违法性。进言之，侮辱行为的认定，并非简单地从语义学上判定的过程，而是整体上在综合具体个案情形的基础上平衡保护名誉感情与表达自由的复杂博弈。只有在文章整体语境下才能把握表达者的真正意图，只有当侮辱性言辞成为整篇文章的主要用意时，才适宜认定为侮辱侵权。本案中，被告岳某某转发赵某拍摄的涉案视频《发生车祸后的第776天》，该视频称原告黄某某"展示了教科书般的耍赖姿态"。黄某某主张"教科书般耍赖"系侮辱性词汇。

法院认为，对于"教科书般耍赖"一词是否构成侮辱，只审查言辞本身是否具有侮辱性是不够的，还必须考察言辞在具体语境中的关联性，尤其是与之相关的视频内容的真实性。根据法院查明的事实，"2017年11月20日，河北省唐山市中级人民法院将黄某某纳入失信被执行人名单，载明黄某某系全部未履行生效法律文书确定的义务，且系有能力履行而拒不履行的情形。上述情形与涉案视频中黄某某所称'我是收入不低，我得还贷款啊'一语相互印证，由此可知，

---

[1] 北京市海淀区人民法院（2014）海民初字第8684号。

黄某某的陈述与其行为是相符的,其行为上没有履行判决义务,主观上亦无履行判决义务的意愿,且优先选择偿还其他贷款。在上述情形之下,赵某作为伤者之子认为其在'耍赖'有一定缘由,与赵某的身份和其所处场景相符。"

四、讨论与小结

随着互联网技术的不断发展,越来越多的医生、律师等专业人士涌现于各大自媒体平台上并积极发声,在网络传播中扮演了重要角色。专业人士自媒体在丰富了网络传播言论生态的同时,也存在放大名誉侵权风险的可能性。其中,转发侵权和侮辱侵权是比较常见的现象。本案便是一起典型的专业人士自媒体侵犯名誉权纠纷案。按照本案裁判文书的观点,专业人士自媒体转载信息内容时,应该尽到符合自己职业身份的注意义务;自媒体侮辱行为的认定要看其言辞是否构成人身攻击,并且应对涉案言辞结合上下文整体语境进行理解。由此,本案裁判文书确立了专业人士自媒体的注意义务标准和侮辱界定标准,为今后的同类案件树立了可靠的判准,具有重要的现实意义。

另外,本案裁判文书还提出了利益衡量的裁判原则和思路。一方面,从宪法学的角度来看,自媒体侵犯名誉权纠纷实质上是言论自由和名誉权冲突的体现。本案主审法官在裁判文书中指出:"不能要求律师的观点必须与法院的认定一致,如果律师的观点与法院的认定不一致就不能发表意见,将会剥夺律师的言论自由。"另一方面,法官提出:"言论自由是公民享有的基本权利。但公民在行使这种自由的权利时,不得损害国家、集体的利益和其他公民的合法权利。""网络用户在自媒体平台上进行言论表达应更加注重避免侵害他人合法权益,否则,应当承担侵权责任。"这些观点体现了宪法学上的利益衡量思想,把握住了自媒体侵犯名誉权纠纷案件的实质问题,殊为可贵。但是令人遗憾的是,本案裁判文书并没有具体深入地阐释利益衡量思想和方法,期待今后能看到类似案件审理中出现更为全面、充分的说理论证。

思考题:
1. 专业人士自媒体的注意义务影响因素有哪些?
2. 自媒体环境下的侮辱行为应该如何界定?

第七章　已尽合理核实义务抗辩的司法创生

——评某某石油公司诉《新京报》等名誉侵权案

王伟亮[*]　杨龙雪[**]

源于域外的"已尽合理核实义务抗辩"已有较为成熟的制度和经验。我国于2020年《民法典》第1025条和第1026条以立法形式确立了"已尽合理核实义务抗辩"。本章选取《民法典》制定实施之前的"某某石油公司与《新京报》等名誉侵权纠纷"案，采用案例分析以及比较研究等方法进行研究，发现2016年判决的"某某石油公司"案已在司法层面开创性地认可了"合理审查义务""确信真实"等理念，可谓我国已尽合理核实义务抗辩的司法创生之案。该案虽在表述该抗辩时存在少许疑虑和模糊，但其意义不容忽视。

一、理论背景

2016年7月18日，针对某某石油天然气集团股份有限公司（以下简称"某某石油"）起诉北京新京报传媒有限责任公司（以下简称新京报社）等侵犯名誉一案，上海市浦东新区人民法院（以下简称浦东新区法院）作出一审判决，驳回原告某某石油的诉讼请求。[❶] 经笔者向新京报社核实，因各方均未上诉，一审判决于上诉期满后生效。某某石油案真正值得关注之处，并不在于其关涉知名媒体《新京报》且诉讼标的额高达2600万元，也非一些研究者所强调的"证据意识"和"平衡报道手法"等表面现象，[❷] 而在于法院判决中所

---

[*] 王伟亮，山东政法学院传媒学院教授。
[**] 杨龙雪，山东政法学院传媒学院2019级新闻学专业本科生。
[❶] 上海市浦东新区人民法院（2016）沪0115民初21303号。
[❷] 李晨：《如何用采访证据系紧调查记者身上的"保险绳"——从〈新京报〉胜诉的两场名誉侵权官司谈起》，《中国记者》2017年第1期，第80–81页。

体现出的新的理念和逻辑。虽然也有其他法官注意到了英国的"基于公共利益目的的负责任发表"这一已尽合理核实义务抗辩事由,❶但就笔者所掌握的资料来看,某某石油案或许是我国首例将"公共利益""合理审查义务"以及"确信真实"联系起来的案例,可谓已尽合理核实义务❷抗辩创生之案,审理法院层级虽低,意义却不能小视。

(一) 已尽合理核实义务抗辩的比较法观察

从比较法上看,自20世纪下半叶以来,多数国家开始将名誉权与表达自由的天平调向表达自由端。美国于1964年萨利文(Sullivan)案开启独特的宪法特权保护路径,英联邦国家则采取扩张普通法受约制特权(Qualified privilege)与立法相结合的方式,❸大陆法系国家/地区虽然法律传统与英美法系国家/地区不同,但也通过修改法律或创新判例等方式呈现出加强保护表达自由的态势。

1. 英美法系的"合理核实义务"抗辩

20世纪90年代,澳大利亚形成了一个能为媒体所利用的较宽广的普通法特权。以1997年的兰格(Lange)案为标志,形成了"兰格特权"。该特权可以适用于一个广泛的关于政治性和政府事务的发表(出版)之中,其要求被告证明自己发表(出版)行为的合理性。一般来说,被告必须证明其有合理的理由相信发表(出版)的内容是真实的,不相信这些内容不真实,并且为了验证这些内容而采取了适当的调查。❹ 2006年1—4月,澳大利亚采取各州/地区分别实施的方式,形成了统一的《诽谤法》,由此产生了与兰格特权并行的一种成文法特权——"提供特定信息"特权。《诽谤法》第30条第1款规定了这种特权的三个条件:第一,接收方对获得某一主题的信息存在利益;第二,在向接收方提供该信息的过程中,将此事公布给接收方;第三,被告在当时的情况下公布该事项的行为具有合理性。许多澳大利亚学者认为,此种成文

---

❶ 李颖:《网络侵犯人格权司法实务中的热点、难点问题》,《全球传媒学刊》2017年第2期,第98-109页。

❷ "合理核实义务"为我国《民法典》第1025条、第1026条所使用之术语,之前草案均使用"合理审查义务",也有学者称之为"合理查证义务"等。本文将三者作为同义词使用,但除直接引用外,本文主要使用"合理核实义务",以与立法用语保持一致。

❸ Russell, L. W. Defamation Law and Free Speech: Reynolds v. Times Newspapers and the English Media. *Vanderbilt Journal of Transnational Law*, 2004, 37 (5): 1255-1316.

❹ Andrew, T. K. Lange and Reynolds qualified privilege: Australian and English defamation law and practice. *Melbourne University Law Review*, 2004, 28 (2): 406.

法特权对媒体被告更为有利，具有相对广阔的适用性，在涉及政府或政治传播的案件中以及涉及其他公共利益的更广泛的案件中，甚至有可能取代兰格特权。[1]

英国关于"合理核实义务"的发展同样值得注意。直到 20 世纪末，对于将受约制特权保护扩展至新闻出版物的做法，英国依然表现出非常不情愿的态度。[2] 然而，受到《欧洲人权公约》即将在英国直接实施而带来的压力，以及同为英联邦国家的澳大利亚兰格特权判例的影响，英国上议院在 1999 年判决的雷诺兹案件中开创性地设立了一种受约制特权——雷诺兹特权，即当媒体力图发布事关公共利益的事项，并且展现出一种负责任的方式时，即使最后证明所发布的事项并不真实，其仍可受特权保护。[3] 针对如何判断媒体是否"负责任行事"的问题，李启新勋爵（Lord Nicholls）提出了颇具影响力的 10 个因素：（1）断言的严重性；（2）信息的本质以及主题被公众关注的程度；（3）信息的来源；（4）所采取的证实信息的步骤；（5）信息的状态；（6）事情的急迫性；（7）是否向原告寻求了评述；（8）文章是否包含了关于原告一方的要旨；（9）文章的风格；（10）出版的环境，包括时间选择。[4]

2006 年的贾米尔诉华尔街日报（欧洲版）案（Jameel v. The Wall Street Journal Europe Sprl.）使雷诺兹特权的适用问题首次回到英国最高司法机构——上议院。在贾米尔（Jameel）案判决中，上议院对雷诺兹特权进行了重申，将判断标准简明地分为两项："公共利益"和"负责任报道"，如果二者都能满足，则雷诺兹特权成立。对于实践中经常被过严掌握的判断负责任与否的 10 个因素，上议院强调这只是一个指引，不能成为发表者为成功主张该特权所必须全部逾越的一系列障碍。[5] 2012 年，正值英国《诽谤法》立法如火如荼进行之中时，借由弗勒德诉泰晤士报案（Flood v. Times Newspapers Ltd.），雷诺兹特权再次回到英国最高司法机关——英国最高法院，这也是最高法院成立后第一次有机会阐述雷诺兹抗辩[6]。

---

[1] Kit, B. & Peter, C. & Mark, L. & Francis, T. *The Law of Torts in Australia*. 5th ed. Oxford：Oxford University Press, 2012：855.

[2] Milmo, P. & Rogers, W. V. H. *Gatley on Libel and Slander*. London：Sweet & Maxwell, 2004：451.

[3] Price, D. *Defamation：Law, Procedure and Practice*. London：Sweet & Maxwell, 2006：8.

[4] Reynolds v. Times Newspapers Ltd. ［2000］E. M. L. R. 1.

[5] Jameel v. The Wall Street Journal Europe Sprl (3) . ［2007］E. M. L. R. 2.

[6] Brice, D. *Human Rights and the United Kingdom Supreme Court*. Oxford：Oxford University Press, 2013：309.

曼斯勋爵（Lord Mance）认为，对于负责任报道的标准，法院应秉持一种"宽泛且务实"的取向。法院在最后决定这种标准的边界时，负责任的编辑和记者们对边界所作出的判断应当受到尊重。[1] 有学者将弗勒德（Flood）案形象地描绘为"雷诺兹抗辩的一剂强心剂"，并认为其在推动诽谤法朝着有利于被告的方向上更进一步。[2] 2013年4月25日，《2013年诽谤法》正式出台并于2014年1月1日实施。该法第4条规定了"为公共利益而发表"抗辩，简称为"公共利益"抗辩，被告为主张该抗辩需要证明两个问题：第一，受控告的陈述本身事关公共利益，或者该陈述构成一个事关公共利益的陈述的一部分；第二，被告合理地相信发表受控告的陈述是为了公共利益。第4条同时规定，在判断被告是否有合理理由相信发表受控告的陈述是为了公共利益的问题时，法院在认为合适时，必须对编辑判断权予以许可。

受弗勒德案的影响，公共利益抗辩成立的判断标准更加宽松，更加尊重新闻媒体依据专业标准而形成的编辑判断权。第4条同时废止了雷诺兹特权，但二者的密切关系依然存在，公共利益抗辩实际上是雷诺兹特权的成文法化表述，主观的"合理相信"依然需要客观的"负责任报道"来证明，只不过证明标准更为宽松。被奥利·洛克（Olly Lock）[3]、安德鲁·特里（Andrew Terry）和艾琳·维内特（Eileen Weinert）[4] 等英国律师称为第一起实质性适用第4条的埃科诺穆诉德弗雷塔斯（Economou v. De Freitas）案中，上诉法院维持了初审判决，明确指出，尽管雷诺兹特权被第4条废止，但不能认为该特权的基本原理与第4条公共利益抗辩有实质性不同。

我国香港特区《诽谤条例》并未规定类似于英国雷诺兹特权或公共利益抗辩的制度，香港特区法院系通过普通法将其引入，但呈现出逐渐"从紧"的态势。2005年7月底，香港高等法院关于匠心发型告《太阳报》案中免除被告诽谤责任的裁定，成为首宗香港特区本地传媒成功引用雷诺兹特权的案例。[5] 不过，在2008年雅各布诉亚洲时报在线有限公司案（Yaqoob v. Asia

---

[1] Flood v. Times Newspapers Ltd. [2012] E. M. L. R. 21.

[2] Media Law Resource Center, Inc. *Media Libel Law* 2012 – 2013. Oxford: Oxford University Press, 2012: 1366 – 1367.

[3] Lock, O. Is It Interesting? New Judgment Considers the Scope of the "Public Interest" Defence Under the Defamation Act 2013 s. 4. *Entertainment Law Review*, 2017, 28 (1): 16 – 18.

[4] Terry, A. & Weinert, E. Defence—Responsible Journalism for Non – Journalists. *Entertainment Law Review*, 2019, 30 (3): 75 – 79.

[5] 刘进图、黄智诚：《传播法手册》，香港：香港新闻行政人员协会2006年版，第21页。

Times Online Ltd. (2008) 4 HKLRD 911），以及 2013 年普奎凯诉明报控股有限公司案（Pue Kwan Kay v. Ming Pao Holdings Ltd (2013) HCA 854/2009）中，关于被告提出的雷诺兹特权抗辩先后两次被否定。❶ 香港特区司法适用趋向保守的做法实际上与其《诽谤条例》相对滞后不无关系。英国制定 2013 年《诽谤法》后，知名诽谤法专家白净教授指出，由于《诽谤条例》迟迟未能因应新形势作出修改，香港特区只能沿用陈旧的普通法控辩规则，这对特区司法显然会形成一种很大的尴尬。❷

2. 大陆法系的"合理核实义务"抗辩

在德国，普遍认为权衡一般人格权和言论自由这两种冲突性利益并不容易。尤其是当陈述情况的真实性在当时存有疑问甚至在事后证明是不真实的时候，一般人格权的保护和言论自由之间的权衡更为困难。按照德国审判实践的观点，如果对此完全不加例外地予以惩戒，则会严重妨碍信息交流的过程和新闻媒体的作用。但同时，又要防止他人轻率地对待信息的真实性，从而使当事人能够受到应有的保护。当有人陈述未经证实的情况时，他往往会与被陈述人之间发生利益冲突。为了在两者之间找到一个恰当的平衡点，德国联邦最高法院设立了一种注意义务。在这种情况下，陈述情况的人是否可以援引代表正当利益这一权衡标准，取决于他是否满足了这一注意义务，而对注意义务程度的要求，则根据个案的不同情况来决定。例如，已有的证据在何种程度上可以证明事实的存在；还存在哪些可以查清事实的可能性并且这些可能性是否被充分利用；陈述的事件对公众的重要性；在多大程度上可能给当事人造成侵害人格权的负担等。在此方面，对媒体的要求比对个人的要求更为严格，因为个人往往是通过媒体获取信息进而予以发表的。❸

在日本，媒体报道自由与保护人格权之间也存在矛盾如何协调的问题。对此，战后日本的判例采用的是真实性、相当性的法理，使得该问题得到了妥善解决。所谓真实性、相当性法理，是指在 1966 年 6 月 23 日日本最高法院判决的"署名狂的杀人前科"案中被确立的、关于一般民事上的名誉毁损的免责要件。其内容是："作为民事侵权行为的名誉毁损，如果该行为事实是与公共利益相关的事实，且以实现公共利益为目的，如果能证明所揭示的事实具有真

---

❶ Weisenhaus, D. *Hong Kong Media Law*: *A Guide for Journalists and Media Professionals*. Hong Kong: Hong Kong University Press, 2014: 56-57.

❷ 白净、魏永征：《英国新修诽谤法述评》，《传媒透视》（香港）2013 年第 6 期，第 10-12 页。

❸ 马克西米利安·福克斯：《侵权行为法》，齐晓琨译，北京：法律出版社 2006 年版，第 59 页。

实性，那么上述行为就不具有违法性，所以理解为侵权行为不成立是比较恰当的。如果对上述事实无法证明其真实性，但是行为人有相当的理由确信其为事实的时候，对上述行为因不具有故意或过失，结果也应当理解为侵权行为不成立。"❶ 上述真实性、相当性法理实际上由两部分组成，即"真实性"法理和"真实相当性"法理。"真实性"法理实际上解决的是类似于英国《诽谤法》中的"真实"抗辩问题，而"真实相当性"法理才是本文研究的对象。所谓"真实相当性"法理，如前文所述，是指报纸对公众关心事务以公益目的进行报道时，报纸一方只要能证明报道的真实性，即可阻却其违法性；即使真实性不能得到证明，只要能够提出足以相信其为真实的相当理由，报纸一方仍可免责。关于判断真实相当性的一般基准，东京高等法院1978年9月28日的判决给出了具有代表性的说明："上述行为不能仅凭传闻或猜测，自然必须有证明其真实性的背景资料或依据，这一点毋庸置疑。但是，报道机关并不享有特别的调查权限，同时还要求报道要有迅速性，这样其调查也就产生了一定的局限性。因此，对背景资料、依据不能期望其具有高度准确性，尤其是，该报道……是与政治相关的报道时，如果一味追究对个人名誉侵害的责任，会使报道机关畏缩。为了不使作为民主政治支柱的报道自由受到损害，对于民事侵权行为的责任阻却事由，只要有能够让报道机关相信报道的内容大致属实的合理的资料或依据就足够了。"❷

2000年7月7日，我国台湾地区"司法院"作出了释字第509号解释，指出："……至'刑法'同条第三项前段以对诽谤之事，能证明其为真实者不罚，系针对言论内容与事实相符者之保障，并藉以限定刑罚权之范围，非谓指摘传述诽谤事项之行为人，必须自行证明其言论内容确属真实，始能免予刑责。惟行为人虽不能证明言论内容真实，但依其所提证据资料，认为行为人有相当理由确信其为真实者，即不能以诽谤罪之刑责相绳，……"我国台湾地区"最高法院"2004年台上字第628号民事判决（吕某某控告新新闻周刊案件）以及2004年台上字第1979号民事判决（张某某控告李某案件）先后确认了"司法院"释字第509号解释在民事案件中的适用性，❸ 但该解释并未说明此项"合理查证义务"的具体标准如何。王泽鉴先生认为，应综合考虑以下实体及程序因素：(1)事实的性质、侵害行为所涉及之人（公众人物、私

---

❶ 五十岚清：《人格权法》，铃木贤、葛敏译，北京：北京大学出版社2009年版，第37页。
❷ 五十岚清：《人格权法》，铃木贤、葛敏译，北京：北京大学出版社2009年版，第41页。
❸ 茅院生、田金益：《中国法律评论（第1卷）》，北京：法律出版社2007年版，第15-16页。

人)、议题（与公共利益的关系）；(2) 侵害的严重性；(3) 资料来源的可信度；(4) 查证事实的紧急性、时效性及成本费用；(5) 有无征询被害人；(6) 陈述事实的地点及时间等。❶

（二）已尽合理核实义务抗辩在我国的司法创生与立法确认

我国 1986 年通过的《中华人民共和国民法通则》（以下简称《民法通则》）正式确立了民事主体的名誉权，但并未同时明确相应抗辩事由。受传统新闻真实观念的影响，加之缺乏该领域比较法的深入研究，最高人民法院后续制定的一系列司法解释确立并固化了针对事实问题的"基本真实"抗辩事由，并由此实际上否认了"新闻媒体虽尽到合理核实义务却依然失实"成为一种抗辩事由的可能性。

不过，在长期的司法实践中，也有部分发达地区法院的法官注意到国外相关立法或判例，并在理论探讨中加以肯定，甚至在案件审理中予以适用。其中值得一提的是本文要讨论的某某石油诉新京报社等名誉侵权案❷，该案是笔者所见国内首例涉及已尽合理核实义务抗辩的案例。

立法方面，2020 年 5 月 28 日公布的《中华人民共和国民法典》于第 1025 条、第 1026 条规定了已尽合理核实义务抗辩。第 1025 条规定："行为人为公共利益实施新闻报道、舆论监督等行为，影响他人名誉的，不承担民事责任，但是有下列情形之一的除外：（一）捏造、歪曲事实；（二）对他人提供的严重失实内容未尽到合理核实义务；（三）使用侮辱性言辞等贬损他人名誉。"第 1026 条规定："认定行为人是否尽到前条第二项规定的合理核实义务，应当考虑下列因素：（一）内容来源的可信度；（二）对明显可能引发争议的内容是否进行了必要的调查；（三）内容的时限性；（四）内容与公序良俗的关联性；（五）受害人名誉受贬损的可能性；（六）核实能力和核实成本。"上述规定意义重大，首次明确了"合理核实义务"及其认定因素。

不过，上述两条款仍存在一些不足，例如，合理核实对象不全面，只针对"他人提供的失实内容"，未包括"原创的或自行采写的内容"。又如，仅简单列举了几种判断是否尽到合理核实义务的考虑因素，未能凸显媒体的编辑判断权。再如，为回应一些学者的异议，第 1026 条删除了草案中第二款"行为人应当就其尽到合理审查义务承担举证责任"，这种做法反而给司法实践造成了

---

❶ 王泽鉴：《侵权行为法》，台北：元照出版公司 2015 年版，第 159 页。
❷ 上海市浦东新区人民法院（2016）沪 0115 民初 21303 号。

不必要的困难。另外,第1025条整体表述模糊,如果仅从文义理解,已尽合理核实义务须与公共利益相结合才能成立有效的抗辩,虽然英联邦国家/地区以及日本都强调公共利益因素,但是德国等国家或地区则不需要公共利益因素。作为主要参考德国经验而制定的《民法典》,历经一审稿"公序良俗+已尽合理审查义务",到二审稿、三审稿、四审稿去除"公序良俗",至立法的"公共利益+已尽合理核实义务",最终还是抛弃了德国模式,亦留下若干疑问。诸如无涉公共利益但已尽合理核实义务的新闻报道,可否主张第1025条、第1026条之抗辩?等等。

在理论研究领域,由于我国立法的相对滞后性,国内除极少数学者对已尽合理核实义务抗辩有所关注和研究外,多数学者对此较为陌生。即便是在《民法典》出台后,许多释义类著作,乃至一些论文对该制度的解读仍然停留在一般解释层面,并未关注到其比较法背景和我国已有司法经验,导致研究缺乏说服力。

二、案例概述

2015年12月,《新京报》发表《纠纷缠身 某某石油启动IPO》和追踪报道《某某石油被纳入失信被执行人名单》,就某某石油IPO存在的风险、涉及的诉讼,以及2014年12月被法院纳入失信被执行人名单等事项进行报道。2016年3月,某某石油向上海市浦东新区人民法院起诉新京报社等关于其IPO的报道涉嫌侵犯其名誉权,要求新京报社等相关方赔偿其2600万元。[1]

某某石油诉称,上述报道存在若干不实之处,且报道发出后,证监会上海监督局于2016年2月19日要求某某石油、券商及律师就报道事项进行核查,导致其IPO申请停滞延后。新京报社辩称,作为新闻媒体,对原告发布的招股说明书进行深度调查及追踪报道的行为,系其发挥监督社会经济活动功能的表现,并无不当。

浦东新区法院经审理认为,某某石油作为欲向社会不特定公众首次公开募股的拟上市企业,其支付能力、涉诉情况、履行生效法律文书的意愿等直接与其商业信用相关,属于对不特定投资者作出投资决策有重大影响的信息,亦因

---

[1] 学习与记录:《扬眉吐气!新京报赢了某某石油2600万索赔官司》,https://www.jzwcom.com/jzw/57/14354.html,访问日期:2016年7月22日。

此涉及社会公益。新闻媒体具有监督社会经济、政治、文化等各项事务的功能。尤其对于关涉社会公益的新闻报道，不应对报道者要求过于严苛的注意义务。如果媒体在报道前已尽合理审查义务，并有相当理由确信所刊发报道为真实者，就应认定为不存在过错。争议报道的资料来源于法律文书、工商信息等，是完全可信的资料来源。记者采访相关方的报道内容，绝大部分已被证明系客观真实，至于有争议部分也仅关涉细节性的非基本重要事实，记者据此采写报道并无明显不当。鉴于新闻的时效性特点，《新京报》记者前后两次表达采访意愿已属充分。在新闻媒体已向报道不利方进行事实征询情况下，因被询问人拒绝作出回应，使得媒体根据合法可信的资料来源，如实刊载存疑信息，由此导致的潜在不利后果应由被询问人即原告自行承担。新京报社等已经履行对争议报道进行合理审查的义务，并不存在过错。报道中提到的事实确实会对某某石油的商誉造成严重损害，但该损害是由某某石油自身行为引发，并非新京报社等导致。

基于以上理由，新京报社等的行为不具有违法性，且无过错，其行为与原告的名誉受损亦无因果关系，故原告认为被告侵害其名誉权的主张不能成立。依据《民法通则》第101条、《最高人民法院关于审理名誉权案件若干问题的解答》第7条的规定，判决驳回原告某某石油的诉讼请求。[1]

三、案例评析

（一）案件争议焦点

在该案中，浦东新区法院归纳的争议焦点为：（1）被告的行为有无违法性？（2）被告有无主观过错？（3）原告名誉受到损害与被告的行为之间有无因果关系？

关于第一个争议焦点，原告对涉案报道的质疑可以分为两种：一种是具有一定主观色彩的描述及评论性内容，也就是2015年12月第一篇报道标题中所称的"纠纷缠身"；另一种是对客观事实的陈述，除第一种质疑外，原告提出的其他质疑均可归属为此类。所以，被告的行为是否具有违法性，应根据以下两点确定：第一，对于客观事实的陈述是否真实？第二，作出的主观性评论是否合理？经分析，浦东新区法院认为，各被告对于客观事实的陈述基本真实，

---

[1] 上海市浦东新区人民法院（2016）沪0115民初21303号。

原告所提质疑均不能成立；《纠纷缠身　某某石油启动 IPO》一文的标题属于合理评论范围，不具违法性。值得注意的是，该法院在此部分明确指出，某某石油作为拟向不特定社会公众公开募集资金的上市公司，有关支付能力、涉诉情况、履行生效法律文书的意愿等均直接与其商业信用相关，属于对不特定投资者作出是否购买其股票等投资决策有重大影响的信息，由此涉及社会公益。

关于第二个争议焦点，浦东新区法院认为，新闻媒体具有监督社会事务的功能，特别是涉及社会公共利益事务的报道，不应对报道者加之以严苛的注意义务。如果媒体在刊载报道之前已经尽到合理的审查义务，并且有相当的理由确信其所刊载的报道为真实者，则不应当认定其存在过错。经过对报道所依据的资料以及报道查证具体方式的分析，浦东新区法院认为，本案中新京报社等已对所刊载的报道尽到合理审查义务。

关于第三个争议焦点，浦东新区法院认为，本案中的两篇报道刊载后，确实会对原告名誉造成严重损害，但这种损害并非被告行为导致，而是原告自身被已生效法律文书认定为不当或不法的行为所致。因此，原告名誉受损与被告的行为之间没有关联。关于原告所主张的经济损失，因未提供充分证据，同样也无法得到支持。

（二）彼时法律确立的"公共利益＋基本真实"规则

2009 年，有学者对我国媒体侵权案件的抗辩理由及法院裁决进行了统计，在 609 起名誉权案件中，使用"公共利益"作为抗辩理由的有 92 起，法院支持的有 43 起，支持比例约为 47%。[1] 前述统计并未明确说明"公共利益"是否是唯一的抗辩事由，而实际上，按照彼时法律（包括司法解释）的规定，"公共利益"无法单独成为名誉侵权案件的抗辩事由，其必须与"基本真实"相结合才能发挥效力。

例如，《最高人民法院关于审理名誉权若干问题的解答》（法发〔1993〕15 号）第 8 条规定："因撰写、发表批评文章引起的名誉权纠纷，文章反映的问题基本真实，没有侮辱他人人格的内容的，不应认定为侵害他人名誉权；文章反映的问题虽基本属实，但有侮辱他人人格的内容，使他人名誉受到侵害的，应认定为侵害他人名誉权；文章的基本内容失实，使他人名誉受到损害

---

[1] 徐迅：《新闻（媒体）侵权研究新论》，北京：法律出版社 2009 年版，第 52 页。

的，应认定为侵害他人名誉权。"❶ 在可能关涉公共利益问题的批评性报道中，第8条非常明确地强调了"基本真实"的不可或缺性。

《最高人民法院关于审理名誉权案件若干问题的解释》（法释〔1998〕26号）第9条，对于涉及产品和服务质量这一公共利益的批评性文章，也再次强调了"基本真实"的必要性。该条规定："新闻单位对生产者、经营者、销售者的产品质量或者服务质量进行批评、评论，内容基本属实，没有侮辱内容的，不应当认定为侵害其名誉权；主要内容失实，损害其名誉的，应当认定为侵害名誉权。"❷

互联网环境下同样如此。《最高人民法院关于审理利用信息网络侵害人身权益民事纠纷案件适用法律若干问题的规定》（法释〔2014〕11号）第11条涉及经营主体产品或服务这一公共利益问题的社会评价，同样也强调了"事实真实"的要求。该条规定："网络用户或者网络服务提供者采取诽谤、诋毁等手段，损害公众对经营主体的信赖，降低其产品或者服务的社会评价，经营主体请求网络用户或者网络服务提供者承担侵权责任的，人民法院应依法予以支持。"❸ 根据最高人民法院民一庭的解释，主张或散布有损经营主体商业信誉和商品声誉的事实，必须是不真实的事实，包括绝对不真实的事实和相对不真实的事实。前者包括虚构的事实、误认真实的事实和轻信他人主张的不真实事实；后者为行为人所述事实为真实，但对其实质性内容未作详细说明或者对事实未作全面报道。❹

由此可见，在某种程度上，司法解释泛化了"不真实"，使得已尽合理核实义务但仍然客观失实情形难以得到有效保护。在2019年判决的某某公司诉观察者公司名誉权案中，北京市第三中级人民法院认为"在某某公司已经提出延长经营期限的申请尚处于审批阶段，某某公司能否继续经营、是否面临清算尚未有定论的情况下，作为专业新闻媒体，观察者公司在其观察者网站和观

---

❶ 2020年12月23日，由最高人民法院审判委员会第1823次会议通过了《最高人民法院关于废止部分司法解释及相关规范性文件的决定》，决定废止该司法解释，自2021年1月1日起施行。

❷ 2020年12月23日，由最高人民法院审判委员会第1823次会议通过了《最高人民法院关于废止部分司法解释及相关规范性文件的决定》，决定废止该司法解释，自2021年1月1日起施行。

❸ 2020年12月23日，最高人民法院审判委员会第1823次会议通过的《最高人民法院关于修改〈最高人民法院于在民事审判工作中适用《中华人民共和国工会法》若干问题的解释〉等二十七件民事类司法解释的决定》，对该司法解释做了修正，该条款内容不变，条款序号变为第8条。

❹ 最高人民法院民事审判第一庭编著：《最高人民法院利用网络侵害人身权益司法解释理解与适用》，北京：人民法院出版社2014年版，第161页。

察者 App 上发布涉案文章，对文章内容的选编未能尽到谨慎审查义务，其主观上对此存在过错"。❶ 该案主审法官在回顾该案时认为，人民法院对于新闻报道真实性的审查不能将司法审判上的"排除合理怀疑"或"高度盖然性"作为标准，否则即属于要求过于严苛，但新闻报道内容应当忠实于其所获得的原始新闻信息内涵，客观地反映与归纳所见所闻，否则即构成对真实性的违背。❷ 可见，该案法官虽强调新闻真实不同于法律真实，但仍坚持新闻真实与客观现实的一致性，并以此反推被冠以"专业新闻媒体"的被告是否尽到谨慎审查义务，而未能综合时效性、信息来源可信度等多方面因素加以审查，导致判决说理充分性不足。

综上可见，在涉及公共利益的问题上，彼时法律规则尚未完全突破"公共利益+基本真实"的抗辩事由模式。如果新闻报道虽关涉公共利益但严重失实或者难以证明其为真实，不论媒体是否尽到了负责任报道的职责要求，都难以主张有效的抗辩。从另一角度来说，无论是否涉及公共利益问题，彼时法律尚未承认已尽合理核实义务可以作为一种抗辩。

（三）"公共利益+已尽合理审查义务"的抗辩

首先，浦东新区法院在论及新京报社报道涉及公共利益的问题时指出："某某石油作为欲向社会不特定公众公开募股的拟上市企业，其支付能力、涉诉情况、履行生效法律文书的意愿等直接与其商业信用相关，属于对不特定投资者作出投资决策有重大影响的信息，亦因此涉及社会公益。"❸ 其次，在分析新京报社是否具有过错时，浦东新区法院指出："新闻媒体具有监督社会经济、政治、文化等各项事务的功能。尤其对于关涉社会公益的新闻报道，不应对报道者克以过于严苛的注意义务。如果媒体在刊载报道前已尽合理审查义务，并有相当理由确信所刊报道为真实者，就应认定为不存在过错。"❹ 经过对报道所依据的资料以及报道查证具体方式的分析，浦东新区法院认为新京报社已尽到合理审查义务，不存在过错。由此在司法实践中首次提出了"公共利益+已尽合理审查义务"抗辩雏形，并将已尽合理审查义务作为过错之

---

❶ 北京市第三中级人民法院（2019）京 03 民终 7920 号。
❷ 国家法官学院、最高人民法院司法案例研究院编：《中国法院 2021 年度案例·人格权纠纷：含生命、健康、身体、名誉、姓名、肖像、一般人格权纠纷》，北京：中国法制出版社 2021 年版，第 109－111 页。
❸ 上海市浦东新区人民法院（2016）沪 0115 民初 21303 号。
❹ 上海市浦东新区人民法院（2016）沪 0115 民初 21303 号。

否定。

不过，某某石油案判决在突破固化的"基本真实"抗辩事由时并不彻底。如果仅从浦东新区法院上述关于过错问题的分析来看，已然可以推出"公共利益+合理审查"的崭新抗辩规则。然而，令人遗憾的是，浦东新区法院仍未完全放弃"基本真实"这一要素，在关于违法性问题的分析中，其仍着力论证涉案文章的基本真实性，甚至认为"只要新闻中涉及与特定人名誉相关的内容不存在足以影响该特定人的正当社会评价的错误，就可认为基本重要事实正确"，❶ 而这种以"是否影响正当社会评价的结果"倒推"内容是否基本真实"的逻辑显然是难以成立的。对于关涉公共利益的事件，如果媒体尽到了合理审查义务，但内容最终被证明是不真实的，媒体是否应承担侵权责任？某某石油案并未就此给出十分明确的答案。实际上，这恰恰是比较法上已尽合理核实义务抗辩的核心点所在，其所给出的答案是毫无争议的"是"。

（四）依然适用传统公正评论之不足

除已尽合理核实义务抗辩之外，本案还附带涉及公正评论抗辩问题。针对《纠纷缠身 某某石油启动 IPO》标题这一评论性言论，浦东新区法院虽认为其属于合理评论范畴，但仍然适用传统的公正评论理论，强调了"评论而非事实陈述""公共利益""作为评论基础的事实真实"以及"无恶意"四个构成要件。❷ 而近年来公正评论抗辩在英美法系《诽谤法》发展中已经有了很大变化，例如，英国 2013 年《诽谤法》第 3 条将该抗辩名称改为"诚实意见"，构成要件变为"受指控之陈述为意见""受控告的陈述表明了意见的基础，无论用一般性还是特定性词语""基于以下情形之一，一个诚实的人可以持有此种意见：第一，在受指控之陈述发表之时业已存在的任何事实；第二，在受控告的陈述发表前，任何可以声称为一个受特权保护的陈述中的事实"。

该法第 3 条同时规定，如果原告可以证明被告本人并不持有这种意见或者在被告系发表他人意见时知道或应当知道他人并不持有这种意见的，则此种抗辩不能成立。对于公正评论抗辩的最新发展变化，浦东新区法院未能在判决中有任何体现。诚实意见抗辩的构成要件表明，不能用是否"公正"或"合理"来判断意见或评论是否受法律保护，判断的核心在于发表意见或评论者是否真正持有其本人所表达的意见或评论，以及作为转述者，其是否知道被转述者并

---

❶ 上海市浦东新区人民法院（2016）沪 0115 民初 21303 号。
❷ 上海市浦东新区人民法院（2016）沪 0115 民初 21303 号。

不真正持有该意见或评论。可以明确地说，"公正"是一种错误的说法，[1]加在传统公正评论抗辩之上的"公正"二字实际上起到了误导作用。令人遗憾的是，《民法典》未明确对意见或评论类言论抗辩问题作出规定，由此形成的空白应尽快通过司法解释加以填补。

四、讨论与小结

《民法典》制定实施后，其第1025条和第1026条规定的已尽合理核实义务抗辩引发广泛关注。在文本解释的同时，更应关注其背后的比较法背景以及司法案例推动等问题，否则难以准确地理解适用。比较法范畴内，无论是英美法系还是大陆法系，尽管取名不同，但大多异曲同工地设立了该项抗辩制度。更令人欣喜的是，以上海市浦东新区人民法院为代表的一些法院没有止步于彼时法律的既有框架，而是大胆探索，某某石油案即可作为一个范例。该案判决不仅在个案中保护了媒体的新闻舆论监督权，更为《民法典》已尽合理核实义务抗辩的形成贡献了司法智慧，其间虽略有保守，但瑕不掩瑜，无愧为我国已尽合理核实义务抗辩的司法创生之案。

思考题：

1. 已尽合理核实义务抗辩在构成上与公共利益相结合的优点和不足分别是什么？

2. 你认为《民法典》第1025条、第1026条规定的已尽合理核实义务抗辩的成就和不足是什么？如何完善？

---

[1] Price, D. & Cain, N. & Duodu, K. *Defamation Law, Procedure and Practice*. 4th edition. London: Sweet & Maxwell, 2010: 81.

第八章　新闻侵权诉讼中的责任认定与利益平衡

——评世奢会与《新京报》等名誉权侵权责任纠纷案

陈　科[*]　姜译涵[**]

世奢会（北京）国际商业管理有限公司（以下简称世奢会）诉《新京报》等名誉权侵权责任纠纷案，是我国少有的新闻报道使用匿名消息来源涉诉的案件，因对使用匿名消息来源的报道内容真实性的不同认定而同案异判。该案涉及法技术领域的举证责任分配及新闻报道者特权问题；同时也关涉法感情层面新闻正义与民事主体人格权的冲突与协调问题。该案对报道是否失实、评论是否正当及报道者是否具有主观恶意等侵权构成要件的裁判，与新近施行的《民法典》对舆论监督及为公共利益等免责事由的系统化创新关联密切，是新时期司法审判工作在新闻媒体舆论监督与公民权益保护的平衡问题上的典型案例。

一、理论背景

在现实生活中，因新闻报道、舆论监督行为而引发的名誉权侵权纠纷，是最主要的新闻侵权行为之一，它体现了公众知情权、媒体舆论监督权、个体名誉权三者之间的张力关系。名誉是对民事主体的品德、声望、才能、信用等的社会评价，[❶]而名誉权是民事主体就自身客观公正的社会评价所享有的排除他人对其贬损的权利。[❷]如何在保障媒体新闻自由、保证公众知情权以及保护个

---

[*] 陈科，华中师范大学新闻传播学院副教授、硕士生导师。
[**] 姜译涵，华中师范大学新闻传播学院2021级硕士研究生。
[❶]《中华人民共和国民法典》第1024条第2款。
[❷] 张红：《民法典之名誉权立法论》，《东方法学》2020年第1期，第68-82页。

体社会评价三者之间获得平衡，是名誉权侵权裁判中关键的一环，同时也考验着法律规范如何在人格权益和新闻报道之间的平衡判断。

《中华人民共和国民法典》（以下简称《民法典》）出台前，对名誉侵权的认定，主要依据《最高人民法院关于审理名誉权案件若干问题的解答》（以下简称《解答》）❶ 第7条第1款："是否构成侵害名誉权的责任，应当根据受害人确有名誉被损害的事实、行为人行为违法、违法行为与损害后果之间有因果关系、行为人主观上有过错来认定。"及第4款"因新闻报道严重失实，致他人名誉受到损害的，应按照侵害他人名誉权处理。"此外，鉴于新闻报道除报道事实外，还涉及对报道事实的评论，《解答》第8条规定了两种评论内容也构成侵权：其一是文章反映的问题虽基本属实，但有侮辱他人人格的内容，使他人名誉受到侵害的，应认定为侵害他人名誉权；其二是文章的基本内容失实，使他人名誉受到损害的，应认定为侵害他人名誉权。可见，真实报道和客观评论既是新闻业的核心价值理念，也是新闻侵权的抗辩事由。

现代社会中的新闻业既是沟通公权力与公民个体的信息平台，也是对公权力行使监督权的社会代表。新闻界除承担传递信息、满足大众知情权的责任外，还具有教育公众、组织公共讨论和监督公权力的功能。但在《中华人民共和国民法典》出台前的侵权法案中，对具备"公共善"性质的新闻监督功能并无特别关照，多作为普通民事侵权行为论处。

为了平衡新闻报道、舆论监督与个人名誉权保护之间的关系，2021年1月1日起正式施行的《中华人民共和国民法典》在人格权篇对名誉权的限制、合理核实义务的认定因素及媒体报道内容失实侵害名誉权的补救措施等方面作出了新的明确规定。其一，对行为人实施新闻报道、舆论监督等行为涉及的民事责任承担，以及行为人是否尽到合理核实义务的认定等作了规定（第1025条、第1026条）；其二，规定民事主体有证据证明报刊、网络等媒体报道的内容失实，侵害其名誉权的，有权请求更正或者删除（第1028条）。

《民法典》在第1025条首先肯定了"为公共利益"而"影响他人名誉的"内容的合法性，日常监督报道（如披露负面事实和发表批评意见而会影响相对人的社会评价）不属于侵权行为，无须承担民事责任；但例外包括捏造歪曲事实、对他人提供的严重失实内容未尽到合理核实义务、使用侮辱性言辞等

---

❶ 2020年12月23日，由最高人民法院审判委员会第1823次会议通过了《最高人民法院关于废止部分司法解释及相关规范性文件的决定》，决定废止该司法解释，自2021年1月1日起生效。

三项，行为人应该承担侵权责任。其中第一、第三项出于故意而为，第二项属于过失。第1026条对新闻报道严重失实内容是否尽到"合理审核义务"具有过失而需承担责任列出了六项考虑因素❶；如果确认新闻报道行为人已经尽到合理审核义务而无过失，那么即使存在严重失实内容也无须承担侵权责任。

《民法典》同时还强调了"不作为"方式也能构成侵害名誉权，提醒媒体报道的注意义务。侵害名誉权的方式既有"作为方式"，也包括"不作为"的方式。侮辱和诽谤是两种典型的侵害名誉权的作为方式。❷ 除此之外，《民法典》规定的行为人在实施新闻报道、舆论监督等行为时，未对他人提供的失实内容尽到合理核实义务，影响他人名誉的，需要承担民事责任；在报道内容失实，侵害他人名誉权的情形下，媒体应及时采取更正或删除等必要措施；不及时采取措施的，也构成对他人名誉权的侵害。

《民法典》中规定自然人与法人、非法人均享有名誉权，但所享有的名誉权有不同侧重。自然人的名誉主要是对个人能力、品行、作风、思想、才干等方面的社会评价，本质上是其人格尊严和人格自由的体现；而法人、非法人组织的名誉则是对其商业信誉、资产经营活动、经营业绩等方面的评价。❸ 简而言之，自然人的名誉权更注重对精神利益的维护，而法人、非法人组织的名誉权更注重对财产利益的维护。❹ 这为新闻侵权的司法救济指明了方向。

可见，《民法典》在调整新闻报道、舆论监督行为与人格权益之间关系的法律规范上进行了系统化创新。魏永征教授认为《民法典》具体在"通过肯定新闻报道、舆论监督行为和限制相对民事主体权益以排除侵害人格权益行为的方式，在此领域确立了新闻报道、舆论监督行为的合理空间。……就新闻报道、舆论监督涉及人格权益的行为以'公共利益'为核心要素规定了多项免

---

❶ 《中华人民共和国民法典》第1026条 认定行为人是否尽到前条第二项规定的合理核实义务，应当考虑下列因素：（一）内容来源的可信度；（二）对明显可能引发争议的内容是否进行了必要的调查；（三）内容的时限性；（四）内容与公序良俗的关联性；（五）受害人名誉受贬损的可能性；（六）核实能力和核实成本。

❷ 侮辱是指使对方人格或名誉受到损害、蒙受耻辱的行为。诽谤是指通过向第三者传播虚假事实而致使他人社会评价降低，非法损害他人名誉的行为。侮辱既可以是以行为方式进行，也可以是以口头或文字的语言方式进行，而诽谤只能是口头或文字的语言方式。在语言方式上，二者的区别在于，诽谤的言辞是无中生有，无事生非；而侮辱则是将现有的缺陷或其他有损于他人的社会评价的事实扩散、传播出去，以诋毁他人的名誉，使其蒙受耻辱，为"以事生非"的言辞（杨立新：《人格权法》，北京：法律出版社2015年版，第224页）。

❸ 王利明：《人格权重大疑难问题研究》，北京：法律出版社2019年版，第548页。

❹ 张红：《民法典之名誉权立法论》，《东方法学》2020年第1期，第68-82页。

责事由（抗辩事由）。……强化肯定了新闻舆论监督中发生的侵权行为属于一般归责行为，在司法审理中适用一般举证责任原则"等十个方面进行规范，从法律层面上肯定、充实、确立了学界称为"新闻侵权法""媒介侵权法"的主要内容，实现了调整新闻报道、舆论监督行为与人格权益之间关系法律规范的系统化。❶《民法典》强化了新闻报道的"舆论监督"功能及"公共利益"的免责事由。

比较法公认的三大重要的媒介抗辩事由包括：真实报道、公正评论及报道者特权。其中报道者特权因为匿名消息来源的使用而被凸显出来。新闻业为了更好地实现新闻舆论监督功能，达到维护公共利益的目的，有时会在无法正常获取信息时采信匿名消息来源，一旦报道匿名信源所提供的信息造成新闻侵权，报道者是否可以获取免责特权？作为报道者特权的法律问题，源自19世纪六七十年代的美国，新闻媒体呼吁保护信息来源的身份，以获取具有新闻价值的信息，由此造成了保护新闻自由与维护司法公正之间的张力。但美国最高法院从未承认新闻媒体有不公开信息来源的权利，仅认为公共人物诉媒体时，只有媒体具有"实际的恶意"时才需要承担责任。欧洲人权法院依据《欧洲人权公约》第10条有关表达自由的规定，承认记者保护秘密消息源、拒绝向法庭披露的权利。但同时也承认一个重要例外，即当报道者特权的行使对公共利益产生重大影响时，这一权利就不能行使。

我国现行法并未涉及报道者特权，基于民商法的平等理念，媒体在民事诉讼中自然不享有这一特权。在媒体使用匿名消息的报道引发名誉权纠纷时，媒体可以选择不披露信息来源，不过可能将因此无法完成举证，须承担不利的法律后果。若媒体不披露信息来源，但能成功证明其报道内容真实的，就无须承担不利的法律后果。可见，媒体不披露消息来源并不意味着它未尽真实性审查义务，更不能直接推定其报道失实，亦不能判定其行为构成诉讼证明妨碍。❷

新闻正义和新闻侵权的冲突，是新闻机构承担的多元社会功能与现代社会公、私领域二元结构解体的矛盾呈现。媒体之于社会、国家、个人的价值，不仅有遵循职业伦理及技术规范操作，独立自由报道的意志，同时在宪法上也具

---

❶ 魏永征：《不同权利平衡的总结和创新——民法典调整新闻报道与人格权益关系的系统化》，《社会治理》2021年第1期，第18-24页。

❷ 谢鸿飞：《使用匿名信息源新闻报道侵权案中的举证责任、报道者特权和利益平衡——评世奢会（北京）国际商业管理有限公司诉〈新京报〉等名誉侵权责任纠纷案》，《人民司法》2016年第29期，第10-16页。

有公民对公权力的监督和公共事务知情的逻辑引申之意。新闻业的商业化运作，使得报道从满足公共事务的知情权，开始转向对私人领域的猎奇，甚至催生媒介暴力，使得新闻正义与侵权的界限日渐模糊。

法律上解决新闻正义与新闻侵权的冲突，最简单的方案是"密尔规则"，即权利的行使不能妨害他人，这也是新闻报道最低限的伦理要求——"毋伤害"。但它无法决定两种权利冲突时，究竟何种权利应胜出，可凌驾于另一种权利之上。对此，比较合理的理论方案是界定新闻优先的构成要件，具体思路又可分为两种：一是严格界定新闻的范围，只有具有新闻价值的报道才能享有特权，才能阻却新闻活动的违法性。二是区分报道涉及的主体。如米尔斯著名的公言论和私言论的二分：前者涉及公共事务或社会自治的领域，它不应受任何克减，受美国宪法第一修正案保护；后者涉及私人事务，适用第五修正案，只要满足正当程序条件就可被克减。在各国的司法实践中，新闻媒体侵权中的公共人物、媒体报道恶意等标准即为这种思路的产物。此外，对涉及公共事务的报道适用过错责任，而对涉及私人领域的报道适用过错推定责任，也不失为一剂良方。❶

在新闻侵权诉讼中，应当实行举证责任正置（由原告对报道内容承担责任），还是实行举证责任倒置（由被告媒体对报道内容承担证明责任），是一个长期备受关注的问题。所谓举证责任分配，即举证责任在原告、被告及第三人之间的合理配置。举证责任有两层含义：诉讼当事人对自己所提出的主张有提出证据予以证明的责任，称为行为意义上的证明责任（简称行为责任）；如果双方当事人均履行了行为责任，但案件事实仍然真伪不明，一方当事人因法院不适用以该事实存在为构成要件的法律而承担不利的法律后果，称为结果意义上的证明责任（简称结果责任）。❷ 因新闻侵权有着与其他侵权最显著的区别，即其适用的举证责任分配要平衡"新闻自由"与"人格权保护"两者的关系。❸ 卢家银教授提出"举证责任正置是原则，倒置是例外"，这种新的规则并不是对"谁主张、谁举证"的颠覆，而是为了减少"谁主张、谁举证"

---

❶ 谢鸿飞：《使用匿名信息源新闻报道侵权案中的举证责任、报道者特权和利益平衡——评世奢会（北京）国际商业管理有限公司诉〈新京报〉等名誉权侵权责任纠纷案》，《人民司法》2016年第29期，第10－16页。

❷ 张卫平：《最高人民法院民事诉讼法司法解释要点解读》，北京：中国法制出版社2015年版，第63页。

❸ 刘婧婧：《论新闻侵权诉讼中的举证责任分配》，《新闻爱好者》2014年第7期，第83－85页。

在新闻侵权诉讼中可能出现的歧义，并突出原告所应承担的客观意义上的证明责任，强调新闻侵权诉讼的特殊性。❶

二、案例概述

2012年6月，《新京报》刊登了一篇针对世奢会的批评文章（以下简称涉案文章），标题为《"世奢会"被指皮包公司》，作者为新京报社记者刘某。涉案文章使用皮包公司、顶着"世界"名头、打着"协会"旗号等表述，对所谓的全球奢侈品管理机构世奢会的运营模式、内部管理进行报道，文章引用来自化名人物"唐路"秘密曝料的负面信息，称"世奢会使用的红酒品牌涉嫌假冒""世奢会举办的唐山展会涉嫌品牌造假，跑车被提前开走""世奢会发布的奢侈品数据涉嫌网上搜集""世奢会涉嫌雇佣日本咖啡店女老板冒充奢侈品官方发布会的日方发言人"等。为证明涉案文章中化名人物"唐路"所述为真实消息来源，新京报社向法庭提交了"唐路"的采访录音，经比对，涉案文章中唐路所述内容基本来自该采访录音。后世奢会（北京）公司诉至法院，要求判令新京报社承担侵权责任。❷

该案经过了两次审理，两次裁决主要围绕"涉案文章中报道的世奢会是否指向世奢会（北京）公司""涉案文章是否报道失实、评论不当"和"《新京报》是否存在主观过错"三点而展开。2013年一审《新京报》败诉。法院认定：其一，结合涉案文章的整体内容及文章配图，新京报社所发表的涉案文章足以让社会公众认定世奢会（北京）公司即为报道针对的对象之一。故新京报社关于世奢会（北京）公司并非本案适格主体的抗辩理由，法院不予采信。

其二，针对世奢会（北京）公司主张涉案文章存在至少10处报道失实的地方，从文章整体内容来看，虽然大部分内容经过撰文记者本人的核实，但仍有内容新京报社、刘某（记者）无法提供详细的消息来源。新京报社虽然提交了相关采访对象的录音资料，但录音对象的身份情况并未向法庭提供，被采访人也未出庭作证，故法院难以采信其言论的真实性。法院认为新京报作为传

---

❶ 卢家银：《举证责任正置是原则，倒置是例外——论新闻侵权诉讼中的证明责任分配》，《青年记者》2011年第28期，第49-51页。

❷ 北京市第三中级人民法院：《新媒体环境下的名誉权纠纷案件（司法观点+法官建议+典型案例）》，https：//www.sohu.com/a/109374973_355187，2016年。

统媒体，对媒体从业人员撰写、发表文章，负有较高的真实性审查义务，而涉案文章中存在多处未经核实的言论，违背了其作为传统媒体的审核义务。虽然文章也引用了采访世奢会（北京）公司副总经理毛某某某的内容，一定程度上想保持公正的报道态度，但整篇文章的内容足以导致作为企业的世奢会（北京）公司名誉降低、信用受损。

其三，新京报社在刊登涉案文章时，引用了一些未经核实的网友曝料信息，采访了不能提供消息来源的"世奢会前员工"，其内容足以导致社会公众对世奢会（北京）公司的社会评价降低。《新京报》作为传统媒体，应当预见到这篇报道的内容会导致世奢会（北京）公司经济能力和公众信赖降低的不良后果，属于未尽到其应尽的审查义务，主观上存在过错，应当承担侵权责任。面对判决结果，《新京报》提起上诉，请求依法改判。2015年二审，《新京报》胜诉。

终审法院认为：其一，作品指向争议。争议文章内容与世奢会（北京）公司具备直接关联性，文章全部内容在指向世奢会、世奢会中国代表处的同时也指向了世奢会（北京）公司，世奢会（北京）公司有权就争议文章提起名誉权诉讼。其二，侵害事实。通过重点审查世奢会主张的十大侵权情节中的四处重点内容，法院认为"化名'唐路'的人是田某，记者刘某对田某的采访是真实的；被采访对象田某（化名为'唐路'）所曝料的内容不应被推定为虚假信息。其三，是否存在主观上的恶意。法院认为争议文章主要内容及评论具备事实依据，不构成诋毁、侮辱；争议文章具备正当的写作目的，结论也具有正当性。"[1]——通读文章上下文并综合全案证据可以认定，争议文章对世奢会现象的调查和质疑具备事实依据，作者的写作目的和结论具有正当性，文章不构成对世奢会（北京）公司名誉权的侵害。

北京市第三中级人民法院和北京市朝阳区人民法院，驳回世奢会全部诉讼请求。该案一审判决和二审判决结果不同，根源在于对案件关键事实——使用匿名消息源的涉案报道内容是否失实——认定迥异。该案在我国传媒界和法律界产生过很大影响，2016年《最高人民法院工作报告》还专门纳入该案，将其作为我国司法审判工作为社会主义核心价值观服务的典型案例。

---

[1] 北京市朝阳区人民法院（2013）朝民初字第21929号；北京市第三中级人民法院（2014）三中民终字第6013号。

三、案例评析

该案的审理发生在《民法典》颁布之前,所依据的法律规范是《中华人民共和国民事诉讼法》《中华人民共和国侵权责任法》《最高人民法院关于审理名誉权案件若干问题的解答》等相关规定。换言之,对新闻侵权法律规范的认知依据,是传统的构成要件论,即判断是否构成侵害名誉权的责任,应当根据受害人确有名誉被损害的事实、行为人行为违法、违法行为与损害后果之间有因果关系、行为人主观上有过错来认定。

"无损害即无责任"的格言表明,损害是侵权责任的逻辑起点和首要要件。

损害是指权利和受法律保护的利益的数量减少及品质降低。司法实践中,一般认为客体体现名誉权减损有三个方面:(1)体现为受害人的自我感受;(2)体现为社会对某人的反应;(3)直接体现在违法行为中。鉴于前两者都存在举证及证明力的困难,一般的新闻侵权诉讼都将损害事实并入侵权行为中进行考察。[1] 而关于损害事实的认定和行为违法,主要聚焦考察新闻报道是否真实;行为上是否具有主观过错,要判断持论和评论是否正当平衡。

(一)关于新闻真实的争议

新闻报道的真实与虚假,是绝大多数案件争议的核心。《新京报》对有关世奢会若干活动、负责人个人情况等内容的报道,几乎没有评论,略带感情色彩的文字主要是基于报道内容对世奢会提出的各种质疑,因此该案的关键法律问题就是认定报道内容的真实性。1993年《最高人民法院关于审理名誉权案件若干问题的解答》中将新闻媒体的内容分为"新闻报道"和"批评文章",给出的不同的虚假标准分别是"严重失实"和"基本内容失实"。其中"基本内容失实"包括两个含义:一是主要内容或情节失实,二是多数内容和情节失实。

两审法院一致认为,本案的核心是审查《新京报》是否尽到了对新闻内容真实性的审查义务和报道内容是否真实。这符合我国新闻侵权认定的法律规则,亦与比较法上新闻媒体侵权的内容真实抗辩规则一致。而该案关于"真

---

[1] 有观点主张:只要新闻报道对被报道人所实施的侮辱诽谤行为已为第三人知道,即新闻稿件一经传媒发布,就可以确认损害结果已经发生。至于受害人自身的感受如何,精神上的痛苦程度,以及是否受到他人指责、嘲笑、轻视、怨恨、议论、产生不信任感,甚至与其断绝关系等,可以作为侵权程度是否严重的衡量标准,而不必作为有无损害事实的衡量标准。也就是不再将损害事实视为一个构成要件,但实际上是将损害事实并入了侵权行为。

实"的争议，主要集中在认定消息源提供信息是否真实上。

新京报社在二审上诉理由中认为：新闻的时效性和新闻记者调查核实权利的有限性等新闻工作的特性决定，新闻事实不同于客观事实和法院判定的法律事实，界定新闻报道内容是否严重失实，应以其所报道的内容是否有可合理相信为事实的消息来源证明为依据。本案所认定的事实根据是记者采访依据的内容，包括采访录音、世奢会注册类型的查询信息、世奢会官方网站的注册信息、唐山展方的采访录音、专家证人的采访信息以及毛欧阳坤的身份和学历信息等。以上信息可以证实，关于世奢会的报道内容，新京报社均有真实的消息来源。本案文章刊登之前，世奢会已经被多家媒体及专家所质疑，报道所依据的采访材料在一般人看来均相信其为真实的——报道的内容已经达到了"新闻真实"的标准。世奢会认为，新闻报道"内容未经核实、消息来源模糊不清、报社不能证明报道内容和言论的真实性"即为虚假新闻（不实）。该公司认为"报道文章中存在大量未经核实的内容，违反了新闻出版总署关于严防虚假报道的若干规定。……无论是自采的还是转发的新闻报道，都必须注明消息来源，真实地反映获取消息的方式。除因危害国家安全、保密等特殊原因外，新闻报道须标明采访记者和采访对象的姓名、职务和单位名称，不得使用权威人士、有关人士、消息人士等概念模糊的消息来源。……新京报社不能提供证据证明文章言论的真实性，文章中引用的'花总丢了金箍棒'、化名唐路等人的言论都是不真实的，违反了新闻出版总署关于严防虚假新闻的规定。"

两者对"真实事实"的认定与"法律的事实"仍有差异，法律讲究的事实并非关于真相的客观描述，而是对于事件的一种解释，"法律中的事实，只能是被证据证明了的事实，用证据粘起来、还原了的事实"[1] 曾有学者建议通过立法来确定新闻报道真实的标准：一是从程序上，法律根据新闻活动的专业规律，确立新闻媒体处理稿件的操作规程；二是从内容上，引入"权威度"概念，即新闻媒体所要报道的事实能被权威性证明材料所证实的程度。诉讼中，只要媒体向法院提供了这些材料，法院就应认为媒体完成了"报道真实"的举证。

在本案一审中，《新京报》提供了曝料者唐路的采访录音，但拒绝披露其真实身份，一审法院以其不能证明曝料者为世奢会前员工为由，推定报道失实。在二审时，《新京报》披露了唐路的真实身份，唐路本人也通过公证视频

---

[1] 刘晗：《想点大事：法律是种思维方式》，上海：上海交通大学出版社2020年版，第71页。

向法庭提供了证言，法院据此认定报道真实。也即法院根据新京报社提交的对化名"唐路"的采访录音、身份证信息、公证视频等证据所形成的证据链条，确认了信源身份，即可认定采访是真实的。

二审判决对曝料内容不应被推定为虚假信息的意见中，对提醒报道者的注意义务极有启示。在以被采访对象的口述作为消息来源时，口述内容的不确定性、被采访对象的主观倾向性、消息来源的非官方性和非权威性等因素都有可能影响报道的客观性。按照客观报道的要求，报道人应当做到：（1）应结合口述内容是正面的还是负面的、相关事件是被采访对象亲身经历还是转述、被采访对象所在岗位与相关事件的关联性、被采访对象是否与公司存在利益冲突，以及是否已离职、离职原因、是否要求化名等因素综合判断口述事件的可采性；（2）当口述内容涉及被报道对象的负面信息，且口述者与被报道对象可能存在利益冲突时，应避免以口述内容为单一消息源；（3）上述第（2）点涉及的负面信息在没有其他消息源佐证或通过实地调查仍无法确信属实时，应避免直接引用。

本案中，化名"唐路"的被采访对象田某所述内容大部分经过记者的核实，但亦有部分内容属于未经核实的单一曝料信息。田某本人在接受采访时曾要求化名，并称其在世奢会中国代表处工作的时间较短，没有签订劳动合同，还被拖欠工资并且与毛某某某发生过矛盾，此情况下，作者刘某使用田某曝料的负面信息作为单一消息源时，从新闻报道的规范要求来看，更应尽到审慎的注意义务。

但这并不意味着媒体侵权成立，新闻媒体只有违背了真实性审核义务，故意歪曲事实进行不实报道，或者因过失未尽合理审查义务导致不实报道的，才构成侵权。反之，新闻媒体没有歪曲事实、不实报道的主观故意或过失，且有合理可信赖的消息来源作为依据，则不应承担侵权责任。

（二）举证责任的分配

诉讼中的一个关键问题，就是谁负有举证责任，该案的一个核心问题就是法技术领域的举证责任分配问题。我国司法界在相当长的一段时期内将证明责任简单地理解为行为意义上的责任，直到2002年施行的《最高人民法院关于民事诉讼证据的若干规定》（以下简称《证据规定》）❶，才在第2条（其第2

---

❶ 2019年10月14日最高人民法院审判委员会第1777次会议通过了《最高人民法院关于修改〈关于民事诉讼证据的若干规定〉的决定》。

款为"没有证据或者证据不足以证明当事人的事实主张的,由负有证明责任的当事人承担不利后果")中首次明确了包括行为证明责任与结果证明责任在内的双重意义的证明责任。❶

对新闻报道侵权案件中的举证责任,我国学界多不区分结果举证责任和行为举证责任,而是对两者做一体观察,并衍生出两种对立观点:一是"谁主张,谁举证",即原告应承担证明报道失实的责任,新闻媒体只有要减免其责任时,才需举证存在合法的抗辩事由。二是"谁报道,谁举证",即被告新闻媒体有义务证明其刊载或传播的消息为真。我国司法实践多采纳第二种观点。在新闻名誉权纠纷的诉讼中,法官通常认为被告即媒体或记者应当承担报道内容真实的证明责任,而原告通常就是一告了之,不用提供证据。这种情况下,结果不是"谁主张,谁举证",而是"谁主张,谁胜诉",媒体的败诉率很高。在《证据规定》实施后,司法实践中有法官意识到原告也需就报道内容的虚假承担行为意义证明责任,但当报道内容真伪不明时,却罕有据此直接适用结果意义证明责任分配规则即判决原告败诉的。

在世奢会与新京报社名誉权侵权案一审的判决中就体现了这点。一审判决对证明责任的分配并没有详细的说明,但法官裁决词对证明责任分配的态度是明确的:首先,举证重点针对《新京报》的匿名消息来源;其次,举证聚焦点是针对《新京报》未披露匿名消息源的真实身份;最后,针对《新京报》的举证进行分析,对原告则既未提及其对报道内容虚假应当承担行为意义上的证明责任,更未提及其对报道内容虚假应当承担结果意义上的证明责任。尤其是一审法官认定:庭审中世奢会(北京)公司的证人王某自称就是爆料人"唐路",即《新京报》的匿名消息源、录音采访对象,而新京报社却没有对此进行直接的反驳,让法院实难相信爆料人员言论的真实性。虽然"实难相信真实",但也不能证明其虚假,也就是说,在报道内容真伪不明的情况下,法院倾向于原告。最终《新京报》败诉,即将事实真伪不明的证明责任分配给了《新京报》。

在"世奢会"案二审判决中,法官对于行为意义证明责任的分配原则为:第一,新闻报道侵害名誉权责任属于一般过错侵权责任,适用"谁主张,谁举证"的证明责任分配原则,在行为意义的证明责任方面,报道失实是提出

---

❶ 宋素红、罗斌:《我国新闻传播诽谤诉讼证明责任分配的转变——从自由裁量到法定分配》,《当代传播》2017年第3期,第69-73页。

名誉权侵权主张的一方所需举证证明的，有合理可信赖的消息来源是提出不侵权抗辩的新闻媒体所需举证证明的。第二，化名"唐路"的采访对象所述的大部分内容已经由刘某核实，世奢会未就展品来源等提供相反证据来证明《新京报》所述是虚假信息。

由此可见，二审中证明责任的分配特点，一是严格依照证明责任规则，原被告双方均需承担责任；二是未要求《新京报》对报道内容的真实性进行举证，而只要求其对消息来源的真实性，也即"采访是真实的"进行举证；三是强调原告应对报道内容的虚假承担行为意义上的证明责任。也就是说，在二审中，法官将事实真伪不明的证明责任分配给了"世奢会"。❶

值得注意的是，现有司法实践中有一处矛盾——如何理解侵权行为构成要件中的过错与抗辩事由中真实报道免责之间的关系：原告要证明请求权成立，应证明媒体报道内容失实；媒体要免责，就必须证明其报道内容真实。这就涉及过错推定责任的解释。我国新闻报道侵权官司的主流处理做法是过错推定责任。在本案中，一审、二审法院均采纳了同一观点。其认知共识是基于两方面：一方面，新闻的生命在于真实，媒体获取报道内容时熟知其内容来源，其举证相对容易，且新闻媒体已享有内容真实的免责抗辩特权，无须更多保护；另一方面，名誉属于人格尊严的重要组成部分，在民事主体名誉受损时，要求其自证清白未免过苛，加之涉嫌侵害名誉权的新闻媒体报道内容多为积极事实，原告要反驳就必须主张消极事实的存在（如本案中世奢会并没有在唐山展会上出售假红酒），这委实困难。因而，新闻媒体承担过错推定责任，要免责就必须证明自己报道内容真实，妥当地平衡了公众知情权、言论自由和名誉权保护，值得肯定。但仍要注意，立法实践应明确新闻媒体报道侵权行为的构成要件，以避免出现法院运用自由裁量权分配结果举证责任，导致大量的同案异判。

现今《民法典》在新闻侵权责任方式适用方法上引入了动态系统论。动态系统论与传统的构成要件论存在较大区别。构成要件论秉持"全有全无"原则，认为构成要件是法律后果发生的充分且必要条件，要件满足则责任产生，欠缺任一要件则责任无法成立。而动态系统论则认为，调整法律关系需要考虑的因素是一个动态的系统，法官应对各构成要件发挥的不同作用进行评价，针对影响因素的不同程度，在具体法律关系中综合认定责任。也即经动态

---

❶ 宋素红、罗斌：《我国新闻传播诽谤诉讼证明责任分配的转变——从自由裁量到法定分配》，《当代传播》，2017年第3期，第69—73页。

体系化了的规范在适用时具有较好的弹性,不仅可以防止法官的恣意,而且可以保障论证的合理性更能满足个案的正义。❶

(三) 保护知情权与名誉权的平衡

新闻报道的名誉侵权官司,除一般意义上的名誉侵权案外,还有特殊的舆论监督名誉侵权案。1964年美国的"《纽约时报》诉沙利文案"将新闻诽谤案从遵循普通法的"严格责任"规则拓展至"实际的恶意"规则,其里程碑式的意义在于举证责任规则的改变:将作为被告的新闻媒体负有主要的举证责任,必须就真实性、免责特权或公正评论、批评等提出确凿的抗辩事由,转移到原告想诉讼成功,必须证明被告有"实际上的恶意"。这种审理规则将普通法层面的保护上升至宪法层面的保护,其实质是将新闻媒体视为国家公权力和公共利益监督与保护的重要力量。

舆论监督是新闻媒体运用舆论的力量,帮助公众了解政府事务、社会事务和涉及公共利益的事务,并促使其沿着法制和社会生活的公共准则的方向运作的一种社会行为的"权力"。但舆论监督也常常会面对名誉侵权的质疑,维护司法公正与正当的舆论监督,本质上是殊途同归的。法律保障媒体监督权,其实也是在助推法治本身。❷

法院在二审判决时充分考虑到了"公共质疑和公共讨论"的重要意义。法庭认为:记者刘某在文章中提出的"顶着世界名头""打着协会旗号""山寨组织"是有根据的评论意见,其质疑应属合理。且刘某就其质疑亦征询了世奢会(北京)公司副总经理毛某某某方面的意见,一般读者可以判断,争议文章并没有将世奢会定义为皮包公司,而是提出质疑供公众讨论。因此,总体上,文章结论具备合理依据,不构成诋毁,"山寨组织"和"皮包公司"的用语虽然尖锐,但不构成侮辱。❸新京报社对世奢会的质疑与监督满足了公众的知情权,起到了监视社会环境发展的作用。

同时二审也肯定了新闻写作的正当性。新闻媒体有正当地进行舆论监督和新闻批评的权利。对自愿进入公众视野,借助媒体宣传在公众中获取知名度以影响社会意见的形成、社会成员的言行并以此获利的社会主体,一般社会公众

---

❶ 岳业鹏:《〈民法典〉中新闻侵权责任方式的创新与适用》,《新闻记者》2020年第11期,第75-84页。
❷ 《新京报》:《在司法个案中保障媒体舆论监督权》,《青年记者》2015年第33期,第5页。
❸ 北京市第三中级人民法院(2014)三中民终字第06013号。

对其来历、背景、幕后情况享有知情权,新闻媒体进行揭露式报道符合公众利益需要,由此形成了新闻媒体的批评监督责任。

通过对媒体批评监督责任范畴的界定,对"批评性文章"含义的重申,对涉讼文章写作目的正当性判断依据的厘清,极大地保障了媒体合法舆论监督的权力。判决认为:世奢会(北京)公司称世奢会是一个全球性的非营利性奢侈品行业管理组织,并以其名义联络外国使节、政府组织并开展奢侈品排名、企业授权、奢侈品展会等活动,同时主动邀请媒体进行宣传报道,以影响与奢侈品相关的社会意见及公众言行,从而进入公众视野,新闻媒体有权利亦有责任对其进行批评监督。争议文章通过记者调查并引用多方意见参与对世奢会现象的关注和讨论,是行使媒体舆论监督权的行为。不可否认,文章整体基调是批评的,部分用语尖锐,但这正是批评性文章的特点,不应因此否定作者写作目的的正当性。❶

1947年,哈钦斯在《一个自由而负责的新闻界》中提出了"社会责任论",认为"大众传播具有很强的公共性,媒介机构必须对社会和公众承担和履行一定的责任和义务;媒介的新闻报道和信息传播应该符合真实性、客观性、公正性等专业标准。"❷ 社会责任论认为,人类并非在任何时候都能够保持理性,所以新闻工作者应当肩负起责任,激励人类运用理性,强调新闻媒体应该在自由的条件下承担起一定的责任。在如今新媒体快速发展、网络舆论冗杂的背景下,媒体的社会责任也在日益凸显。习近平总书记也多次强调:"新闻舆论工作掌握着传播资源,牢记和履行社会责任有着特殊的意义。"❸ 要求新闻工作者牢记社会责任,不断解决好"为了谁、依靠谁、我是谁"这个根本问题。❹ 因此,专业的新闻媒体应该坚持将公共利益放在首位。

《新京报》的胜诉彰显了批评性报道的舆论监督功能。舆论监督权处于媒体报道和司法审判的中间地带,从媒体层面来看,媒体是满足公众知情权的重要途径;从公民层面来看,舆论监督权是公民诉求的表达。只要舆论监督依法进行,就应得到法律的普遍性保护。舆论监督与司法公正本质上都是捍卫人民的权利,是一脉相承的。

---

❶ 北京市第三中级人民法院(2014)三中民终字第06013号。
❷ 罗彬:《新闻传播人本责任研究》,武汉:武汉大学出版社2011年版,第49页。
❸ 中共中央文献研究室编:《习近平关于社会主义文化建设论述摘编》,北京:中央文献出版社2017年版,第49页。
❹ 习近平:《习近平新闻舆论思想要论》,北京:新华出版社2017年版,第65页。

（四）拒证特权仍待商榷

依据我国法律规定，凡是知道案件情况的人，都有作证的义务，新闻记者和媒体也不例外。《中华人民共和国民事诉讼法》规定，经法院通知，证人应当出庭。由此可以看出，在我国法律范围内，新闻媒体并没有为消息来源保密的"拒证特权"，同时为消息提供者保密也不属于举证责任免除事由，媒体在诉讼中须积极就消息来源的合理可信进行举证，最终由法官综合双方证据对文章内容是否失实作出判断。

新闻媒体要规范使用消息来源，无论是原创还是转发新闻报道，原则上应"尽可能明确交代消息来源"，真实反映获取新闻的方式。即使基于特定需要使用匿名消息来源，记者也应当录音、录像并保留证据，同时要十分谨慎地审查其内容的真实性，并尽量采取多源报道方式，避免因消息内容不实而损害他人名誉。

但新闻记者不被迫公开匿名承诺的信息来源，也是公认的职业道德准则之一。在本案一审中，新京报社出于媒介伦理道德的考量，选择不披露匿名消息源的真实身份，在世奢会（北京）公司提供虚假证人、作虚假证词的不利条件下，依然选择不曝光匿名消息源的真实身份，守住了职业道德的底线，但也造成了媒介伦理规范与司法公正的价值冲突。

某种程度上，对曝光关键信息的人的身份进行披露，将会对那些乐于提供社会重要信息的人产生激冷效应。在本案二审中，新京报社由于证据的窘迫，在征得匿名消息源的同意后，选择了披露匿名消息源的真实信息，虽最终胜诉，但难免也会"劝退"许多拥有重大新闻线索的关键信源人提供信息。这对靠信息来源维持职业合法性的新闻业来说，可谓是一种损失。

但公共舆论法庭理论的引入，为记者拒证特权提供了一个全新的解释框架。在功利主义哲学家看来，如果牺牲个人利益有助于社会福祉的建构，那么有必要牺牲少数人的利益，即记者拒证特权所保护的信息有多正确并不重要，重要的是该权利在多大程度上代表了公共利益。该理论能在新闻自由与司法公正的价值发生冲突时，考虑到公共福祉的要求，为了让民众知情并监督社会权力，继而形成舆论，使公众不再是沉默的大多数，让渡拒证特权也未尝不失为价值选择标准。

就本案来看，虽然在庭审中牺牲了爆料人个人的权益，但从整体上看，曝光世奢会皮包公司、虚假宣传、以次充好的真相，极大地保障了公众的知情权，避免了更多的公众在不明真相的情况下上当受骗。从新闻价值的角度看，

《新京报》的报道站在公众的角度上,揭露世奢会的虚假商业行为,是媒体坚持社会效益优先的表现。在此案中,虽然没有体现出媒体拥有拒证特权,但是却保护了大多数公众的权益。

新京报社的胜诉无疑极大地鼓舞了新闻媒体,为媒体的舆论监督报道注入了信心。为避免陷入新闻侵权官司"作证、举证无门"的窘境,媒体仍需避免采用单一信源,尽量少用匿名信源,应以公开采访为主;司法部门也应尽量平衡司法公正与媒介伦理,在分配举证责任上审慎而行。

四、讨论与小结

该案是在《民法典》出台之前,我国对匿名消息来源新闻侵权案件还缺乏相应规范的情况下作出的裁决,彰显了可贵的司法智慧与勇气。但该案也暴露出新闻侵权案件中两个亟须解决的问题。其一,法技术层面的结果举证责任的分配与承担问题:当新闻媒体与原告均未能举证报道内容是否属实,案件事实真伪不明时,哪一方承担不利的判决后果?结果举证责任和行为举证责任两种方式的混淆与误解,是造成同案异判最关键的因素。其二,法感情层面新闻媒体的舆论监督所呈现的新闻正义与人格保护之间的价值选择问题。新闻报道侵权案要处理的绝不仅是民事侵权领域行动自由与权利保护的冲突,而是社会权利与国家权力、民法权利,公共领域与私人领域之间的平衡。2016年《最高人民法院工作报告》也指出,北京市第三中级人民法院依法判定《新京报》有关世奢会的相关报道不构成侵权,目的是"切实保护新闻媒体的舆论监督权",明显将新闻侵权案件上升到宪法权利和宪法价值的高度,准确地界定了新闻报道侵权案的性质。

《民法典》中的名誉权相关内容虽不能对从事公共事务报道的新闻媒体授予"权力",也不可能调整新闻报道行为所面对的所有社会关系,但是,它以规定民事主体必须允许一定范围内的新闻报道、舆论监督行为使用或影响其民事权益的方式,确定了新闻报道、舆论监督行为的合法空间,从而明确了新闻报道与人格权益的权利和义务关系的边界,大大强化了在人格权领域对新闻报道、舆论监督赋权的效果[1],是对新闻"公共善"的肯定。

---

[1] 魏永征:《不同权利平衡的总结和创新——民法典调整新闻报道与人格权益关系的系统化》,《社会治理》2021年第1期,第18—24页。

同时，司法实践也对新闻媒体的报道提出了两点注意事项。其一，恪守职业规范，完善信息采集制度，积极承担诉讼举证责任。新闻媒体在传播信息的同时要注意保护被报道对象的权利，防止不实信息扩散损害他人名誉。要正确认识媒体信息审核义务，着力探索完善消息采集制度，尽量使用权威消息来源，审慎使用匿名消息来源，对负面消息应实地核实；如确实难以核实，则应尽量采取多源报道，避免使用单一来源的负面消息，规范采访流程并提高证据留存意识，发生诉讼时积极履行举证义务。❶

其二，新闻报道应当力求措辞适当，避免夸大性的描述，建立健全失实新闻报道的澄清机制。当新闻报道的措辞明显具有夸大成分时，极易引发名誉权纠纷。新闻媒体应严守新闻规范和新闻道德，不能为吸引受众而随意夸大报道内容，发表推测性言论亦应在客观事实的基础上做到科学、合理、不偏离实际。新闻机构对于新闻报道失实的部分应及时、有效地予以澄清。对于经查实确认报道错误的新闻，要以有效的形式及时、明确地予以澄清，不断提高媒体自身的公信力，在避免对社会公众可能产生的误导的同时，也要避免媒体与新闻当事人的纠纷进一步激化。❷

思考题：

1. 如何理解新闻报道名誉权纠纷案中的结果举证责任与行为举证责任的差别？
2. 如何理解一般名誉侵权案与舆论监督名誉侵权案之间的差异？
3. 在我国司法环境中，可以为匿名消息来源保密设置"拒证特权"吗？

---

❶ 北京市第三中级人民法院：《新媒体环境下的名誉权纠纷案件（司法观点＋法官建议＋典型案例）》，https：//www.sohu.com/a/109374973_355187，2016年。

❷ 北京市第三中级人民法院：《新媒体环境下的名誉权纠纷案件（司法观点＋法官建议＋典型案例）》，https：//www.sohu.com/a/109374973_355187，2016年。

个人信息篇

第九章 个人信息与隐私的界分

——以"微信读书App"案为例

周丽娜*

"微信读书"与"微信"是腾讯公司两款不同的App。用户黄某安装"微信读书"App后，在未经本人明确同意的情况下，该App即读取黄某的读书记录，并与其微信好友分享。黄某认为腾讯公司侵犯了其隐私权和个人信息权益，并诉至法院。法院经审理认为，微信读书App虽与微信App同属腾讯公司，但在未明确告知本人的情况下，共享不同产品数据是对原告个人信息权益的侵犯。但鉴于在社交情境下，微信好友列表和读书信息不具有隐私合理期待，故不支持原告的隐私权侵权诉讼请求。该判决是关于"隐私权纠纷"和"个人信息保护纠纷"两个不同诉讼案由的司法实践，明确界分了隐私与个人信息两者的边界，也是对数字经济发展与个人信息权益保护之间的平衡进行的积极探索。

一、理论背景

（一）隐私概念的不确定性

隐私权，成为一项法定权利，道阻且长。该概念的提出，首先源于1890年沃伦和布兰代斯的学术文章《隐私权》，之后才逐渐从学术理论发展到司法实践。至20世纪，隐私权保护形成国际共识[1]。但从世界范围来看，隐私的

---

* 周丽娜，中国传媒大学法律系副研究员。

[1] 保护隐私的立法大抵有三种情况：一种是以法律（包括成文法和判例法）明确规定把隐私权作为独立的人格权予以保护，如美国、法国、德国、瑞士等国；第二种情况是以法律规定保护人格尊严权而以司法解释和判例确认人格尊严权包括隐私权，如日本；第三种情况是法律上并未确认隐私权是独立的民事权利，公民认为其隐私权受到侵犯时，只能以其他诉因请求法律保护，如按英国普通法，侵犯隐私不能作为侵权诉因，而要以诸如擅闯他人土地，或妨害他人健康、安全，或背弃保密责任等作为诉因。

内涵和外延并没有达成一致,主要学说有"独处权利说"[1]"排除他人干扰说"[2]"信息自决说"[3]"限制接触说"[4]等。正因为隐私概念的不确定性,所以学界对隐私概念达成的唯一共识是:隐私概念的定义没有共识[5]。传播技术的每一次发展,都可能是对隐私内涵和外延的一次重构,推及特定个人的隐私侵犯与保护,则需考虑隐私保护的合理期待性及具体应用场景。

(二) 从隐私概念中独立出来的个人信息

通常而言,与公共利益和他人权益无关的个人信息,都是隐私保护的客体,如个人的身份信息(如私生活肖像、身份证件号码)、他人的私生活信息[6]、家庭住址、联系方式(如住址、私人电话)[7]、健康和医疗信息(如个人健康状况和疾病的记录)[8]、财产信息(如个人的储蓄、财产状况)、生物识别信息等。作为隐私的个人信息具有隐匿性,不愿为他人所知。

但是随着互联网技术的发展,社交媒体兴起,数据经济蓬勃发展,一些个人信息,如私人电话、家庭住址等,已成为人们日常社交和生活中必须披露的信息,已不具有私密信息的性质,不再适宜通过隐私权进行保护。但这些信息仍然需要法律保护,于是个人信息的概念逐渐从隐私权中独立出来,并从分列于《刑法》《网络安全法》《民法典》等其他法律中,逐渐发展为专门的《个人信息保护法》。

从隐私和个人信息的定义来看,两者既有交叉,又有不同。《民法典》第1034条规定:个人信息中的私密信息,适用有关隐私权的规定;没有规定的,适用有关个人信息保护的规定。此处,将个人信息的法律适用进行了划分。一

---

[1] Warren, S. D. & Brandeis, L. D. The Right to Privacy. *Harvard Law Review*, 1890, 4 (5): 193-220.
[2] Howard B. White, The Right to Privacy. *Social Research*, 1951, 18 (2): 171-202.
[3] Westin, A. *Privacy and Freedom*. New York: Atheneum, 1967: 7.
[4] Gavison, R. E. Privacy and the Limits of Law. *Yale Law Journal*, 1980, 89 (3): 421-471.
[5] 丁晓东:《个人信息保护原理与实践》,北京:法律出版社2021年版,第13页。
[6] 被告黄某尾随其丈夫唐某到其侄女唐某某家中,拍下两人照片,指他们有奸情。法院判决,被告非法侵入他人私生活空间、私拍他人私生活镜头,侵害了原告唐某某的隐私权益。广东省深圳市宝安区人民法院(2010)深宝法民一初字第244号。
[7] 某物业公司向全小区业主发送短信并贴出公告,指某业主阻挠举行业主大会,短信内容含有该业主夫妇姓名、楼栋单元号和房号、夫妇俩手机号码和家庭座机电话号码。经法院审理,家庭座机、原告手机号码从未主动公开过,判决被告物业公司行为侵犯了原告隐私权。四川省成都市锦江区人民法院(2011)锦江民初字第2071号。
[8] 原告存某曾在北京肛肠医院住院手术,病历被人在网上发布出售。法院判决医院管理不善,以致泄露,侵犯原告隐私权。北京市西城区人民法院(2013)西民初字第08478号。

是适用隐私权保护的私密信息，如有关性取向、性生活、疾病史、未公开的违法犯罪记录等私密信息，要强化其防御性保护，非特定情形不得处理。而且该"私密性"尽管强调主观意愿，但该主观意愿不完全取决于隐私诉求者的个体意志，而是应符合社会一般的合理认知。二是不具备私密性的一般信息，主要适用《个人信息保护法》及《民法典》等其他法律规范中关于个人信息保护的规定。此类信息，一般在征得信息主体的同意后，即可正当处理。

（三）我国个人信息保护法律体系的建构

我国从立法上保护以电子记录为主要特征的个人信息，最早是在2009年《刑法修正案（七）》中设立出售、非法提供公民个人信息罪和非法获取公民个人信息罪，2015年《刑法修正案（九）》修改合并为侵犯公民个人信息罪。2012年《全国人民代表大会常务委员会关于加强网络信息保护的决定》就保护"个人电子信息"作出比较系统的规定。2013年《中华人民共和国消费者权益保护法》规定消费者"享有个人信息得到保护的权利"和相应的民事责任，这是我国首次从民事权利的角度对个人信息作出规定。2016年《中华人民共和国网络安全法》对"个人信息"的内涵予以界定，确定个人信息保护原则，并在"网络信息安全"专章就个人信息的收集、存储、保管和使用进行了全面细致的规范。2017年《民法总则》规定"自然人的个人信息受法律保护"，从民事基本法高度赋予了自然人个人信息保护的权益。2018年《中华人民共和国电子商务法》对电子商务经营活动中的个人信息保护作出规定。

2020年《民法典》不仅完全吸收了《民法总则》中"个人信息受法律保护"的规定，而且在人格权篇"隐私权和个人信息保护"专章中，对个人信息的概念和类型、个人信息保护与隐私的关系、个人信息处理原则、权利人享有的权利等作了详细规定。2020年新修订的《未成年人保护法》增设"网络保护"专章，对未成年人个人信息保护作出规定。为进一步适应信息化快速发展的现实和回应广大群众的呼声，2018年《个人信息保护法》起草工作启动，2021年11月1日正式实施。至此，我国个人信息保护纳入民法、行政法、经济法、刑法等全面规范，法制框架基本形成。

个人信息权益保护区别于以民法保护为主的隐私权，涉及多种价值的协调和多种手段的运用，需要整体性、系统性地进行规范，并结合行政法等公法构建综合治理的保护体系。

（四）个人信息保护面临的挑战

个人信息保护的核心要义，在于个人能够对关于自己的信息有控制权和决定权，能够决定个人信息用或不用在某个场景之中，以及如何应用等问题。在个人信息产生、转化与流动的"信息生态链"中，"知情—同意"原则宛如一道"闸口"，成为个人信息采集、使用、传输、储存等处理过程绕不开"关卡"。但近年来该原则颇受质疑，尽管"知情—同意"对加强个人自决或程序意义上的授权具有正当性，但在数据大量聚合、技术推动、利用方式不可预期等背景下，该原则往往可能被架空。❶

首先，对于信息主体来说，信息爆炸带来的海量而专业的数据使得个人同意失去了自决的意义。世界经济论坛在 2013 年《解锁个人资料的价值》的研究中发现，"如果一个人要阅读其一年内访问的所有网站的隐私政策的话，需要花费大约 250 个小时，或者 30 个工作日。"❷ 即便花费时间和精力去读完、读懂隐私声明的内容含义，如果要拒绝使用某项功能，则会陷入整个应用软件无法安装使用的泥潭。在这种情况下，一键点击"同意"按钮已经成为一种例行操作，而自决权在这种例行公事式的同意中的作用是极其微弱的，也就是说在很大程度上同意的作用已被虚化或弱化。❸

其次，大数据背景下，信息的全数据处理使"知情—同意"不具有现实可行性。信息在被收集之前，用于哪些用途、用于何种目的、用于哪些范围，数据处理者往往也不知道具体会怎样。这种目的的不确定性和模糊性使得"知情—同意"原则不能满足信息主体对信息保护的期待。此外，由于大数据时代数据商业化的大趋势以及大数据本身的资源属性，信息收集者对其收集的数据可能进行不止一次的处理、挖掘，如果每当这种处理、挖掘、使用甚至转让超出原始同意的范围时，原始同意即告失效，❹ 那么可以想象，要么严格按照"知情—同意"原则进行，但这会浪费巨大的时间成本和经济成本；要么不再单独告知，"一次同意，永久有效"，而这实质上是剥夺了个人信息的自决权。

最后，"知情—同意"往往异化为"不知情的默示同意"。实践中，鉴于

---

❶ 姚佳：《知情同意原则抑或信赖授权原则——兼论数字时代的信任重建》，《暨南学报（哲学社会科学版）》2020 年第 2 期，第 48 - 55 页。
❷ 张衢：《大数据时代的隐私保护与权益平衡》，《信息安全与通信保密》2017 年第 7 期，第 7 - 11 页。
❸ 吴泓：《信赖理念下的个人信息使用与保护》，《华东政法大学学报》2018 年第 1 期，第 22 - 36 页。
❹ 郭旨龙、李文慧：《数字化时代知情同意原则的适用困境与破局思路》，《法治社会》2021 年第 1 期，第 26 - 36 页。

隐私条款冗长、晦涩，部分拒绝就不能安装等情况的存在，绝大多数用户往往并不阅读用户协议或隐私条款，也不知道信息处理者"默认"设置了哪些收集、使用个人信息的功能，在"一键同意"模式下，就形成了"并不知情的默示同意"，典型案例如 2018 年支付宝个人年度账单正式发布事件❶。

二、案例概述

原告黄某于 2019 年下载了一款名为"微信读书"的阅读 App，用来阅读书籍、分享书评。原告在使用时发现，在其并未自愿授权和添加任何关注的情况下，本人账户中"我关注的"和"关注我的"页面下出现大量他本人的微信好友，且未经原告自愿授权，微信读书 App 就默认向"关注我的"好友公开原告的读书想法等阅读信息。此外，即使原告与其微信好友在该软件中没有任何关注关系，也能够相互查看对方的书架、正在阅读的读物、读书想法等不愿向他人展示的隐私信息。

被告腾讯公司称，读取原告微信好友列表和读书信息，均已告知原告且获得原告同意，没有侵害原告的隐私权和个人信息权益。被告指出：第一，被告读取原告微信好友列表，已在原告下载安装微信读书 App 时，向用户进行充分告知并获得同意；腾讯公司在微信读书中使用微信好友关系的行为属于"使用"行为，而非收集行为。第二，被告获取和公开"读书信息"，已通过用户协议获得用户同意，且在具体应用场景中，通过弹窗提示和功能选择给予了用户充分选择权，已向用户进行了充分告知并获得用户同意。第三，原告并未提交证据证明涉案微信读书 App 存在自动关注微信好友的情况，因此没有构成侵权。

法院查明，微信读书 App 和微信 App 在应用软件市场显示为两款独立的应用软件，开发者分别为腾讯科技（深圳）有限公司和腾讯科技（北京）有限公司。但两款软件的实际运营者都是腾讯计算机系统有限公司。故本案被告由上述三方组成，下文统称为"腾讯公司"。

北京互联网法院经审理认为，微信好友列表和读书信息均属于个人信息。微信读书需要使用微信账号进行登录，两款 App 使用共同的头像、昵称，且

---

❶ 张衡：《国家互联网信息办公室约谈"支付宝年度账单事件"当事企业负责人》，《信息安全与通信保密》2018 年第 2 期，第 6 页。

二者的运营商均为腾讯公司，微信读书可以"使用"已有的微信好友，所以实际上符合可识别性要求。同理，读书信息中包含阅读主体、阅读时长、读书想法等能够体现"是谁"及"是什么样的人"的信息，因此也具有可识别性。

但由于微信好友、读书信息本质上未达到私密性标准，因此不属于隐私。微信读书获取的好友列表本质上是"联系人列表"，并未体现特定联系人或部分联系人与原告真实关系的亲疏远近，不具有私密性；同样，本案中公开的两本阅读书目，尚未形成对原告人格的刻画，不会对其人格利益造成损害，也未达到私密性标准。

同时法院认为，被告自动读取用户的微信好友信息，自动关注用户的微信好友，并向微信好友公开用户读书记录的行为，属于未获得有效同意的行为，侵害了原告的个人信息权益。尽管被告通过告知—同意模式，取得原告同意《微信读书软件许可及服务协议》所载明的"微信好友可以相互查看读书信息"，但综合考量微信读书与微信的关系、微信读书信息的特点及处理方式、获得"知情—同意"的方式等，微信读书并未获得原告有效的知情同意。鉴于微信好友、读书记录不满足隐私权中的私密信息标准，因此被告行为未构成对原告隐私权的侵犯。

北京互联网法院于 2020 年 7 月 30 日作出判决，被告停止微信读书软件收集、使用原告微信好友列表的行为，并删除留存的微信好友列表信息；解除原告在微信读书中对其微信好友的关注；解除原告的微信好友在微信读书中对原告的关注；停止将原告使用微信读书软件生成的信息（包括读书时长、书架、正在阅读的读物）向原告共同使用微信读书的微信好友展示；书面赔礼道歉；三被告连带赔偿原告公证费 6660 元；驳回原告其他诉讼请求。[1]

三、案例评析

本案审理时，正值《民法典》已经通过但尚未实施、《个人信息保护法》正在制定当中这样一个大背景下，此时，学界对个人信息保护的探索已经非常丰富，保护个人信息的理念也已深入人心。案件审理时，主要法律依据是《网络安全法》和《民法总则》。《网络安全法》是最早在法律层面确定"个人信息"的概念的法律，《民法总则》则是首次将"个人信息权益"在民事法

---

[1] 北京互联网法院（2019）京 0491 民初 16142 号。

律中确定下来的法律。《民法典》通过后，民事法律层面首次系统规定了"隐私权""个人信息"的法律概念。尽管审理之时《民法典》尚未生效，但本案首次在司法实践中根据《民法典》精神，系统论述了个人信息与隐私的关系并作出了判决。

（一）对"隐私"和"个人信息"之间的差异作了系统阐述

1. 对"隐私"和"个人信息"的定义予以区分

如前所述，法院审理本案时，尽管《民法典》尚未正式实施，但其对隐私与个人信息进行界分的精神，已经适用于本案。《民法典》将"隐私"和"个人信息"作为不同的权益类型进行规定，说明二者之间存在一定的区别。具体而言，二者在权利性质、权利内容、权利保护强度、侵害方式、保护方式、是否需要证明损害、法律适用七个方面存在差异。❶

该案中，判断"微信好友""读书信息"是否属于个人信息时，主要考虑两条路径。一是识别，即从信息到个人，由信息本身的特殊性识别出特定自然人，既包括对个体身份的识别，即信息主体"是谁"，也包括对个体特征的识别，即信息主体"是什么样的人"；同时，识别的个人信息可以是单独的信息，也可以是信息组合。可识别性需要从信息特征以及信息处理方式的角度结合具体场景进行判断。二是关联，即从个人到信息，如已知特定自然人，则在该特定自然人活动中产生的信息即为个人信息。符合上述两种情形之一的信息，即应判定为个人信息。

这两条判断路径，与之后通过的《个人信息保护法》相一致，该法第四条规定，"个人信息是以电子或者其他方式记录的与已识别或者可识别的自然人有关的各种信息"。可见，对个人信息的判断方法，采取的即是"识别+相关"路径。"微信好友"和"读书信息"是否作为隐私权之客体的私密信息，除了需要考虑是否具备"隐"与"私"两大特点之外，还包含"不愿为他人知晓"的主观要件，只有非法披露不愿为他人知晓的私密才构成侵害隐私。❷而这种"不愿为他人知晓"的主观意图，不完全取决于隐私诉求者的个体意志，而是应符合社会一般的合理认知。❸

---

❶ 王利明：《和而不同：隐私权与个人信息的规则界分和适用》，《法学评论》2021年第2期，第16-19页。

❷ Parker, R. B. A Definition of Privacy. Barendt, E. (Ed.) *Privacy*. London: Routledge, 2001: 79-101.

❸ 北京互联网法院（2019）京0491民初16142号。

结合本案，微信读书获取的微信好友列表，本质上是"联系人列表"，并未体现特定联系人或部分联系人与原告真实关系的亲疏远近，微信读书使用微信好友列表的目的，不在于刺探原告的真实社交关系，而在于获取微信好友列表后用于扩展阅读社交功能。因此，"微信好友"不具有私密性。本案原告被公开的"读书信息"包括《好妈妈胜过好老师》《所谓情商高，就是会说话》两本图书，从这两本图书的内容来看，并无社会一般合理认知下不宜公开的私密信息，不足以达到因阅读这两本图书而形成对原告人格的刻画，因此，"读书信息"也未达到私密性标准。

2. 对"私密信息"和"个人敏感信息"进行区分

在《民法典》和《个人信息保护法》中，对个人信息有不同的分类。《民法典》中将个人信息区分为私密信息与非私密信息，私密信息适用隐私权规定进行保护。在《个人信息保护法》中，将个人信息区分为敏感个人信息和一般个人信息，即非敏感信息。那么，私密信息和敏感个人信息是怎样的关系呢？

从目前立法层面来看，《民法典》和《个人信息保护法》将个人信息区分为一般个人信息、敏感个人信息、私密信息。依据《民法典》第1033条第（五）项，除法律另有规定或者权利人明确同意外，任何组织或者个人不得处理他人的私密信息。《个人信息保护法》第28条规定，敏感个人信息是一旦泄露或者非法使用，容易导致自然人的人格尊严受到侵害或者人身、财产安全受到危害的个人信息，包括生物识别、宗教信仰、特定身份、医疗健康、金融账户、行踪轨迹等信息，以及不满十四周岁未成年人的个人信息。只有在具有特定的目的和充分的必要性，并采取严格保护措施的情形下，个人信息处理者方可处理敏感个人信息。

从个人信息权益与隐私权的特点来看，敏感个人信息更强调不当利用给信息主体带来的客观风险，包括人身、财产风险，是从规范个人信息处理行为的角度进行的分类，并在该分类的基础上针对信息处理者提出了不同的处理规则上的要求，从而有针对性地提高处理者在处理敏感信息时的法定义务，更加充分地保护个人信息权益；私密信息更强调因信息涉及人格利益而不愿为他人知晓的主观意愿，是从民事权益保护的角度即为正确区分隐私权与个人信息权益的保护方法进行的分类。因此，敏感个人信息可能与私密信息存在交叉，但不能概括地等同于私密信息。

3. 对隐私权和个人信息权益进行区分

无论是《民法总则》还是《民法典》，都规定了"自然人的个人信息受法律保护"。但同时，个人信息尚未上升为一种法定权利，属于权益，因此个人信息权益与法定的隐私权还有不同。第一，从权利性质来看，隐私权主要是一种精神性的人格权，虽然可以被利用，但其财产价值并非十分突出。而个人信息权益在性质上属于一种综合性的权益，同时包含精神利益和财产利益，对其利用和保护应当并重。第二，从权利内容来看，隐私权主要是一种被动性的人格权，其内容主要包括维护个人的私生活安宁、个人私密信息不被公开、个人私生活自主决定等。故隐私权制度的重心在于防范个人的秘密不被披露。与此不同，个人信息权益主要是一种主动性的人格权，主要是指对个人信息的支配和自主决定，权利人除了被动防御第三人的侵害之外，还可以对其进行排他的、积极的、能动的控制和利用。第三，从权利保护强度来看，对隐私信息的收集必须是明示同意的，不能采用默示同意的方法；而对个人信息的收集，不一定必须取得权利人明示的同意，默示的同意也可以。第四，从侵害方式来看，侵犯隐私主要是非法披露、非法拍摄、私闯民宅、非法窥视、非法窃听等；而侵害个人信息主要表现为非法搜集、非法利用、非法存储、非法加工或非法倒卖个人信息等行为。第五，从保护方式来看，权利人在受到侵害时，可行使人格权请求权，要求停止侵害、排除妨碍等，并可基于侵权责任请求损害赔偿；而个人信息权益的保护则包含要求更新、更正等救济方式，由于个人信息可以进行商业化利用，因而在侵害个人信息权益的情况下，也有可能造成权利人财产利益的损失，从而有必要采取财产损害赔偿的方法对受害人进行救济。[1]

（二）"知情—同意"原则适用与分析

"知情—同意"原则又称"告知—同意"原则，是指任何组织或个人在处理个人信息时，都应当对信息主体即其个人信息被处理的自然人进行告知，并在取得同意后方可从事相应的个人信息处理活动，否则该等处理行为即属违法，除非法律另有规定。[2] 告知—同意原则是基于人的信息自决权，[3] 同意乃信

---

[1] 王利明：《和而不同：隐私权与个人信息的规则界分和适用》，《法学评论》2021年第2期，第16-19页。

[2] 王利明、程啸、朱虎：《中华人民共和国民法典人格权编释义》，北京：中国法制出版社2020年版，第419页。

[3] 万方：《隐私政策中的告知同意原则及其异化》，《法律科学》2019年第2期，第61-68页。

息主体个人意思自治的体现,能自主地对个人信息进行处分,不得通过"霸王条款"等内容的设置,强迫信息主体"同意",如《最高人民法院关于审理使用人脸识别技术处理个人信息相关民事案件适用法律若干问题的规定》第4条规定,信息处理者不得强迫或者变相强迫自然人同意处理其人脸信息。在"人脸识别第一案"中,被告杭州野生动物世界将原来指纹入园升级为人脸识别入园,不录入人脸信息即无法入园的做法,即属此种情况,最终法院认定其收集个人信息不具有正当性。❶

在《个人信息保护法》中,"知情—同意"之所以被认为是基本规则,具有极为重要的地位,根本原因在于:个人信息是可直接或间接识别特定自然人的信息,与自然人的人格尊严和人格自由息息相关,为了保护人格尊严和人格自由这一最高位阶的法益,自然人对其个人信息享有受到法律保护的民事权益。❷但研究也表明,"绝大多数用户表示的同意并不是在获得充分告知基础上做出的真实的同意"❸。

本案中,被告腾讯公司对于收集、使用、公开原告微信好友列表、读书信息的行为,主要抗辩理由即是已充分告知原告且征得其同意。主要包括:第一,微信读书获取、使用微信好友列表已告知原告且获得同意;第二,向微信好友展示原告使用微信读书软件生成的使用信息已告知原告且获得同意。❹尽管原告基于使用该 App 的意图,确实"同意"了被告相关协议,但法院并没有最终支持被告的抗辩理由,主要因为"知情—同意"应当满足"透明、有效、清晰"等实质要件。

1."知情—同意"的"透明度"原则

无论是《民法总则》《网络安全法》还是《民法典》《个人信息保护法》,都规定对个人信息的收集应当建立在"知情—同意"的基础上,但"知情—同意"不仅包括信息主体对收集信息内容的知情,还包括对收集、使用目的、方式和范围的知情及同意。

"知情—同意"的质量,可以通过信息处理者告知信息主体的"透明度"

---

❶ 浙江省杭州市富阳区人民法院(2019)浙 0111 民初 6971 号。
❷ 程啸:《论我国个人信息保护法中的个人信息处理规则》,《清华法学》2021 年第 3 期,第 55 - 73 页。
❸ 张衡:《大数据时代的隐私保护与权益平衡》,《信息安全与通信保密》2017 年第 7 期,第 7 - 11 页。
❹ 北京互联网法院(2019)京 0491 民初 16142 号。

来衡量，即一般理性用户在具体场景下，对信息处理主体处理特定信息的目的、方式和范围知晓的清晰程度，以及作出意愿表示的自主、具体、明确程度。"透明度"是用户行使权利的前提，有助于增进用户安全感及信任，提升用户对信息处理的接受度，实现信息价值的最大开发，被视为应对大数据时代隐私挑战的核心手段。❶

本案中，被告运营的移动 App 获取社交软件信息的行为，在《微信读书软件许可及服务协议》（以下简称《许可协议》）中未以合理的"透明度"告知原告并获得同意，因此侵害了原告的个人信息权益。第一，从微信读书与微信的关系来看，两个软件共用好友关系不符合一般用户的合理预期。如今，微信应用软件已经几乎承载了大多数用户的全部社会关系，因此应用软件不应简单地将微信好友迁移至个人生活各领域的具有社交属性的软件中。第二，从微信读书中的读书信息内容来看，《微信读书软件许可及服务协议》将读书信息描述为"软件使用信息（包括但不限于你的书架、你正在阅读的读物、你推荐的读物及你的读书想法等信息）"，用户使用微信读书的主要痕迹均予以公开，故用户应当清晰、明确地知晓收集内容。第三，从微信读书处理微信好友列表信息和读书信息的方式来看，用户的读书信息对有关注关系和没有关注关系的微信好友均默认开放，没有对用途予以明示。❷

类似地，在郭某诉杭州野生动物世界一案中，被告野生动物世界在"年卡办理流程"中规定流程包含"至年卡中心拍照"，但其并未告知原告郭某与其妻子拍照即已完成对人脸信息的收集及其收集目的，因此郭某及其妻子同意拍照的行为，不能认定为是对野生动物世界通过拍照方式收集两人人脸识别信息的同意。❸

2. "知情—同意"的"有效性"原则

信息主体自由作出同意是保证"知情—同意"有效性的基本要求。但是，由于现实交易中，收集信息的一方往往是拥有较强实力的企业，信息主体与信息控制者之间的地位显然不具有对等关系，此种不对等导致信息主体在作出同意时通常处于弱势地位。正如本案法院查明，用户下载使用"微信读书"应用软件时，拉起的用户相关信息授权页面，是一次授权、无法选择拒绝的

---

❶ 范为：《大数据时代个人信息保护的路径重构》，《环球法律评论》2016 年第 5 期，第 92－115 页。
❷ 北京互联网法院（2019）京 0491 民初 16142 号。
❸ 浙江省杭州市富阳区人民法院（2019）浙 0111 民初 6971 号。

模式。

　　尽管被告通过"知情—同意"模式，取得原告同意《微信读书软件许可及服务协议》所载明的"微信好友可以相互查看读书信息"，但综合考量微信读书与微信的关系、微信读书信息的特点及处理方式、获得知情同意的方式等，微信读书并未获得原告有效的知情同意。第一，与前述"透明度"原则有关，两个软件在未清晰告知共用好友关系的前提下而共用，不符合一般用户的合理预期。一个用户社交软件中的好友并不当然可以成为其他软件的好友，更何况现今微信已经几乎承载了大多数用户的全部社会关系，应用软件更不应简单地将微信好友迁移至个人生活各领域的具有社交属性的软件中。第二，微信读书通过公开用户的"书架、正在阅读的读物、你推荐的读物及读书想法、读书时长等"，已经可以清晰地勾勒出一个人的人格侧面。在这个几乎各种生活轨迹均被记录并刻画的数字时代，用户应享有通过经营个人信息而自主建立信息化"人设"的自由，也应享有拒绝建立信息化"人设"的自由，而这种自由行使的前提是用户清晰、明确地知晓此种自由。第三，在未明确告知用户的情况下，网络服务提供者在不同应用中迁移好友关系，以及向未主动关注的好友默认公开读书信息，均不符合一般用户的合理预期。❶

　　关于告知方式，腾讯公司仅是通过《许可协议》一般条款的方式予以告知，并没有显著提示，一般用户很难联想到将微信好友关系迁移到微信读书，且读书信息默认被公开。此外，《许可协议》直接以无提示的方式规定上述读书信息"不属于个人隐私或不能公开的个人信息"，意图规避可能存在的侵害个人信息或隐私的风险。因此，在微信好友列表与读书信息的使用方式上，微信读书的告知是不充分的，不具有告知的"有效性"。

　　除此之外，还可能出现"看似有效，实质无效"的"知情—同意"情况。例如，在凌某某诉北京微播视界科技有限公司（以下简称微播视界公司）案中，被告辩称，抖音 App 获取原告手机号码和读取其通讯录并推荐好友的行为，是在经其授权同意的情况下进行的。但经法院查明，抖音 App 最初获得凌某某的电话号码是从其他注册用户的通讯录中读取的，而非原告"同意"的《隐私协议》中所载："从其本人获取电话号码和通讯录，并向其推荐好友"。因此法院最终认定，被告获取原告电话号码并向其推荐好友的行为，实

---

❶ 北京互联网法院（2019）京 0491 民初 16142 号。

质上并未征得原告同意。❶

3. "知情—同意"的"明确性"要求

"知情—同意"应当明确且具体。工信部最近公开征求意见的《移动互联网应用程序个人信息保护管理暂行规定（征求意见稿）》第 6 条规定，"从事 App 个人信息处理活动的，应当以清晰易懂的语言告知用户个人信息处理规则，由用户在充分知情的前提下，作出自愿、明确的意思表示。"欧盟《一般数据保护条例》（GDPR）第 4 条第 11 款指出：信息主体的"同意"是指"信息主体自由（freely）作出的具体（specific）、知情（informed）和明确（unambiguous）的愿望表示，该主体通过声明（statement）或明确的肯定行动（clear affirmative action）表示同意与其相关的个人信息的处理。"同意必须针对信息处理的各个方面而作出，其所指必须明确，包括明确个人信息收集、使用的方式、目的、范围等。

本案中，腾讯公司提出，微信读书获取原告微信好友列表属于"使用"而非"收集"个人信息行为，试图说明作为"好友列表"的个人信息已经存在，而非未经原告同意的收集。但法院认为，"收集"这一概念不应仅限于技术上的收集过程，当某一个主体从没有处理个人信息的权限和能力，转变为具有处理个人信息的权限和能力的过程中，即使没有发生技术上的独立过程，也可以认为构成了法律上的收集行为。腾讯公司并未在微信读书、微信中向用户明示两个软件的运营主体均为腾讯计算机公司，而只是在协议中模糊、概括地写为"腾讯公司"，且腾讯开发运营的多款应用软件的协议落款均采取此种方式。腾讯内部不同的关联公司已经开发且可能继续开发大量应用软件，若按照其主张的上述理解，只要腾讯公司自述某产品的实际运营方与微信的实际运营方一致，则该产品收集微信好友列表便均可按照"使用"理解而无须按照收集用户信息予以规范，显然将广大不同产品的用户个人信息置于更大的不确定环境中。腾讯公司既没有向用户告知收集信息的明确主体，也未让用户知悉"寻找共同使用该应用的好友"是收集信息还是使用已掌握的信息，因此，在用户合理认知微信与微信读书为独立软件的情形下，微信读书获取微信好友列表的行为，属于收集用户个人信息的行为，而非使用个人信息的行为。❷

---

❶ 北京互联网法院（2019）京 0491 民初 6694 号。
❷ 北京互联网法院（2019）京 0491 民初 16142 号。

四、讨论与小结

鉴于电子信息技术、数据科学技术、人工智能技术等高端技术的发展给个人信息非法收集和处理带来的负面影响,《民法典》《个人信息保护法》相继出台了相关法律规定,及时回应了社会和民众对个人信息保护的迫切呼声。然而,法律的生命在于实施,如何在司法实践中,一方面践行对个人信息的保护,另一方面又能充分利用数字经济发展带来的便利,是现实中需要平衡的两大问题。

"微信读书App"一案,从理论和实践的双重角度,厘清了"个人信息"与"隐私"的内涵和外延,明确了两者之间"和而不同"的边界;利用不同的判断路径和标准,区分"私密信息"与"一般个人信息",从而准确适用不同的法律规则。在个人信息收集和处理方面,"知情—同意"原则的普遍适用,一度成为过度收集、超范围收集、非法使用的保护伞。此案例再次表明,在司法实践中,软件运营者不能笼统地以"知情—同意"为由恣意侵害公民的个人信息合法权益。"知情—同意"应当满足透明、有效、清晰等原则,充分保障用户的知情权、选择权等基本权利,进而切实保证用户的个人信息权益。

思考题:

1. 微信读书读取微信好友信息、分享读书信息是否侵犯了用户的内心安宁?
2. 捆绑平台的数据能否未经用户同意而直接共享?
3. 在数字经济时代,个人信息体现出怎样的私法属性和对公属性?

第十章　人脸信息的合法、正当、必要处理

——评国内"人脸识别第一案"*

李　兵** 　李铮铮***

人脸识别技术的发展给人们的生活带来了便利，但是隐藏在其背后的风险也值得关注。使管理更高效便捷的另一面是应用无度，适用条件和场合亟待可参考性规制。2021 年 4 月，国内"人脸识别第一案"迎来了终审判决，杭州市中级人民法院在维持一审判决的基础上，增加了被告删除原告指纹信息的判定。虽然案件最终依据《合同法》❶ 得以裁决，但是此案却使人脸信息应该如何被"合法、正当、必要"地收集和使用这一问题成为全社会的关注焦点。从本案中也可以看到，"合法、正当、必要"原则本身具有抽象性，需要辅以相应的细化规则，才能更好地便于司法适用。

作为一项已深入社会各个领域的人工智能技术，人脸识别在为人们社会生活带来便利的同时，所引发的个人信息保护问题也日益凸显。在北大法宝法律数据库（以下简称北大法宝）中，截至 2021 年 12 月 3 日，以"人脸识别"为关键词进行检索，共检索到 419 件涉及"人脸识别行政处罚"的案件，其中涉及人格权益保护的案件有 27 件。频频发生的人脸识别技术侵害自然人合法权益的案件，引发了社会公众的担忧。人脸面部特征因具有开放性，故而很难将其纳入隐私权的保护范围内，但其直观的可识别性和唯一性以及不可更改性特征，又决定了人脸信息一旦遭到泄露就将带来诸多风险。❷ 这种风险不仅

---

*　本文系浙江工业大学 2021 年度人文社科基金重点项目"人工智能时代隐私问题研究"阶段性成果。
**　李兵，浙江工业大学人文学院副教授。
***　李铮铮，浙江工业大学人文学院新闻传播学硕士研究生。
❶　《民法典》施行后，《合同法》现已废止。
❷　覃建行：《人脸识别遍地开花，谁来守护我们的脸？》，《财新周刊》2019 年第 12 期，第 46 页。

会影响个人,甚至会影响公众安全。

一、理论背景

(一) 人脸识别技术的发展与风险

根据国家标准《信息安全技术 远程人脸识别系统技术要求》(GB/T 38671—2020),人脸识别的定义为:"以人面部特征作为识别个体身份的一种个体生物特征识别方法。其通过分析提取用户人脸图像数字特征产生样本特征序列,并将该样本特征序列与已存储的模板特征序列进行比对,用以识别用户身份。"人脸识别主要分为人脸检测、图像预处理、特征提取和匹配识别四个过程,如图10-1所示。其主要识别过程为,首先从输入的图像中提取人脸的图像信息,确定人脸的位置与大小;然后将原始检测到的图像进行包括光线补偿、灰度变换、直方图均衡化、归一化、滤波及锐化等的预处理;再通过最关键的一步——特征提取,将人脸信息通过数字来表征,并纳入数据库;最后的匹配识别则是将人脸特征与数据库中的数据进行辨别、确认。

图像采集 → 人脸检测 → 图像预处理 → 特征提取 → 匹配识别 → 辨认/确认

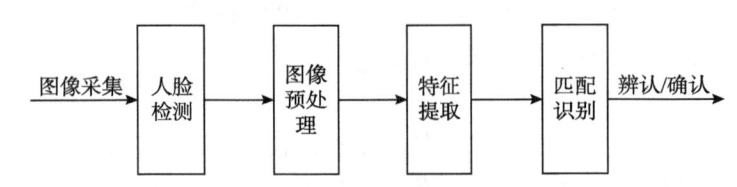

图 10-1 人脸识别过程

可以看到在上述过程中,人脸信息的泄露风险主要存在于信息采集、数据存储、数据分析这三个环节,存在于其中的技术与隐私冲突问题也不容忽视。一是人脸信息在收集时主要依赖于"知情—同意"原则的实质性落地;二是人脸信息是一种身份识别法律制度,具有身份认证功能,其背后囊括了姓名、生日、学历、工作等一系列个人信息[1];三是人脸信息因数据的庞大性会成为黑色产业链的关注对象,失窃概率极大。此前发生的"ZAO"换脸App因隐私问题被约谈、中央广播电视总台(以下简称央视)在3·15晚会上点名人脸识别滥用、"脸书"因使用人脸识别相关功能被集体起诉、美国一家人工智能公司利用3D面具和照片成功欺骗人脸识别系统、瑞典一所学校因没有备案

---

[1] 胡凌:《刷脸:身份制度、个人信息与法律规制》,《法学家》2021年第2期,第41-55页。

使用人脸识别技术进行考核而违背 GDPR 的隐私条例等事件，都证明了由于人脸识别技术的漏洞，人脸信息难免存在被非法利用的风险，信息隐私化的过程一方面重构了隐私，另一方面又由于技术不完善，导致数字社会的个人隐私也存在被利用的风险。[1]

2020 年 10 月，App 专项治理工作组等发布的《人脸识别应用公众调研报告（2020）》显示，在 2 万多名受访者中，94.07% 的受访者使用过人脸识别技术，64.39% 的受访者认为人脸识别技术有被滥用的趋势，30.86% 的受访者已经因为自己的人脸信息泄露、滥用等遭受损失或者隐私被侵犯。[2] 自我国"人脸识别第一案"于 2021 年 4 月终审判决后，"人脸识别"一度成为热门词汇，社会公众对人工智能技术滥用的关注度不断上升，强化人脸信息保护的呼声也日益高涨，人脸信息如何被"合法、正当、必要"地处理亟待规制。

（二）国内法律文件中有关人脸信息的法律规定和基本内容

2021 年 11 月 14 日，国家互联网信息办公室（以下简称国家网信办）发布《网络数据安全管理条例（征求意见稿）》（以下简称征求意见稿），其中与人脸信息相关的规定，再度引起人们对人脸识别行业的关注。征求意见稿提出，"数据处理者不得将人脸、步态、指纹、虹膜、声纹等生物特征作为唯一的个人身份认证方式，以强制个人同意收集其个人生物特征信息。"这条规定针对的是包含人脸信息在内的生物识别信息，相对于它的两个上位法《中华人民共和国数据安全法》（以下简称《数据安全法》）和《个人信息保护法》，作了更加详细且带有场景化的规定。目前，国内关于人脸信息的法律保护并未进行专门性的立法，在《民法典》《个人信息保护法》以及其他多部法律、行政法规、司法解释中，民事领域对于人脸信息的保护主要集中在个人信息项下。

2020 年 5 月颁布的《民法典》第 1034 条第 1 款规定，"自然人的个人信息受法律保护"，并在该条第 2 款"个人信息"的定义中，明确将生物识别信息列为个人信息，但也未对个人生物识别信息作特别保护。2021 年 8 月通过的《个人信息保护法》第 26 条规定："在公共场所安装图像采集、个人身份

---

[1] 王俊秀：《数字社会中的隐私重塑——以"人脸识别"为例》，《探索与争鸣》2020 年第 2 期，第 86－90 页。

[2] App 专项治理工作组等：《人脸识别应用公众调研报告（2020）》，https：//pdf.dfcfw.com/pdf/H3_AP202009251417327831_1.pdf? 1601225554000.pdf，2020 年 10 月。

识别设备，应当为维护公共安全所必需，遵守国家有关规定，并设置显著的提示标识。所收集的个人图像、身份识别信息只能用于维护公共安全的目的，不得用于其他目的；取得个人单独同意的除外。"这里的"图像采集"包括人脸识别。《个人信息保护法》第 28 条将个人生物信息作为敏感个人信息加以保护，并规定了"充分必要"原则。但总体而言，《个人信息保护法》对人脸识别技术的规制仍较为简略。

2021 年 7 月 27 日，最高人民法院发布《最高人民法院关于审理使用人脸识别技术处理个人信息相关民事案件适用法律若干问题的规定》（以下简称《规定》）。在《规定》发布以前，针对人脸信息的专门性规定较为鲜见，相关民事裁判规则也不甚清晰。《规定》秉持着"保护当事人合法权益，促进数字经济健康发展"的原则，明确人脸信息属于《民法典》第 1034 条规定的"生物识别信息"，人脸信息的处理包括人脸信息的收集、存储、使用、加工、传输、提供、公开等。同时，《规定》根据《民法典》第 1035 条，在吸收个人信息保护立法精神、借鉴域外做法的基础上，明确了人脸信息处理的"单独同意原则"❶ 和"强迫同意无效规则"❷。《规定》的出台，对各级法院在审理人脸识别相关案件时统一裁判标准也有相对重要的意义。

除此之外，国内还有部分相关规范文件中涉及人脸信息的保护，呈现出软法先行的特点。2020 年 2 月，全国金融标准化技术委员会审查通过的《个人金融信息保护技术规范》（JR/T 0171—2020），将生物识别信息列为敏感性最高的 C3 类信息，并要求金融机构不应委托或授权无金融业相关资质的机构收集 C3 类信息，金融机构及其受托人收集、通过公共网络传输、存储 C3 类信息时，应使用加密措施。2020 年 3 月修订的国家标准 GB/T 35273—2020《信息安全技术个人信息安全规范》明确规定个人生物识别信息属于敏感个人信息，并对敏感个人信息进行了特殊保护。2020 年 11 月 27 日，工信部组织发布的电信终端产业协会团体标准《App 收集使用个人信息最小必要评估规范 人脸信息》，规定了移动应用软件对人脸信息的收集、使用、存储、销毁等活动

---

❶ 《规定》第 2 条第（三）项引入单独同意规则：信息处理者在征得个人同意时，必须就人脸信息处理活动单独取得个人的同意，不能通过一揽子告知同意等方式征得个人同意。

❷ 《规定》第 4 条对处理人脸信息的有效同意采取从严认定的思路。对于信息处理者采取"与其他授权捆绑""不点击同意就不提供服务"等方式强迫或者变相强迫自然人同意处理其人脸信息的，信息处理者据此认为其已征得相应同意的，人民法院不予支持。第 4 条的规定不仅适用于线上应用，对于需要告知同意的线下场景也同样适用。

中的最小必要规范和评估方法,并通过个人信息处理活动中的典型应用场景来说明如何落实最小必要原则。

数据治理的普遍性、技术性、复杂性、应时性等特点决定了其具有一定的软法空间,但软法欠缺强制力的特点决定了对包括人脸信息在内的个人生物识别信息的特别保护离不开硬法的托底。因此,有必要从硬法的角度系统思考对包括人脸信息在内的个人生物识别信息的特别法律保护、对人脸识别的特别法律规制问题。[1]

二、案例概述

2019年4月27日,郭某花费1360元购买了杭州野生动物世界的"畅游365天"双人年卡,持有该年卡可在一年有效期内不限次数在园内游览。同时,根据杭州野生动物世界的相关规定,年卡用户需要通过指纹识别的方式入园。因此,办卡时郭某与妻子在杭州野生动物世界留存了自己的姓名、身份证号码、联系方式等个人信息,并录入了指纹信息和个人照片。同年7月,杭州野生动物世界向消费者发送短信通知年卡用户激活人脸识别入园功能,并于同年10月在无任何协商的情况下再次向消费者发送短信通知"园区年卡系统已升级为人脸识别入园,原指纹识别已取消,即日起,未注册人脸识别的用户将无法正常入园"。收到短信后的郭某驱车前往杭州野生动物世界与园区工作人员咨询并确认,如果消费者不开通人脸识别的功能将无法入园,遂引发本案纠纷。

郭某认为,杭州野生动物世界强制将人脸识别作为入园凭证,违反了《消费者权益保护法》,且不符合《网络安全法》中收集个人信息的"合法性、必要性、正当性"三原则,该做法侵害了个人信息安全。由于双方经协商无法达成一致意见,2019年10月28日,郭某向杭州市富阳区人民法院提起诉讼,提出杭州野生动物世界需全额退还年卡费用,同时删除办理年卡时提交的包括面部特征信息和指纹识别信息等所有个人信息的要求。2020年11月20日,杭州市富阳区人民法院一审宣判杭州野生动物世界赔偿郭某1038元,并删除其面部特征信息,驳回郭某要求在第三方机构见证下删除信息、确认店堂

---

[1] 邢会强:《人脸识别的法律规制》,《比较法研究》2020年第5期,第51-63页。

告示及短信通知相关内容无效等其他诉讼请求。❶ 郭某与杭州野生动物世界均不服,分别向杭州市中级人民法院(以下简称杭州中院)提起上诉。经过长达四个月的受理后,2021年4月9日,杭州中院依法公开宣判,认为一审判决认定事实清楚,但实体处理存有部分不当,在一审判决的基础上增加了"杭州野生动物世界有限公司删除郭某办理指纹年卡时提交的指纹识别信息",但不支持郭某提出的"杭州野生动物世界构成欺诈行为""要求第三方见证删除个人信息"等相关要求。❷

针对"人脸识别第一案"的判决结果,中国人民大学法学院副教授丁晓东认为,"二审法院判决人脸识别店堂告示对郭某不发生效力,杭州野生动物世界应当删除郭某的面部特征信息和指纹识别信息,是合理正当的判决。"❸ 郭某却表示将提起再审,"其实对于个人而言,这根本不是胜诉,法院如此判决对其他单位滥用甚至违法处理人脸信息的行为起不到指引作用。"❹ 一审和二审中,法院对人脸识别入园的合法性问题回避审查也是他提起再审的主要原因。就郭某而言,动物园是否有违契约精神是其次,他更关注的是人脸识别究竟应被应用到何种程度,人脸识别若被应用于一些不必要的场合,法律是否应该有所作为。法院对此问题一定程度上的回避态度不能让他满意。

此案件发生后引发了社会的广泛讨论,在国内被称为"人脸识别第一案",并入选了"2019年度中国十大宪法事例"。从案件本身来说,其诉讼所具备的公共利益价值和意义重大。该案件一审判决时就引起了相当大的关注,杭州也因为此案件的推动而成为全国首个在物业管理条例中明确禁止物业服务强制业主通过指纹、人脸识别等生物信息方式使用公共设施设备的城市。❺ 在一定程度上,这个案件不仅可以唤醒社会公众对个人信息、个人隐私权的保护意识,也将倒逼企业单位和相关部门依法规范使用个人信息,保护消费者的隐私。浙江大学法学教授张谷在本案件二审判决结束后表示,"数字经济时代,只有尊重个人自由,强化个人信息保护,依法进行数字社会、智慧城市建设,

---

❶ 浙江省杭州市富阳区人民法院(2019)浙0111民初6971号。
❷ 浙江省杭州市中级人民法院(2020)浙01民终10940号。
❸ 丁晓东:《个人生物识别信息应受严格保护》,《人民法院报》2021年4月10日,第2版。
❹ 古其铮:《"透明人"时代的个人信息保护系列 国内人脸识别第一案始末》,《民主与法制周刊》2021年第25期,第24—28页。
❺ 2020年10月26日,《杭州市物业管理条例(修订草案)》提请至杭州市第十三届人大常委会审议。草案拟第44条规定:不得强制业主通过指纹、人脸识别等生物信息方式使用共用设施设备,保障业主对共用设施设备的正常使用权。

方为人间正道。案件终审判决虽然尘埃落定,但是个人信息保护的正剧才刚刚拉开序幕。"❶

三、案例评析

近年来,人脸识别技术带来的问题引发了众多舆论啸聚,国内的立法和司法部门为遏制人脸识别技术滥用也作了诸多的司法努力。相关法律文件的出台进一步激活了在人工智能时代国内有关个人生物识别信息保护案件的民事司法保护途径。但是,从我国"人脸识别第一案"的司法实践来看,如果没有这样的个案发生,很少有人会意识到杭州野生动物世界存在违规行为。

(一)人脸信息数据处理如何符合"合法、正当、必要"原则

人脸识别技术中处理的人脸信息为能够识别个体身份的面部特征信息,也可以说,人脸识别在本质上就是对人脸信息的处理。《民法典》人格权编第1035条❷、《网络安全法》第41条❸中都规定了对个人信息进行处理的"合法、正当、必要"三大原则。2021年11月1日正式开始施行的《个人信息保护法》中的核心内容也是"规范个人信息处理活动"。

从理论上来说,违反了个人信息处理原则的行为都属于不合法行为。但是在具体实际施行过程中,对于如何准确界定并正确适用"合法、正当、必要"原则,现行的法律规定并没有给出明确的标准答案。有学者认为,"合法原则"属于形式合法性范畴,主要是指个人信息处理应符合法律的明确规定,如符合告知同意程序、存储期限要求。"正当、必要原则"属于实质合法性范畴,是对个人信息处理目的与手段的合理性评价。❹ 在"人脸识别第一案"二审中,法院认为,野生动物世界欲将其已收集的照片激活处理为人脸识别信息,超出事前收集目的,违反了正当性原则,故应当删除郭某办卡时提交的包括照片在内的面部特征信息。❺ 法院的判决实则是以违反合同的角度为依据,

---

❶ 张谷:《寻找"人脸识别第一案"中的阿基米德支点》,《人民法院报》2021年4月10日,第2版。
❷ 《民法典》人格权编第1035条规定:"处理个人信息的,应当遵循合法、正当、必要原则""个人信息的处理包括个人信息的收集、存储、使用、加工、传输、提供、公开等"。
❸ 《网络安全法》第41条规定:网络运营者收集、使用个人信息,应当遵循合法、正当、必要的原则,公开收集、使用规则,明示收集、使用信息的目的、方式和范围,并经被收集者同意。
❹ 刘权:《论个人信息处理的合法、正当、必要原则》,《法学家》2021年第5期,第1—15页。
❺ 浙江省杭州市中级人民法院(2020)浙01民终10940号。

对被告收集人脸信息是否合法的问题进行的回避。

《个人信息保护法》第7条[1]还特别指出，在个人信息处理中要遵循"目的明确"和"公开透明"两项原则，即要求信息处理者应当具有明确、清晰、具体的个人信息处理目的，并且应当以明确、易懂和合理的方式公开处理个人信息的范围、目的、规则等，接受外部监督。但是在实际的生活应用中，对人脸信息的处理处于"黑箱操作"的状态，个人很难判定是否应将其诉诸司法。正如在国内"人脸识别第一案"中，原告郭某所提出的"杭州野生动物世界收集和使用个人信息不合法"的诉求，在实际的司法操作中难以认证。

关于个人信息侵权纠纷，国内有学者建议适用过错推定原则。[2] 在欧美国家，过错推定是将个人信息权作为一种新型综合性权益而非人格权，在已对个人信息权制定专门法律进行保护的欧洲国家，此类侵权纠纷适用过错推定归责原则已经成为主流趋势。[3] 以 GDPR 为代表，其第82条第3款对信息控制者和处理者规定的是过错推定责任，即其"如果能证明对引起损失的事件没有任何责任，那么其可以免除损害赔偿责任"。事实上，该规定对损害也适用推定。在美国各州规定的相关民事诉讼中，则根本不要求过错，即适用严格责任，类似于我国的无过错责任原则。但国内适用的是过错推定原则。这就意味着，信息主体在案件诉讼过程中，不仅要证明被告的过错，还要证明实质性损害。我国"人脸识别第一案"的判决中，就因原告无法证明杭州野生动物世界存在泄露信息行为且造成了具体"损害"，从而法院对原告的部分诉求采取了回避态度。"没有受到损害就无法证明会受到损害"的近乎悖论也进一步导致了本身就混乱无序的人脸识别使用更缺乏束缚。

（二）人脸信息数据处理如何"知情—同意"的问题

根据"知情—同意"原则，信息处理经过当事人的同意，也可以确保个人信息主体的同意是在当事人完全知情的基础上作出的选择。该原则在《民法典》第1035条第（一）项中也得到了体现：处理个人信息应该征得该自然人或者其监护人同意，但是法律、行政法规另有规定的除外。然而该原则在实

---

[1] 《个人信息保护法》第7条：处理个人信息应当遵循公开、透明的原则，公开个人信息处理规则，明示处理的目的、方式和范围。

[2] 王利明：《中国民典学者建议稿及立法理由·侵权行为编》，北京：法律出版社2005年版，第80页。

[3] 罗斌、李卓雄：《个人生物识别信息民事法律保护比较研究——我国"人脸识别第一案"的启示》，《当代传播》2021年第1期，第77－81页。

践过程中，由于告知模式存在模糊性、不合理性，个人如何确切知情信息处理也就难上加难。

在我国"人脸识别第一案"中，一审法院认定杭州野生动物世界店堂告示信息有效，认为杭州野生动物世界已尽到合理提示义务，郭某是在"知情"的前提下办理的年卡。但在笔者看来，本案中通过张贴告示的方式对消费者进行告知的方式显得过于简单、低效且易被消费者遗漏，与目前的个人信息保护需求也有所脱节。正确的告知方式或许可以有办卡时工作人员当面告知或者点对点短信通知等。总之，"知情"的实现不仅要考虑告知者是否尽到了必要的告知和提醒义务，还要考虑消费者有无明确接收和知晓该告知内容的途径的可能性。"知情"的实现应该是在服务者履行义务的诚意和消费者接收有关信息的可能性之间寻求一个平衡点。

尤其是目前在大多数场景下，服务提供者运用的都是"使用即同意"的告知模式：如在众多 App 使用过程中，只有同意使用人脸识别功能，才能享受下一项服务，否则很有可能无法享受该 App 提供的服务。这种告知模式赋予了服务者一方主导地位，消费者的"告知—知情"似乎是一个摆设。就如在"人脸识别第一案"中，如果郭某不同意使用人脸识别功能，也就意味着他将无法进入杭州野生动物世界。这样的"告知—知情"模式对于消费者或使用者本身而言存在不公平性，信息处理者享有绝对的话语权，消费者在这一过程中并不存在与服务提供者进行议价的能力和可能。

在实际操作过程中，同意人脸信息处理意味着"网络服务者识别用户的人脸信息并转换为数字安全码，进而与其他关联实体或数据库进行交叉对比"。但部分协议以"包含但不限于"的文字条款，无限扩大了对人脸信息处理使用的边界，"'包含但不限于'条款任意使用和处理人脸识别信息，则可能突破收集人脸信息是为了提供信息服务的初衷。"[1] 从目前人脸识别技术广泛应用与被使用的情况来看，这样的"告知—知情"模式显然存在问题。

《个人信息保护法》中的相关规定对包括人脸信息在内的个人信息的使用进行了严格规范。

首先，《个人信息保护法》中构建了以"告知—'知情—同意'"为核心的个人信息处理规则体系。其中第 14 条规定："基于个人同意处理个人信息的，该同意应当由个人在充分知情的前提下自愿、明确作出。"个人信息处理

---

[1] 林凌、贺小石：《人脸识别的法律规制路径》，《法学杂志》2020 年第 7 期，第 68–75 页。

者"告知"的目的是确保被告知者的充分"知情",只有被告知者在充分知情的前提下才能自愿、明确地作出决定。❶再者,相比之前的相关法律文件,《个人信息保护法》中对"同意"之外的合法性基础作了全面扩充,对"同意"本身也作了极大的完善(见表 10-1)。《个人信息保护法》的规定构建了更加严格的敏感个人信息处理规则,其中包括"单独同意和依法取得书面同意",所有的敏感个人信息都应当采取单独同意的方式,而不能采取概括同意、授权捆绑等方式或者强迫、变相强迫自然人同意处理其人脸信息。这种同意也应当是明示的同意,而不应当是默示的方式。❷虽然明示同意与默认同意相比显得更为严格与规范,但是明示同意目前形式已多种多样,譬如勾选服务协议、口头承诺等,这些方式都有可能为今后的纠纷埋下伏笔,信息自决权更是无从谈起,更多的只是被时代洪流所裹挟前进。

表 10-1 《个人信息保护法》同意场景分类

同意分类	适用场景	适用条件	法律依据
单独同意	个人信息对外提供	个人信息处理者向其他个人信息处理者提供其处理的个人信息	《个人信息保护法》第 23 条
	个人信息公开	个人信息处理者不得公开其处理的个人信息,取得个人单独同意的除外	《个人信息保护法》第 25 条
	公共场所收集个人信息	在公共场所收集个人信息,将收集的个人信息用于维护公共安全目的外的其他目的	《个人信息保护法》第 26 条
	处理敏感个人信息(包括不满 14 周岁未成年人个人信息)	处理敏感个人信息	《个人信息保护法》第 29 条、第 31 条
	个人信息出境	个人信息处理者向中华人民共和国境外提供个人信息	《个人信息保护法》第 39 条

---

❶ 王春晖:《个人信息保护法实施应关注十大核心要点》,《法制日报》2021 年 11 月 9 日,第 10 版。

❷ 王利明、丁晓东:《论〈个人信息保护法〉的亮点、特色与适用》,《法学家》2021 年第 6 期,第 1-16 页。

续表

同意分类	适用场景	适用条件	法律依据
书面同意	处理敏感个人信息	处理敏感个人信息,且相关法律、行政法规规定处理该类敏感个人信息应当取得个人书面同意	《个人信息保护法》第29条
再次同意	个人信息转移	个人信息处理者因合并、分立、解散、被宣告破产等原因需要转移个人信息,接收方变更原先的处理目的、处理方式	《个人信息保护法》第22条
	个人信息对外提供	个人信息处理者向其他个人信息处理者提供其处理的个人信息,接收方变更原先的处理目的、处理方式	《个人信息保护法》第23条
一般同意	除单独同意、书面同意以外的其他场景		

此外,无论是《民法典》《个人信息保护法》还是《网络安全法》,都将"个人同意"作为个人信息处理的首要合法性基础。然而,在实践中,由于人脸识别"告知—知情"的模糊与不规范,导致个人同意也往往流于形式。目前的人脸识别技术应用多是建立在"平台—用户"协议基础上的同意模式,但是随着人脸识别技术的快速发展,出现了机构和企业无协议收集使用人脸识别数据,以及人脸识别数据的功能性扩展突破了"同意"使用的合法性等问题。[1] 根据学界学者的调查,在现有人脸识别用户服务协议文本中,不少人脸识别服务协议中均约定了向"相关第三方"传输人脸图像用于比对识别。[2] 但目前较为普遍的"使用即同意"模式削弱了个人信息自决权,这也导致了有些企业和部门以追求效率为第一目标,有意或无意地侵犯了公民个人信息。从目前看来,对于人脸信息这类高敏感度信息来说,直接适用个人信息的要求,是无法充分保障个人权利的。

---

[1] 林凌、贺小石:《人脸识别的法律规制路径》,《法学杂志》2020年第7期,第68-75页。
[2] 石佳友、刘思齐:《人脸识别技术中的个人信息保护——兼论动态同意模式的建构》,《财经法学》2021年第2期,第60-78页。

（三）删除权：原告能否要求被告删除已收集的个人信息

本案中，郭某提出，一审法院仅判令杭州野生动物世界删除自己的面部特征信息明显不当，应该对自己的全部个人信息作删除处理，并且该删除行为应该通过法院指定第三方技术机构见证执行。郭某主张删除全部个人信息的直接理由在于，被告在双方服务合同期限尚未届满前，擅自将自己办理年卡时被收集的个人信息、入园记录等信息进行解密，并泄露给委托诉讼代理人。同时，郭某认为，在第三方技术机构见证下删除是对自身个人信息的安全保障。

在一审、二审相关判定中，法院皆认为"入园方式直接关乎消费者游览权利的实现和保障"，杭州野生动物世界在未与原告进行协商，也未征得原告同意的情况下，擅自对入园方式进行改变，侵害了原告作为消费者的利益，单方面构成了违约，所以判决杭州野生动物世界赔偿郭某合同利益损失及交通费共计 1038 元。针对删除个人面部信息的诉求，法院认为郭某理由充足，法院指出："人脸识别信息相比其他生物识别信息而言，呈现出敏感度高，采集方式多样、隐蔽和灵活的特性，不当使用将给公民的人身、财产带来不可预测的风险，应当作出更加严格的规制和保护。"[1] 在本案中，被告意将收集的消费者照片进行处理用于入园人脸识别的行为，超出了最初的收集照片目的，未遵循合法、正当、必要原则。且被告在原告"知情—不同意"的情况下，仍旧强制使用人脸识别入园方式，表明其"存在侵害原告面部特征信息之人格利益的可能与危险"，应当对原告的这一诉求予以支持。

但是针对原告删除其他相关信息的要求，法院则认为，被告在收集原告个人指纹信息等其他个人信息时，系在原告"知情—同意"的情况下进行的，且该案件系服务合同之诉，在原告与杭州野生动物世界签订的合同中并没有删除个人信息的相关约定。针对原告提出的个人信息泄露的风险，法院认为目前没有相关证据可以证实被告存在泄露、非法提供或滥用个人信息等情况，因此不予以支持。但基于目前杭州野生动物世界已更改了相关入园方式，原先通过指纹入园的服务方式已无法实现，因此在删除个人面部信息的基础上，还应该删除指纹信息。二审在一审的基础上增加了删除指纹信息的判决，然而针对面部信息被侵害后的删除行为及救济方式，法院并未支持郭某提出的"第三方专业机构见证、监督下"的技术删除，认为缺乏法律依据，只需杭州野生动物世界进行物理删除。

---

[1] 浙江省杭州市中级人民法院（2020）浙 01 民终 10940 号。

但根据 2021 年 6 月份通过的《规定》的第 2 条[1]，杭州野生动物世界的行为的合法性值得深思。其一，杭州野生动物世界将人脸识别作为唯一入园方式并无必要。此前，园方已经有消费者指纹入园的相关信息，指纹信息与人脸信息一样都具有独一无二性，将指纹入园方式改为人脸识别入园方式并不存在入园方式更便捷的情况。其二，杭州野生动物世界在收集人脸信息的过程中并没有公开人脸信息处理的规则或明确处理的目的、方式、范围，而擅自将照片改为人脸识别入园依据，违反了双方原先约定的目的、方式、范围。其三，杭州野生动物世界将照片单方面转换为人脸识别信息，是要通过第三方公司进行技术处理的，即需要向他人提供人脸信息违反了双方的约定。如果以本案二审后出台的《规定》为依据，法院或应当认定杭州野生动物世界在收集人脸信息过程中确实存在不合法的行为，该行为当属于侵害自然人人格权益的行为。

四、讨论与小结

人脸识别技术的便捷性和高效性毋庸置疑，但是依托于人像面部特征的技术不免会让作为主体的个人因为技术的滥用而陷入恐慌。"享受科技带来的便利，又憧憬着田园生活；交出更多的个人信息，却又担心异化——现代人的困境在郭某诉杭州野生动物世界有限公司服务合同纠纷一案中体现得淋漓尽致。"[2] 浙江大学法学教授张谷在"人脸识别第一案"判决结束后如此说道。

回归到案件本身，个人信息处理所奉行的"合法、正当、必要"原则正确而模糊，郭某的胜诉似胜诉又非胜诉，这本身就暴露了在个人信息保护案件中司法态度的暧昧与模糊。但是，该案件确实在一定程度上推动了国内个人信息保护的进程，也激发了社会公众对个人信息保护的关注。如人民网评论所

---

[1] 《规定》第 2 条：信息处理者处理人脸信息有下列情形之一的，人民法院应当认定属于侵害自然人人格权益的行为：（一）在宾馆、商场、银行、车站、机场、体育场馆、娱乐场所等经营场所、公共场所违反法律、行政法规的规定使用人脸识别技术进行人脸验证、辨识或者分析；（二）未公开处理人脸信息的规则或者未明示处理的目的、方式、范围；（三）基于个人同意处理人脸信息的，未征得自然人或者其监护人的单独同意，或者未按照法律、行政法规的规定征得自然人或者其监护人的书面同意；（四）违反信息处理者明示或者双方约定的处理人脸信息的目的、方式、范围等；（五）未采取应有的技术措施或者其他必要措施确保其收集、存储的人脸信息安全，致使人脸信息泄露、篡改、丢失；（六）违反法律、行政法规的规定或者双方的约定，向他人提供人脸信息；（七）违背公序良俗处理人脸信息；（八）违反合法、正当、必要原则处理人脸信息的其他情形。

[2] 张谷：《寻找"人脸识别第一案"中的阿基米德支点》，《人民法院报》2021 年 4 月 10 日，第 2 版。

言,"具有标志性的个案判决,往往会成为法治生成正义的落脚点、法治不断进步的增长点"。"合法、正当、必要"原则本身具有抽象性,需要辅以相应的细化规则,才能更好地便于司法适用。困境背后价值衡量上的微妙,也将进一步推动司法者在本案发生后寻找人脸信息保护的"阿基米德支点"。

思考题:

1. 在本案中,被告是否应该删除原告除指纹、人脸信息之外的已收集的个人信息?

2. 杭州野生动物世界采用人脸识别入园的方式是否具有合法性?

第十一章　人脸识别应用中"知情—同意"原则的局限与实现
——评郭某诉杭州野生动物世界案

王　敏[*]　钟　焯[**]

在"郭某诉杭州野生动物世界"案中，杭州野生动物世界将人脸识别作为入园通行认证方式，引发公众关于人脸识别"必要性"以及"非自愿同意"的争议：（1）收集人脸信息是否符合个人信息处理的"必要原则"？（2）"不同意人脸识别就无法入园"的规则是否会导致消费者"非自愿同意"？争议背后是人脸识别应用"必要性"边界的模糊、"目的正当性"和"最小必要"原则之间的张力，以及"知情—同意"原则在人工智能时代保护个人信息的局限。在我国《个人信息保护法》正式施行的背景下，建议监管部门及时出台人脸识别应用的必要场景范围，有效同意的合规程序与标准合同，非法处理人脸信息的行政处罚标准、损害赔偿责任等细则和标准，切实规范人脸识别在各类场景中的应用。

一、理论背景

人脸识别作为"十三五"期间加速落地的智能技术之一，被广泛应用于交通安检、公安防范、门禁考勤、金融支付、刷脸登录、面部分析等场景，[❶]预计在"十四五"时期迎来爆发式增长。但是，人脸识别应用中采集和处理的面部特征、肖像轮廓、微表情特征等生物识别信息属于敏感个人信息，具有

---

[*] 王敏，武汉大学新闻与传播学院副教授，武汉大学媒体发展研究中心研究员。
[**] 钟焯，武汉大学新闻与传播学院硕士研究生。
[❶] 张重生：《人工智能：人脸识别与搜索》，北京：电子工业出版社2020年版，第8—10页。

高度人格尊严属性、唯一性、不可变更性、人身和财产犯罪关联性等特性[1]，一旦被泄露、伪造、滥用，会造成隐私、财产、伦理甚至国家安全等方面的巨大风险[2][3]，甚至造成永久性的伤害与损失[4]，引发公众对个人隐私和数据安全的担忧。风险层面，人脸识别技术存在误差、身份认证被破解、人脸信息泄露[5]，以及算法歧视等风险[6]；现实层面，存在非法采集、秘密比对、信息泄露等问题，严重侵犯公民基本权利[7]。在我国"人脸识别第一案"——郭某诉杭州野生动物世界案中，法院也强调："生物识别信息具备较强的人格属性，一旦被泄露或者非法使用，可能导致个人受到歧视或者人身、财产安全受到不测危害，更应谨慎处理和严格保护。"因此，有效保护人脸识别应用中的敏感个人信息，可促进智能技术的价值规范和风险防范，保护个人隐私、财产和尊严，维护公共利益和国家生物安全。

国内外个人信息保护的立法规范虽然存在"特殊保护"与"一般保护"两种制度[8]，但人脸信息属于生物识别信息，其作为敏感个人信息的属性以及原则上不能被处理用作商业目的已得到国内外立法的普遍认同。这在欧盟的《一般数据保护条例》（GDPR）、美国多州立法以及我国的《个人信息保护法》中均有所体现。除需要满足一般信息处理的"合法、正当、必要"原则外，信息主体"知情—同意"成为"能够处理"生物识别信息的理论密钥，并且"知情—同意"的现实要求比一般信息处理更高。

美国伊利诺伊州《生物识别信息隐私法案》（BIPA）是针对生物识别信息专门进行立法保护的典型，其中就规定原则上禁止任何"私人实体"处理个人生物识别信息，同时强化信息主体的知情权、同意权，充分保障个人的信息

---

[1] 王德政：《针对生物识别信息的刑法保护：现实境遇与完善路径——以四川"人脸识别案"为切入点》，《重庆大学学报（社会科学版）》2021年第2期，第133-143页。

[2] 林凌、贺小石：《人脸识别的法律规制路径》，《法学杂志》2020年第7期，第68-75页。

[3] 罗斌、李卓雄：《个人生物识别信息民事法律保护比较研究——我国"人脸识别第一案"的启示》，《当代传播》2021年第1期，第77-81页。

[4] 商希雪：《生物特征识别信息商业应用的中国立场与制度进路——鉴于欧美法律模式的比较评价》，《江西社会科学》2020年第2期，第192-203页。

[5] 邢会强：《人脸识别的法律规制》，《比较法研究》2020年第5期，第51-63页。

[6] 胡晓萌、李伦：《人脸识别技术的伦理风险及其规制》，《湘潭大学学报（哲学社会科学版）》2021年第4期，第134-138页。

[7] 李婕：《人脸识别信息自决权的证立与法律保护》，《南通大学学报（社会科学版）》2021年第5期，第106-115页。

[8] 王德政：《针对生物识别信息的刑法保护：现实境遇与完善路径——以四川"人脸识别案"为切入点》，《重庆大学学报（社会科学版）》2021年第2期，第133-143页。

自决权，强化"私人实体"的告知、安全保障等义务。[1] 在综合立法保护模式中，欧盟 GDPR 规定，数据主体明确同意一个或多个特定目的的个人数据处理，是生物识别信息被处理的合规要求。此处，"明确"一词意味着必须作出明确的同意声明，形式不仅限于签署书面声明。

我国《个人信息保护法》第 26 条规定，"在公共场所安装图像采集、个人身份识别设备，应当为维护公共安全所必需，遵守国家有关规定，并设置显著的提示标识。所收集的个人图像、身份识别信息只能用于维护公共安全的目的，不得用于其他目的；取得个人单独同意的除外"。第 28 条将生物识别信息纳入敏感个人信息，规定"只有在具有特定的目的和充分的必要性，并采取严格保护措施的情形下，个人信息处理者方可处理敏感个人信息"。第 29 条规定："处理敏感个人信息应当取得个人的单独同意；法律、行政法规规定处理敏感个人信息应当取得书面同意的，从其规定"。第 30 条规定"个人信息处理者处理敏感个人信息的，除告知个人信息处理者的名称或者姓名和联系方式外，还应当向个人告知处理敏感个人信息的必要性以及对个人权益的影响"。以上规定，强调对包括人脸信息在内的敏感个人信息的处理应具备充分的必要性，严格告知并取得明确同意。

现阶段，除了《个人信息保护法》，《最高人民法院关于审理使用人脸识别技术处理个人信息相关民事案件适用法律若干问题的规定》（以下简称《规定》）是我国第一部专门规制人脸识别应用的法律文件。其中，第 2~5 条和第 10 条都强调"知情—同意"对于人脸信息处理活动的必要性，可以说，"知情—同意"原则是《规定》的核心要义。

二、案例概述

2019 年 4 月 27 日，郭某向杭州野生动物世界有限公司（以下简称野生动物世界）购买了以指纹识别方式入园的双人年卡，并支付卡费 1360 元。郭某办理年卡时，野生动物世界在年卡中心通过店堂告示的方式，公示了年卡的"办理流程"和"使用说明"。其中，办理流程包括拍照、扫描指纹后激活年卡，使用说明包含持卡人游览园区需同时验证年卡及指纹入园等内容。郭某与

---

[1] 付微明：《个人生物识别信息的法律保护模式与中国选择》，《华东政法大学学报》2019 年第 6 期，第 78-88 页。

其妻子留下姓名、身份证号码，拍照并录入指纹，还登记留存了电话号码等信息。

在双方服务合同履行过程中，野生动物世界在未经协商和同意的情况下，出于提高游客检票入园的通行效率等原因，单方面将进入园方式从指纹识别变更为人脸识别，并将原店堂告示更换为涉及人脸识别的告示，于2019年10月7日停用指纹识别闸机。在过渡期间，野生动物世界先后于2019年7月12日和10月17日向包括郭某在内的年卡客户群发两条短信，告知其年卡系统已升级，通知其到年卡中心激活人脸识别系统，若不激活，将无法正常入园。短信的部分内容为：年卡系统已升级，用户可刷脸快速入园，请未进行人脸激活的年卡用户携带实体卡至年卡中心激活！如有疑问请致电0571-5897×××。

2019年10月26日，郭某到野生动物世界年卡中心交涉，野生动物世界再次表示，若不激活人脸识别系统，将无法入园。郭某表示其妻子不同意激活，并咨询在不注册人脸识别的情况下能否退卡费。双方未能就退卡方案达成一致。郭某认为，不论是录入指纹信息还是注册人脸识别，野生动物世界均在强制收集敏感个人信息；办理年卡时，野生动物世界故意隐瞒年卡用户可通过人工验证入园的情况，诱使其作出错误意思表示（同意收集指纹信息）；用户凭身份证件和年卡就足以达到认证条件，收集和使用指纹信息不符合"合法、正当、必要"原则等。郭某向法院提起诉讼，诉请除确认野生动物世界店堂告示和短信通知中涉及指纹识别和人脸识别的内容无效、野生动物世界存在违约和欺诈行为，并要求删除其提交的全部个人信息。野生动物世界则辩称，其公示了收集信息的目的及范围，在完全拥有充分自主选择权的情形下，郭某的选择是同意提供个人生物识别信息，换取优惠价格。收集和使用都是在郭某同意的情况下实施的，没有任何证据证明其有过任何泄露、出售、非法提供、不当使用包括郭某在内的所有年卡用户个人信息的实际违法违约情形。

法院审查后认定，在郭某办理年卡期间，野生动物世界只有通过采集游客个人指纹及人脸面部信息办理年卡一种方式，没有其他年卡办理方式；在特殊情况下，如指纹破损、游客未带身份证或年卡时，可经人工核验入园，因此不存在故意隐瞒其他入园方式误导郭某作出消费决定的欺诈行为。法院认为，野生动物世界使用指纹识别、人脸识别等生物识别技术，以达到甄别年卡用户身份、提高年卡用户入园效率的目的，符合法律规定的"合法、正当、必要"三原则的要求。

事实上，野生动物世界在为郭某办理年卡的过程中，除收集指纹信息外，已通过拍照的方式收集了其人脸信息。在庭审中，野生动物世界表示此举系为后续采用人脸识别方式入园做准备。法院认为，尽管"办理流程"规定包含"至年卡中心拍照"，但其并未告知郭某拍照即已完成对人脸信息的收集目的，当事人同意拍照的行为，不应视为对收集人脸识别信息的同意。合同双方在办卡时签订的是采用指纹识别方式入园的服务合同，野生动物世界收集郭某的人脸识别信息，超出了"必要"原则的要求，不具有正当性，野生动物世界欲利用收集的照片扩大信息处理范围，超出事前收集目的，表明其存在侵害郭某面部特征信息之人格利益的可能与危险。

2020年11月20日，杭州市富阳区人民法院作出一审判决，判令野生动物世界赔偿郭某合同利益损失及交通费共计1038元；删除郭某办理指纹年卡时提交的包括照片在内的面部特征信息；驳回郭某其他诉讼请求。郭某与野生动物世界均不服，向杭州市中级人民法院提起上诉。2021年4月9日，二审宣判，杭州市中级人民法院鉴于指纹识别闸机已停用，在原判决的基础上增判野生动物世界删除郭某办理指纹年卡时提交的指纹识别信息，驳回其他诉讼请求。

本案被媒体称为国内"人脸识别第一案"，在受到舆论普遍关注的同时，也引发了学术讨论。有学者认为该案虽为私益诉讼，却在追求公益上的效果，探求经营者采集生物识别信息和消费者选择权的边界，进而追问在何种范围内个人可以抵抗数字时代的裹挟。[1] 还有学者从个人信息处理活动涉及的主体层面指出该案的启示意义，即信息主体要知晓并保护个人权利；信息处理者要谨慎对待个人信息，遵守"合法、正当、必要"等原则。[2]

综上案情梳理，本文认为，本案中的个人信息处理纠纷焦点在于：（1）入园身份验证采用指纹识别、人脸识别技术是否具有必要性；（2）不提供指纹或人脸信息就无法办理年卡入园这一规则，本身是否充分尊重了信息主体的选择权，消费者对此规则的同意是否有效。

三、案例评析

（一）人脸识别技术应用的必要性界定

"只是去看个动物，为啥非要刷脸"，这句话道出了公众对私主体应用人

---

[1] 张谷：《寻找"人脸识别第一案"中的阿基米德支点》，《人民法院报》2021年4月10日，第2版。

[2] 丁晓东：《个人生物识别信息应受严格保护》，《人民法院报》2021年4月10日，第2版。

脸识别技术必要性的困惑。在经济效益的驱动下，原本可由传统方式达到目的的场景，纷纷以提高效率、保障安全等为由应用人脸识别技术，如本案中的身份核验闸机、小区门禁、考勤打卡、电子设备解锁等。然而，技术先行和工具理性并不能消解公众对私主体收集敏感个人信息的忧虑，在效率和安全不能得到充分论证的情况下，用人脸识别替代传统解决方案的必要性被打上问号。

在我国现行法律体系和国际法律规范中，"必要"原则是个人信息处理的基本原则之一。如我国《民法典》第 1035 条规定，"处理自然人个人信息的，应当遵循合法、正当、必要原则，不得过度处理"。《消费者权益保护法》《网络安全法》《数据安全法》等法律对此同样有明确规定。《个人信息保护法》中则有多处体现了必要原则，"遵循合法、正当、必要和诚信原则""采取对个人权益影响最小的方式""不得过度收集""保存期限应当为实现处理目的所必要的最短时间""为实现处理目的不再必要，个人有权请求删除""为订立、履行个人作为一方当事人的合同所必需"等。并且《个人信息保护法》对处理敏感个人信息的必要性作了特别规定："只有在具有特定的目的和充分的必要性，并采取严格保护措施的情形下，个人信息处理者方可处理敏感个人信息""还应当向个人告知处理敏感个人信息的必要性以及对个人权益的影响"。此外，欧盟 GDPR 第 5 条规定：收集的个人数据应是充分、相关且应限于为实现该个人数据处理目的所需的最小限度内（"数据最小化"）；美国法律中也有"数据最小化"的相关规定。

但对于究竟什么是必要原则，以及如何界定充分必要，法律并没有给出进一步的规定，学界的讨论不够广泛、深入。有学者认为，必要原则不应割裂其同正当原则的关系而讨论，"正当、必要"实际上是比例原则在私法中的体现，指出必要原则应包括合理关联性、最小损害性、利益均衡性、最大有效性等方面的内容。❶ 大体上看，多数学者都从类似"相关性""比例性""框架合力"等角度细化必要原则的内涵和适用条件，如"与服务直接相关""处理活动限定在必要的范围"和"受到合法、正当与同意等基本原则的限制"❷，以及"最小必要原则包括相关性、最小化、合比例性三个子原则"❸。

---

❶ 刘权：《论个人信息处理的合法、正当、必要原则》，《法学家》2021 年第 5 期，第 1 – 15 页。
❷ 卢家银：《网络个人信息处理中必要原则的涵义、法理与适用》，《南京社会科学》2021 年第 12 期，第 118 – 125 页。
❸ 武腾：《最小必要原则在平台处理个人信息实践中的适用》，《法学研究》2021 年第 6 期，第 71 – 89 页。

有国外学者从欧盟法院提出的必要性测试要素出发，认为应与实现控制人或第三方追求的合法利益直接相关，且是对信息主体权利限制的最少措施。也有学者提出必要性不等于不可替代性，"如果有另一种方式来追求相同的目标，但需要不成比例的努力，那么处理可能被认为是必要的"[1]。实际上，我国已有效力相对较低的技术规范对必要原则作了界定，2020年10月起实施的《信息安全技术　个人信息安全规范》中明确规定，"最小必要——只处理满足个人信息主体授权同意的目的所需的最少个人信息类型和数量""要求包括'直接相关''最低频率'和'最少数量'"。2021年，国家互联网信息办公室等部门联合印发的《常见类型移动互联网应用程序必要个人信息范围规定》，列出了各应用程序必要个人信息范围的详细清单。

本案中，法院认为野生动物世界使用指纹识别、人脸识别等生物识别技术，以达到甄别年卡用户身份、提高年卡用户入园效率的目的，该行为本身符合法律规定的"合法、正当、必要"三原则的要求。年卡客户不同于单次购票用户，其在购买年卡后可以在特定时段内不限次数畅游，野生动物世界对不同客户群体采用差异化的入园查验方式具有必要性和合理性。对此，郭某对媒体表示，如果依据手机号和姓名完全可以认定入园者的身份，指纹识别和人脸识别就不具备必要性。[2] 另有研究者指出，法院并未就三原则的适用性展开具体的论证，仅审查了"甄别年卡用户身份""提高年卡用户入园效率"这一目的的正当性，[3] 但目的的正当性并不等同于必要、合理。实际上，法院以有关人脸识别的店堂告示对郭某不发生法律效力为据，回避了对收集比指纹信息敏感程度更高的人脸信息进行更深入的审查，从而没有明确回答人脸识别应用的界限问题。关于认定野生动物世界收集郭某人脸信息超出必要原则的裁判理由，仅在于"签订的是采用指纹识别方式入园的服务合同"，而非人脸识别应用本身的必要性和合理性。耐人寻味的是，倘若野生动物世界自营业之日起安装的便是针对年卡用户人脸识别的闸机，双方为此需签订"以人脸识别方式入园的服务合同"，那是否意味着收集人脸信息是自然而然必要的？

---

[1] Kamara, I. & De Hert, P. Understanding the Balancing Act behind the Legitimate Interest of the Controller Ground. In E. Selinger, J. Polonetsky, & O. Tene (eds.), *The Cambridge Handbook of Consumer Privacy*. Cambridge: Cambridge University Press, 2018: 321-352.

[2] 王珊珊：《"人脸识别第一案"原告上诉　个人信息保护诸多困境待解》，《中国青年报》2020年12月21日，第4版。

[3] 丁宁：《场景正义之于商业场景中人脸信息保护——对"人脸识别第一案"的再审视》，《郑州航空工业管理学院学报（社会科学版）》2021年第3期，第33-40页。

可见，在人脸识别应用中，"目的正当"和"最小必要"之间存在巨大的张力。实践中人脸识别的诸多用途虽然目的正当，但并不具有必要性，而且很难量化论证其应用给信息主体和信息处理者带来的收益与风险损害合乎比例，以及双方的成本收益是平衡的。《南方都市报》的报道提到，一审时，郭某的代理律师曾追问野生动物世界启用人脸识别后，年卡用户的通行效率提升了多少？是否有相关的定量分析与数据支撑？野生动物世界代理律师未能当庭说明。人脸信息不同于一般个人信息，其具有强人格、弱财产属性，处理此类信息对信息主体的伤害风险难以预估，一旦泄露容易造成终身威胁。从这个角度来说，所谓便利性、提升服务质量等理由均不足以支撑人脸识别应用的必要性。如果以经济效益为优先，在大部分公众尚未清晰认识人脸信息处理对自身潜在的风险时，私主体就大肆片面鼓动人脸识别的正向功能，未经全面评估即实施人脸识别是不公平的，"野蛮生长"必将带来技术的反噬。对于为公共利益而应用的行为，也有学者基于人脸识别的社会交往选择是"先疑"而非"先信"引起信任危机，"全面监控影响公民的自主和选择""忽视个人利益"等判断质疑人脸识别的正当性和必要性，认为其应当仅限于在一些重要场合和重大安全事件中使用。[1] 在域外，2019年瑞典数据监管机构（DPA）曾对当地一所高中因违反GDPR开出金额为20万瑞典克朗（当时约合人民币14万元）的罚单，因为该高中出于监控学生出勤率的目的收集人脸信息，超出了特定目的（监控出勤率）所需的个人数据，即便这种收集是基于学生家长的同意。

本文认为，在技术进步的过程中，效率与必要、隐私安全的矛盾不可避免，如果认为收集人脸信息显然不是实现野生动物世界服务所必需的，采用人工验证方式完全足够，是否就意味着"故步自封"、阻碍创新技术的落地？如果认为为了提高入园效率而收集人脸信息，目的正当即可实施，那么未来我们是否将持续臣服于任何技术带来的高效率？如何平衡这样的矛盾，想必不可能用一份必要范围清单就可以一劳永逸式地解决。不可否认，在技术欠成熟期，准入清单是必需的，在人脸识别呈滥用之势时，有关部门应根据主体、场景、合同成本等及时划定使用范围、必要标准，严格要求信息处理者进行必要性评估，充分论证人脸识别方案的必要性，将严格的安全保护措施融入整体设计。更重要的是，需要依靠信息主体明确的"知情—同意"，在提供替代性方案的

---

[1] 刘佳明：《人脸识别技术正当性和必要性的质疑》，《大连理工大学学报（社会科学版）》2021年第6期，第90-96页。

基础上，由信息主体理性选择对自己可能造成困扰和侵害最小的处理方式来弥合目的正当和最小必要要求之间的张力，以实现信息主体的信息自决与隐私自治。

（二）"知情—同意"在人脸识别应用中面临的有效性困境

郭某在接受《南方都市报》采访时提到，法院虽然认定野生动物世界构成违约，但回避了对"未注册人脸识别的用户将无法正常入园"这一条款的审查，而这正是其起诉的关键。有律师对媒体表示，各类主体在使用人脸识别技术的时候，不能只强调权利，不谈义务。野生动物世界应该充分尊重消费者的选择权，比如保留其他入园方式，让不接受人脸识别的消费者可以通过其他途径入园。❶

法院认为，店堂告示以醒目的文字告知购卡人需要提供包括指纹在内的部分个人信息，保障了消费者知情权与对个人信息的自决权，郭某系自行决定提供该信息成为年卡客户。换言之，法院基于"明示同意"前提认可野生动物世界对郭某指纹信息的收集。同时，法院认定野生动物世界并未告知拍照即已完成对人脸信息的收集，亦未告知其收集目的，当事人同意拍照的行为不应视为对收集人脸识别信息的同意，从而判令野生动物世界删除收集的面部特征信息。可见，"知情—同意"原则在本案中已然发挥了保护信息主体的基础作用。但如郭某所述，法院并没有认定"未注册人脸识别的用户将无法正常入园"以及原规则中"指纹识别作为年卡用户唯一入园方式"等条款的强制性，而认为郭某自行决定提供指纹信息成为年卡客户表明其选择权并未受到限制或侵害，这也折射出这一原则在司法实践中的模糊性和有效性困境。

信息主体是否拥有不同意人脸识别的权利？在有且仅有一种以生物识别为身份核验方式的条件下，信息主体的同意是否是"强迫同意"或"非自愿同意"？在个人信息处理活动中，信息主体在充分知情的情况下同意处理通常被作为信息处理的条件之一，"知情—同意"原则充分体现了尊重人的自治与自由意志。❷ 实际上，该原则虽早已被视为国际通行的个人信息保护基本原则，但同时也饱受争议。该原则在立法层面被广泛接纳，但实施现状不尽如人意，

---

❶ 卢越：《因不接受动物园规定的面部识别入园方式，消费者提起诉讼，"人脸识别第一案"近日开庭》，《工人日报》2020年6月24日，第4版。

❷ 郭春镇：《对"数据治理"的治理——从"文明码"治理现象谈起》，《法律科学（西北政法大学学报）》2021年第1期，第58-70页。

保护作用大打折扣❶、异化为信息处理者在法律上免责的手段❷等现象，引起了学者对"知情—同意"原则的广泛质疑和批评。最为重要的是，根植于"前信息时代"的"知情—同意"原则框架❸在人工智能时代（包括人脸识别应用场景）的适用性困境甚至是必要性问题，成为学界争论的焦点。

"知情—同意"原则在目前的互联网平台合规实践中，往往外化为经营者提供一份包含收集个人信息的目的、范围、使用方式的用户协议或隐私政策，由用户点击同意并使用，互联网平台在线上应用人脸识别时也以此方式获取用户同意授权。目前的研究也多从隐私政策出发阐明"知情—同意"原则的局限和实现难题。国内外学者常引用丹尼尔·沙勒夫（Daniel J. Solove）的观点，认为"知情—同意"难以起到保护作用的主要原因是，这种过度依赖自我管理的模式所存在信息主体认知问题和结构问题，以及"充分告知"与"简单易懂"之间存在根本性内在悖论，其中结构问题涉及信息过载、孤立同意的数据会聚合、风险难以提前预测等。❹有学者从纵向上认为，"知情"环节的鸿沟、"同意"环节的失灵、"执行"环节的未知都使之流于形式。❺

笔者认为，实践中"知情—同意"普遍存在有效性不足的问题，即并不能起到理想的"实现信息对称和信息自决"的目标。首先，在知情层面，"知情"是"同意"的内在规范要求，只有充分告知"同意"所针对的内容，个人才能作出有效的同意。❻如果用户对收集的个人信息的内容、目的、范围等不了解，甚至略过直接点击同意，那么同意的行为也仅仅是形式的、自欺欺人的。沙勒夫认为，信息主体难以理性判断信息处理的影响，如缺乏专业知识，大数据时代信息流通使得处理目的难以预知，以及因阅读晦涩繁杂告知内容的

---

❶ 宁园：《个人信息保护中知情同意规则的坚守与修正》，《江西财经大学学报》2020年第2期，第115-127页。

❷ 田野：《大数据时代知情同意原则的困境与出路——以生物资料库的个人信息保护为例》，《法制与社会发展》2018年第6期，第111-136页。

❸ 范为：《大数据时代个人信息保护的路径重构》，《环球法律评论》2016年第5期，第92-115页。

❹ Daniel J. S. Privacy self - management and the consent dilemma. *Harvard Law Review*, 2013, 126 (7)：1880-1903.

❺ 范海潮、顾理平：《探寻平衡之道：隐私保护中知情同意原则的实践困境与修正》，《新闻与传播研究》2021年第2期，第70-85页。

❻ 陆青：《个人信息保护中"同意"规则的规范构造》，《武汉大学学报（哲学社会科学版）》2019年第5期，第119-129页。

时间成本高昂而消极管理个人信息。[1] 还有学者认为，在互联网中确保"知情—同意"需要遵循信息披露、能力、理解、自愿和同意五项原则，但理解和自愿可能是最难实现的。[2] 对于人脸识别，"刷脸"并不能直接带来有形的伤害，私主体可能将人脸识别风险隐藏在繁杂的隐私条款中。在实体场景中，可能通过口头告知说服等片面主张人脸识别的便利性，而导致信息主体并非真正"知情"，觉得只是"刷一下脸而已"，有学者总结，这是"诱导获取的同意"[3]。

其次，在同意层面，如果信息处理者凭借优势地位仅提供唯一选择，常处于弱势的信息主体便难以自由作出同意与否的决定，[4] 不同意收集其索要的个人信息就无法使用或享受服务，如本案中郭某不同意人脸识别就无法入园。在另一些主客体地位不平等的环境中，如工作、教育场景，员工或学生并不能发自内心地作出同意或反对的决定，比如被迫同意刷脸签到。[5] 超授权和目的范围的二次使用实现人脸识别数据的功能性扩展，包括与其他关联实体或数据库进行交叉对比，在人脸信息基础上深度分析其他个人信息，[6] 也使得单次"一揽子"式同意的意义被削弱。

概言之，不论是信息主体本身理性的不足还是信息处理者的强制选择，抑或大数据时代结构性问题导致的"同意疲倦"[7]"无法预知"等，"知情—同意"的有效性堪忧。同时，实体场景中还存在因"隔空捕捉信息"[8] 导致的"非知情""非同意"现象，为公众和学界所诟病："非接触性"极大地破坏了个人信息保护中的同意规则，[9]"通过摄像头自动拍摄而无须接触"严重侵犯

---

[1] Daniel J. S. Privacy self-management and the consent dilemma. *Harvard Law Review*, 2013, 126 (7): 1880-1903.

[2] Bashir, M. et al. Online Privacy and Informed Consent: The Dilemma of Information Asymmetry. *Proceedings of the Association for Information Science and Technology*, 2015, 52: 1-10.

[3] 王旭:《人脸识别准入规则的失灵风险与制度重构》,《大连海事大学学报（社会科学版）》2021年第6期，第54-65页。

[4] 徐丽枝:《个人信息处理中同意原则适用的困境与破解思路》,《图书情报知识》2017年第1期，第106-113页。

[5] 郭春镇:《数字人权时代人脸识别技术应用的治理》,《现代法学》2020年第4期，第19-36页。

[6] 林凌、贺小石:《人脸识别的法律规制路径》,《法学杂志》2020年第7期，第68-75页。

[7] 吕炳斌:《个人信息保护的"同意"困境及其出路》,《法商研究》2021年第2期，第87-101页。

[8] 蒋洁:《人脸识别技术应用的侵权风险与控制策略》,《图书与情报》2019年第5期，第58-64页。

[9] 潘林青:《面部特征信息法律保护的技术诱因、理论基础及其规范构造》,《西北民族大学学报（哲学社会科学版）》2020年第6期，第75-85页。

了信息自决,❶ 被采集对象往往毫无察觉,从而错失判断风险并明确表达同意或拒绝的机会;❷ 人脸信息具有易采性,可以在不知不觉中被偷偷采集。❸ 本案中郭某只是被告知去年卡中心拍照,就已经被收集人脸信息。2021 年,更是有新闻曝出房地产行业中多地售楼部安装了人脸识别系统,在未明示征得消费者同意的情况下使用人脸识别软件。然而,即便有遵守之心,与大数据分析所求对象范围之广类似,人脸识别的算法训练以及在"由 N 识别 1"的模式下,也需要面对模糊的对象,由此面临"到底要谁的同意权""就算能够定出谁要给予同意,但又是否可以达成一致同意"的难题,❹ 从而又回到有效性症结上。

对于上述"知情—同意"原则面临的困境,我国《个人信息保护法》第 14 条明确"基于个人同意处理个人信息的,该同意应当由个人在充分知情的前提下自愿、明确作出",第 16 条"个人信息处理者不得以个人不同意处理其个人信息或者撤回同意为由,拒绝提供产品或者服务;处理个人信息属于提供产品或者服务所必需的除外",已经对"强制二选一"作出回应,这必将是日后个人信息纠纷中需要重点审理的对象。在一些地方的立法实践中,如杭州市新修订的《杭州市物业管理条例》已经规定,"物业服务人不得强制业主、非业主使用人通过提供人脸、指纹等生物信息方式进入物业管理区域或者使用共有部分"。进一步来说,如何提高"知情—同意"的有效性,包括"在何种情景条件下用户的同意符合充分知情、自愿""经营者允许用户不同意的边界在何处""哪些是产品或服务所必需的信息"等问题都是学界和业界亟待细化的方向,也即是,必要原则和"知情—同意"原则的学术讨论和司法适用无法割裂。针对人脸信息等敏感个人信息,如开篇理论背景所述,《个人信息保护法》对"知情—同意"已作出更严格、更高的要求。本案中,野生动物世界仅通过店堂告示的形式告知消费者需要收集指纹信息或人脸信息,在《个人信息保护法》施行的背景下,不符合"单独同意"程序的要求。

---

❶ 于洋:《论个人生物识别信息应用风险的监管构造》,《行政法学研究》2021 年第 6 期,第 101 - 114 页。
❷ 石佳友、刘思齐:《人脸识别技术中的个人信息保护——兼论动态同意模式的建构》,《财经法学》2021 年第 2 期,第 60 - 78 页。
❸ 邢会强:《人脸识别的法律规制》,《比较法研究》2020 年第 5 期,第 51 - 63 页。
❹ 黄柏恒:《大数据时代下新的"个人决定"与"知情同意"》,《哲学分析》2017 年第 6 期,第 101 - 111 页。

四、讨论与小结

本案例折射出人脸识别应用"必要性"的模糊和"知情—同意"有效性的困境等问题,可与"瑞典一中学使用面部识别监测学生的出勤率被监管机构处罚"以及"美国 Patel 等人诉脸书公司擅自应用照片人脸标注功能"等国际案例作横向对比(见表 11–1),笔者有如下分析。

表 11–1　中国、欧盟、美国人脸识别案例的比较分析

案件	(中国)郭某诉杭州野生动物世界	(瑞典)DPA 诉 Skellefteå 中学教育委员会(Secondary Education Board in Skellefteå)	(美国)Patel 等诉脸书公司
性质	民事诉讼	行政处罚	民事诉讼(集体诉讼)
审理/执法机构	浙江省杭州市中级人民法院	瑞典隐私保护局(IMY,前称 DPA)	美国联邦第九巡回上诉法院
人脸识别应用场景	私人实体商业场景	公共教育场景	互联网社交媒体场景
人脸识别信息收集目的	对年卡用户进行入园身份验证	通过摄像头的人脸识别功能监控学生出勤情况	识别用户所上传照片里出现的人并建议标注
赔偿/罚款金额	判决野生动物世界赔偿郭某合同利益损失及交通费共计 1038 元	对该校教育委员会罚款 20 万瑞典克朗(当时约合人民币 14 万元)	脸书在否认了其所有不法行为指控的前提下,以赔偿 6.5 亿美元(当时约合人民币 41.5 亿元)和解,提交了索赔表的伊利诺伊州用户每人至少可获得 345 美元(当时约合人民币 2200 元)
法律依据	《合同法》第 108 条对违约责任的有关规定;《民法总则》第 111 条关于自然人的个人信息受法律保护的规定;《消费者权益保护法》第 29 条第 1 款有关经营者收集、使用消费者个人信息义务的规定	欧盟《一般数据保护条例》(GDPR):第 5 条关于个人数据处理的原则;第 9 条关于特殊类型个人数据的处理;第 35 条和第 36 条有关数据保护影响评估和事先咨询的规定	美国伊利诺伊州《生物识别信息隐私法》(BIPA);第 15 条关于私人实体在收集、保留、披露和销毁生物识别指标和生物识别信息方面各项义务的规定

注:郭某诉野生动物世界案主要依据表中法律审理。2021 年 1 月 1 日,《民法典》正式实施,《民法总则》《合同法》同时废止。

其一,先于我国设立个人信息保护制度的欧美国家,对涉及生物识别信息的不当行为有适用性较强的执法或裁量依据,"未经同意授权"或"同意无效"都可能导致违法,行政处罚力度大,和解赔偿的金额同样巨大,并且欧盟成员国还依据 GDPR 设立了独立的监管机构来处理相关案件。

其二,人脸识别作为提升潜在经济效率的创新技术,不可因其存在的隐私、伦理、安全风险而被扼杀在襁褓中,也绝不可任其肆意生长在许多尚不必要的传统场景中,甚至成为没有替代方案的"霸王"应用,让公众的敏感个人信息承受不必要的风险。

其三,"知情—同意"原则及其维护的信息自决权,在个人信息利用与保护悖论凸显的数字时代,依然有其存在的必要。因其难以实现就否定其必要性,显得过于武断。事实上,各国立法也仍将其作为个人信息保护的基本原则之一。

解决"知情—同意"失灵的问题,关键在于解决信息主体、信息控制者、监管各方的执行问题,需要适应数字时代的精细化和场景化要求。如本案中对于敏感个人信息,尤其是风险极高的人脸识别信息,法律天平自然倾斜在保护而非利用一侧,"知情—同意"的基石作用稳固,并且被立法者强化和学者所呼吁。在一些学者提出的"知情—同意"改良框架中,如"动态同意""分层同意"模式,限制性同意风险较高的个人信息处理得到普遍认同体现。未来更应该思考如何谨慎地推广人脸识别技术,落实更加严格的"知情—同意"原则,防止法律条文沦为一纸空谈。对此,本文提出以下建议:

(1)规制层面,国家网信部门根据《网络安全法》《民法典》《个人信息保护法》等法律和司法解释,及时出台人脸识别技术的必要应用范围、有效同意程序、非法使用人脸信息的行政处罚标准、损害赔偿责任等细则和标准。

(2)监管层面,厘清履行个人信息保护职责部门各自的权责清单,合力对人脸识别应用实施常态化监督,包括对人脸识别技术应用主体安全资质、必要性进行审查,利用技术平台对协议内容的合规性、合理性进行规模化评估,同时畅通申诉渠道,公布接受投诉、举报的联系方式,切实降低个体维权门槛、线索举证难度。

(3)实践层面,信息处理者应严格落实"除必需外,不得只有自然人同意处理其人脸信息才提供产品或者服务""应取得单独同意而非一揽子告知同意""未经同意不得向他人提供或转委处理"等规定和要求。在移动应用人脸识别场景中,通过弹窗等形式强化告知义务,告知内容应在详细介绍收集使用目的、范围等的基础上，提供一个可读性强、关键（风险）信息高度集中的简化版本供用户阅读，为不同意收集人脸信息的用户提供合理可行的替代方案，比如密码、手机验证码、身份证号码等；在实体应用人脸识别场景中，应在离设备较近处显著标示"该设备为人脸识别设备"，以显著形式公开人脸信息收集使用目的、范围等信息，并提供替代方案，赋予信息主体自主选择权。对于政府出于公共安全目的应用的人脸识别设备，同样应通过各种媒介形式充分"透明"地告知公众应用目的、方式及必要性，严格限制并监督超目的使用。另外，公众应提高敏感个人信息保护意识，认识到人脸信息一旦被泄露和滥用所带来的严重甚至永久性后果，对人脸识别应用"多留个心眼"，关注隐私协议中的关键信息，敢于向强迫同意收集人脸信息的行为说"不"，并在个人信息被泄露时积极开展维权活动。

思考题：

1. 请举例说明哪些场景或情境中的人脸识别应用不符合"最小必要"原则。

2. "一键同意隐私协议"流于形式的问题出自哪里？如何提升"知情—同意"原则的有效性？

3. 以人脸识别应用为例，谈谈如何平衡社会高效运转与个人隐私保护之间的关系。

知识产权篇

版块一 文字作品

第十二章 可信时间戳技术在版权司法实践中的应用与反思

——评众佳公司与咪咕传媒信息网络传播权纠纷案

彭桂兵[*] 谢雅楠[**]

互联网时代，越来越多的证据以电子数据的形式呈现，电子证据的种类也不断得以丰富。在本案例中，在未经权利人众佳公司授权的情况下，咪咕数字传媒有限公司（以下简称咪咕传媒）以营利为目的，在其经营网站"咪咕阅读"上有偿向公众提供涉案作品的在线阅读服务，侵害了权利人对其作品享有的信息网络传播权。济南众佳知识产权代理公司（以下简称众佳公司）运用可信时间戳这一第三方电子证据服务平台，对案件中的事实进行了电子数据固定，确定了涉案网络页面的真实性。该案是丰富权利人取证手段、降低权利人取证难度、减少维权成本的典型案件，其详细论证了电子数据取证系统按照统一规范固定的证据，具有事后可追溯性等应予以采信的理由，对未来司法实践中可信时间戳技术的进一步运用，具有良好的借鉴意义。

一、理论背景

2002年，我国著名证据法学家何家弘教授曾对司法证明时代的变化作出了总结和展望，认为就司法证明方法的历史而言，人类曾经历了从神证时代到人证时代，再到物证时代的转变，并表示，"也许，我们即将走入另一个新的

---

[*] 彭桂兵，华东政法大学传播学院教授。
[**] 谢雅楠，华东政法大学传播学院硕士研究生。

司法证明时代,即电子证据时代"[1]。2004 年,常怡和王健在其研究电子证据的文章中指出,当时国内对于电子证据问题一直存在着较大的争议。立足于电子证据与我国传统证据形式比较研究的基础上,针对电子证据地位的各种学说,他们提出了一些看法,并给出了立法上的相应建议,以期确定电子证据的独立证据地位。[2] 可以看出,21 世纪初,我国电子证据仍处在为获得独立地位而不断追寻和摸索的过程。之后,随着 2005 年我国信息化领域第一部法律《中华人民共和国电子签名法》的施行,以及 2012 年我国《刑事诉讼法》《民事诉讼法》和 2014 年修订的《行政诉讼法》在其内容中将电子证据作为一种新的证据法类纳入立法,电子证据获得了独立的证据地位。

时光匆匆,现如今,随着互联网技术的不断发展,计算机、网络科技、数字技术以及智能手机的普及和问世,电子证据在司法证明活动中的作用日益突出,伴随数字化生活的深入,越来越多的证据开始以数据电文的方式出现。目前,中国不仅明确赋予了电子证据以独立的证据地位,而且制定了翔实的刑事、民事电子证据规则,还颁布了史无前例的针对互联网法院审案的电子证据规范,如 2019 年《中华人民共和国电子签名法》第 5 条,阐释了数据电文需要符合哪些条件才可被视为满足法律法规规定的原件形式要求,第 8 条阐释了当审查数据电文作为证据真实性时应当考虑的诸多因素;《最高人民法院关于互联网法院审理案件若干问题的规定》第 11 条则阐释了在当事人对电子数据真实性提出异议的情况下,互联网法院应当结合质证情况,审查判断电子数据生成、收集、存储、传输过程的真实性,并着重审查的内容。

当下,电子证据正以飞快的速度不断改变着人们的司法证明观念,电子证据在司法实践领域中的不断运用,正推动着司法证明制度的深度变革。从某种意义上讲,电子证据在中国的变化呈现出新一代"证据之王"的气象。[3]

在诸多包含种类的电子证据中,可信时间戳技术被不断应用,在司法实践中发挥着愈来愈重要的作用。时间戳的运用及其法律效果体现,最早可以追溯到 20 世纪 90 年代,贝尔实验室(Bellcore)的斯图尔特·哈珀(Stuart Haber)与斯科特·斯托内塔(Scott Stornetta)运用哈希函数计算一份文档的散列值,然后生成短字符串(摘要),以此证明原始文档存在。自此,运用"数字文件的安全时间戳方法"认证版权的时代正式开启。所谓可信时间戳(tsa),是联

---

[1] 何家弘:《电子证据法研究》,北京:法律出版社 2002 年版,第 4-5 页。
[2] 常怡、王健:《论电子证据的独立地位》,《法学论坛》2004 年第 1 期,第 66-74 页。
[3] 刘品新:《电子证据的基础理论》,《国家检察官学院学报》2017 年第 25 期,第 151-159 页。

合信任时间戳服务中心签发的一个电子证书，指的是使用数字签名技术，对包含原始文件信息、签名参数、签名时间等信息构成的对象进行数字签名而产生的数据，用于证明电子数据（电子文件）在一个时间已经存在且内容保持完整、未被更改。其目前已被广泛运用于司法、医疗、知识产权、电子政务、电子商务、金融、电子档案以及区块链等多个领域。

从 2008 年深圳市龙岗区法院审理判决的我国首例时间戳技术司法应用案例"利龙湖案"，到 2021 年 5 月最高人民法院发布的第二批互联网典型案例中的涉及时间戳技术应用的案例，使用可信时间戳电子证据的案件多次被各级法院评选为年度典型案例。作为电子证据中的一员，可信时间戳技术凭借着其解决电子签名有效性、解决数据电文易被篡改伪造及产生时间不确定的功能，正在司法实践中发挥着越来越重要的作用。

二、案例概述

王某华，《读者》《意林》《青年文摘》等众多知名杂志签约作家、教育部"十一五"课题组特聘专家。众佳公司注册成立于 2016 年 8 月 18 日，经营范围包括知识产权代理、商标代理、企业登记代理服务、市场调查、国内广告业务和会议及展览服务。咪咕传媒注册成立于 2014 年 12 月 18 日，前身是中国移动手机阅读基地，主要从事手机阅读领域的专业化运营。

2009 年 11 月，作家王某华的个人作品专集《等待是另一种形式的行走》由华东师范大学出版社出版，版权页显示字数为 169 千字。2016 年 12 月 20 日，王某华与众佳公司签订有效期自 2017 年 1 月 1 日至 2019 年 12 月 1 日的《著作权转让及维权合作协议》一份，将其在中国大陆地区范围内已经公开发表的作品的有关财产权利非排他性转让给众佳公司，同意众佳公司以著作权受让人身份，有权向侵权方以著作权受让人身份邮寄《维权告知书》，与侵权方签订《和解协议》或《许可使用证明》、收取和解款项；对需要通过诉讼处理的纠纷，且许可众佳公司以著作权受让人身份作为原告向法院提起诉讼，直接行使侵权赔偿请求权等著作权的财产权利。

2017 年 10 月 10 日，原告众佳公司登录互联网后，发现被告咪咕传媒在未获得作者王某华授权的情况下，在其经营的名为"咪咕阅读"的网站（www.cmread.com）上以营利为目的，有偿向公众提供王某华著作《等待是另一种形式的行走》的在线阅读服务，侵权字数多达 10.36 万字。相关网页显示该书的封面，该封面与众佳公司所举证的涉案的《等待是另一种形式的行走》图书封面一致，并显示相关书名及"王某华""115 章""完本""10.36 万字""点击进入"字样。众佳公司认为，咪咕传媒侵犯了王某华作品的网络信息传播权。2017 年 10 月 10 日，众佳公司通过联合信任时间戳服务中心网站对被侵权网络页面进行了认证保全，之后向山东省济南市中级人民法院提起诉讼。

案件审理主要围绕原告众佳公司是否享有涉案的著作权、咪咕传媒侵权事实是否存在、众佳公司提供的可信时间戳真实性及其是否能证明内容的真实性和主张的合理支出是否具有法律依据四个方面展开，其中，围绕可信时间戳运用展开的举证、质证和探讨是案件争议的焦点。众佳公司提供了包括咪咕阅读网站首页截图，可信时间戳认证证书打印件及验证文件（TSA）等共七条证据。法院经审理认为，众佳公司通过时间戳工具佐证了证据保全时间，保全的页面上显示了涉案图书的封面，并有简单介绍，该封面与原告的图书封面一致，并显示相关书名及"王某华""115 章""完本""10.36 万字""点击进入"字样。虽然众佳公司没有打开相关具体篇章，但根据网站所载的"完本""115 章"等内容，经与原告涉案图书相比较，结合一般上传惯例，加之该网站在被告控制之下，其也未能提供相反证据。

因此，法院依据证据优势原则，对咪咕传媒以商业经营为目的，通过互联网向公众提供涉案图书，使公众可以在其个人选定的时间和地点获得作品的事实予以认定，认为该行为侵犯了原告对涉案作品享有的信息网络传播权，应承担停止侵权、赔偿损失的责任。山东省济南市中级人民法院于 2018 年 6 月 12 日作出（2018）鲁 01 民初字第 298 号民事判决：（1）被告咪咕数字传媒有限公司立即停止侵犯原告对《等待是另一种形式的行走》一书所享有的信息网络传播权，在其网站停止使用上述作品；（2）被告咪咕数字传媒有限公司于本判决生效之日起 10 日内赔偿原告济南众佳知识产权代理有限公司经济损失及维权合理支出共计 2 万元；（3）驳回原告济南众佳知识产权代理有限公司的其他诉讼请求。[1]

咪咕传媒不服一审判决，提出上诉。二审法院受理案件上诉后，认为双方争议的焦点之一为众佳公司使用时间戳电子数据取证系统固定的电子数据是否可以作为认定案件事实依据的问题。二审中，众佳公司提供了联合信任时间戳服务中心发布的《可信时间戳互联网电子数据取证及固化保全操作指引

---

[1] 山东省济南市中级人民法院（2018）鲁 01 民初 298 号。

（V1.0）》作为新的证据。经审理，法院认为，众佳公司提供的涉案网络页面截图、屏幕录像文件以及相关时间戳认定证书等证据形成证据链，在没有相反证据的情况下，对众佳公司以时间戳服务系统固定的涉案网络页面的真实性予以确认。山东省高级人民法院于 2018 年 11 月 9 日作出（2018）鲁民终字第 1607 号民事判决：驳回咪咕传媒的上诉请求，维持原判。❶

2021 年 5 月 31 日，"众佳公司诉咪咕传媒侵害作品信息网络传播权纠纷案"入选最高人民法院发布的"互联网十大典型案例"。

三、案例评析

在互联网环境下，电子证据的数量不断增加。网络侵权案件的取证问题一直是司法实践中的难题。一般情况下，与侵权相关的证据通常由被告一方掌握和控制，相比较于实体物证，电子数据证据面临着易被篡改伪造的风险。对于权利人而言，由于公证机关出具的公证书具有较高的证明效力，事先进行公证取证是较为稳妥的方式，因此，比较通行的做法是当事人聘请公证机构取证，由公证机构对整个公证过程出具公证书。但是，公证方式也存在着步骤烦琐、效率低下等缺点，随着网络技术的发展以及新型网络服务的兴起，第三方提供的网络证据保全服务出现并被应用，可信时间戳技术就是其中之一。

回顾案件详情，可以看到案件集中在以下两个主要焦点展开。

（一）联合信用时间戳的实践运用问题

所谓时间戳，指的是使用数字签名技术，对包含原始文件信息、签名参数、签名时间等信息构成的对象进行数字签名而产生的数据，用以证明原始文件在签名时间之前就已经存在。其技术原理是将用户的电子数据的哈希值（hash value）和权威时间源绑定，并由国家授时中心负责授时和守时，在此基础上通过时间戳服务中心的加密设备，产生不可伪造的时间戳文件，电子数据及对应的可信时间戳电子凭证能有效证明电子数据的完整性及产生时间。通过访问联合时间戳中心网站，可以对当事人提供的原始文件进行验证。如验证结果显示哈希值一致，证明电子数据在申请时间戳的时刻起存在且未被篡改或伪造；如哈希值不一致，证明电子数据未申请时间戳或被篡改、伪造。

---

❶ 山东省高级人民法院（2018）鲁民终 1607 号。

1. 我国信任时间戳运用实践回顾与现状

基于可信时间戳可以在不获取电子数据内容的情况下证明电子数据的存在性和内容完整性，其为司法实践中出现的权利人取证、举证困难，不利于维权的问题提供了新的解决思路。在司法实践领域，时间戳技术的运用并不是什么新鲜事。早在 2008 年，深圳市龙岗区法院公开宣判的知识产权纠纷案——"利龙湖"案❶，在审理中就运用了时间戳技术，该案也成为国内首例时间戳技术司法应用案例。案件宣判后，双方当事人均未提起上诉，该案判决书已经发生法律效力。2015 年 4 月，北京首例使用时间戳证据的案件的判决结果引起了知识产权实务界的关注。该案主审法院认为，使用"可信时间戳"认证的电子证据是未经篡改的，具有真实性，且存在其他证据相互印证可以作为定案依据。

在相关判决书中，也偶尔可以看到律师对可信时间戳证明力的质疑，如在"华盖公司诉途牛公司侵害作品信息网络传播权案"❷ 中，途牛公司于上诉状中提出：可信时间戳认证证书不具有证明力，在法律上不具有证据保全的效力；其签发人是联合信任时间戳服务中心，该中心是由北京联合信任技术服务有限公司（自然人控股）投资、运营的营利性机构，认证依赖的技术和方法也没有经过国家权威机构专业认定，缺乏公信力；认证证书未加盖签发单位印章，不具有证明力。

当下，可信时间戳技术的运用也迎来了新的发展。为了适应近年来的变化，2021 年 5 月，《可信时间戳电子证据取证与证据使用操作指引（V2.0）》开始提供官方下载。作为我国首例审理时间戳案件的"利龙湖"案的审理法院，为应对司法取证活动中关于电子证据真实性、可靠性与安全性等问题的新挑战，深圳市龙岗区法院与联合信任时间戳服务中心组成联合调研组，就电子证据固化领域的专业问题进行技术及法理、应用等多重研讨，成功构建"人民法院 tsa 电子证据固化系统"，并开始在涉及数据电文证据的案件中展开应用。

实践证明，这一措施的施行大幅减少了当事人在相关证据调查及开示程序中的异议、大幅降低权利人因此而支出的维权费用与取证成本。❸ 此外，据中

---

❶ 广东省深圳市龙岗区人民法院（2008）深龙法民初字第 5558 号。
❷ 江苏省南京市中级人民法院（2015）宁知民终字第 243 号。
❸ 联合信任时间戳服务中心：《可信时间戳电子证据取证与证据使用操作指引（V2.0）》，https://m.tsa.cn/guide/detail/1025，2021 年 12 月 25 日。

国裁判文书网、北大法宝统计，截至 2021 年 12 月 10 日，使用可信时间戳电子证据的裁判文书数量达到 50335 篇。北京高院 2016 年十大创新案例、天津高院 2017 年知识产权司法保护十大案例、中国法院 2018 年 50 件典型知识产权案例、中国法院 2019 年 50 件典型知识产权案例……使用可信时间戳技术电子证据的案件多次出现在被各级法院评选为年度典型案例的案例中。

作为一种电子数据技术，在初步使用时期，在早期司法实践中，有学者曾指出，网络侵权形式上更泛滥，传播性更广，由于网络数据更新速度快，证据固定困难，网络内容具有随意性，因而会带来证据效力的不确定性，进而造成取证困难。由于缺乏真实性和稳定性，由公证机构对整个公证过程出具公证书，配合公证进行固定和提交的电子证据方具有证明力。[1] 然而，公证这一方式却不可避免地存在着"高成本、低效率"的风险。运用时间戳技术取证的工作主要以公证的方式展开，传统公证的取证方式，由于公证人员数量有限、工作时间不够灵活，取证成本相对较高，在越来越多证据以电子证据的形式呈现的情况下，难以充分满足要求，且公证取证会带来费用的支出，构成权利人的维权负担。

对于"什么是电子取证"，国内学术界存在广义、狭义两种不同观点。学者刘品新赞同"电子取证包括但不限于特殊技术手段"的广义说。他认为，虽然电子证据是带有一定高科技色彩的新型证据，但从司法实践来看，获取电子证据并不限于技术手段或是专家提取，普通的当事人完全可以利用一般知识或经验事先保全或事后收集。尽管专家在电子取证方面作用巨大，但不能掩盖当事人在电子取证方面的特殊作用。[2] 随着可信时间戳技术的不断发展，人们对其的了解也越加深入，时间戳虽然系私力证据保全的手段，但所依仗的是成熟可靠的技术以及国家授时中心的学术能力和声望保障，在来源、存储和保持完整性等方面具有可靠性，具备了作为证据使用的"三性"，能够证明待证事实。目前，在司法实践领域，由当事人自己运用可信时间戳等第三方电子证据服务平台的服务对互联网中电子数据进行取证成为一种更新、更便利的选择，这就大大提高了审理效率，节省了相应成本，也推动着我国的电子取证能力不断提升。

西南政法大学邓宏光认为，案件的判决体现出了法院对于符合民事诉讼取

---

[1] 余晖、刘颖辉：《对网络侵权公证证据的认定》，《人民司法》2008 年第 23 期，第 49—53 页。
[2] 刘品新：《电子取证的法律规制》，《法学家》2010 年第 3 期，第 73—82 页。

证要求的第三方电子证据服务平台取证的证据效力的肯定,时间戳技术的运用丰富了权利人的取证手段,为司法实践中举证难问题的解决提供了新技术的可行路径,体现了司法在面对新科技发展成果时的审慎态度,又体现了司法的包容性和发展性。❶

2. 时间戳形式合法性分析

在本次案件审理中,众佳公司采用联合信任时间戳服务中心的可信时间戳互联网电子数据取证系统进行证据保全,咪咕传媒认为,时间戳服务中心并非法定公证认证机构。

根据中国科学院国家授时中心发布的《关于联合信任时间戳服务中心的说明》,联合信任时间戳服务中心由中国科学院国家授时中心和北京联合信任技术服务有限公司共同创建,是为了满足我国电子政务、电子商务、司法、知识产权保护等领域对可信时间戳服务的需求,而按照有关标准规范建设的我国第三方时间戳服务机构。国家授时中心主要负责该系统的国家标准时间溯源及系统时间同步与分配;北京联合信任服务有限公司主要负责时间戳服务系统的建设、应用开发、技术支持以及时间戳服务中心的商业化运营。联合信任时间戳服务中心签发的可信时间戳是解决电子签名有效性和数据电文(电子文件)时间权威问题的有效方式;根据《可信时间戳互联网电子数据取证及固化保全操作指引(V1.0)》记载,时间戳服务机构是由国家授时与守时保障的联合信任时间戳服务中心,可信时间戳的网页电子数据固化是以该中心为第三方;根据《可信时间戳互联网电子数据取证及固化保全操作指引(V2.0)》记载,联合信任时间戳服务中心是由北京联合信任技术服务有限公司与中国科学院国家授时中心共同建设的时间戳服务机构,该机构属于联合信任内设部门,非独立法人机构。同时,保全操作指引指出,使用联合信任可信时间戳电子证据服务对电子数据进行取证或通过拍照取证、录像取证、录音取证等方式进行取证和司法裁判机关、行政机关、争议相对方等需要对可信时间戳电子证据进行验证均可以进行参照。因此,对于时间戳服务中心是否为法定公证机构,众佳公司提供的时间戳认证结果打印件这一证据,具有相应证明力。

目前为止,国务院信息产业主管部门未对任何一家第三方电子数据服务平台作出经营电子数据行政许可的决定。李然认为,经营时间戳取证方式的第三

---

❶ 最高人民法院:《互联网十大典型案例》,http://www.court.gov.cn/zixun-xiangqing-306391.html,访问日期:2021年5月31日。

方平台是否需要经过国务院信息产业主管部门许可批准、是否合法,不是通过证据保全保存在第三方平台上电子数据能否作为证据的充分、必要条件。因此,只要其平台上的电子数据具备证明法律事实的特征,即可成为认定案件事实的证据采用。❶

2016年度北京法院知识产权十大创新案例中,"参灵草官网微博"著作权侵权纠纷一案中也涉及对可信时间戳证据形式及其合法性提出异议的情况。❷原告华盖创意(北京)图像技术有限公司(以下简称华盖公司)主张被告北京微梦创科网络技术有限公司(以下简称微梦公司)、江中药业股份有限公司(以下简称江中公司)未经其许可,在新浪微博"参灵草官方微博"中使用了三幅其享有著作权的摄影作品,侵害其享有的信息网络传播权。原告提交了可信时间戳认证证书及存有相应文件的光盘,其专家辅助人专门就时间戳取证流程及作用到庭陈述意见,审理法院组织双方登录联合信任时间戳服务中心网站,将华盖公司提交的光盘中相应文件及对应的 tsa 格式文件上传进行了验证,当事人均对验证过程不持异议,对可信时间戳证据形式及合法性予以了肯定。

此外,2016 年,由福建省高级人民法院审理裁决的华盖创意(北京)图像技术有限公司与福建省福州宝龙商业经营管理有限公司侵害著作权纠纷上诉案中,法院认为,时间戳虽然系私力证据保全的手段,但所依仗的是成熟可靠的技术以及国家授时中心的学术能力和声望保障,在来源、存储和保持完整性等方面具有可靠性,具备了作为证据使用的"三性",能够证明待证事实。

3. 自行操作取证瑕疵分析

刘品新曾表示,如何保证电子证据的真实性是电子取证无法回避的难题。他认为,从技术规制的角度上讲,要想百分之百地保证不出现伪造电子证据的情况是过于理想化的,即便通过专家采用法庭科学技术鉴定手段也有力不能及之处。这样就需要在电子取证的环节通过特别手段保证电子证据的真实性;一是严格形成电子证据的保管锁链,以确保所获取的电子证据不出现改变;二是通过技术比对的方式,以确保所获取的电子证据复制件同原件在内容上是一致的。❸ 在本案中,众佳公司运用可信时间戳所提取、保全、检验、使用直至提交法庭的各个环节都可以形成电子证据的保管锁链,都有严格的反篡改环节,且可信时间戳正是运用哈希值进行技术比对的方式,尽可能确保证据内容的真

---

❶ 李然:《时间戳保全证据的使用》,《人民司法(案例)》2017 年第 35 期,第 81-84 页。
❷ 北京市海淀区人民法院(2015)海民(知)初字第 25408 号。
❸ 刘品新:《电子取证的法律规制》,《法学家》2010 年第 3 期,第 73-82 页。

实性。

然而，不同于传统的证据形式，电子数据证据具有真伪的脆弱性、传递的技术性、极强的可复制性等特殊属性。尽管时间戳取证能确保自保存时起数据不被更改，但并非只要采用了时间戳取证的技术手段所采集的电子证据就是真实可靠的。北京互联网法院表示，在使用时间戳取证过程中，需先通过互联网真实性检查。若缺失了互联网真实性检查，存在抓取前已因所处设备或网络环境存有问题而遭受"破坏"的可能性，则保存的证据不具有可信力。这类"破坏"包括非真实的网络环境、定向虚假链接访问、时间来源不明等问题。因此，当事人在用可信时间戳等技术手段采集证据时，应当严格遵守操作流程，确保电子数据的真实性。❶

在该案二审审理中，咪咕传媒认为，众佳公司采用时间戳取证过程系自行操作，存在瑕疵，无法确认取证视频是否与网络连接，取证电脑是否进行清洁性检查。根据《可信时间戳互联网电子数据取证及固化保全操作指引（V2.0）》记载，其电子证据服务系统具备录屏取证的功能，申请人可以自行登录录屏取证系统，系统自动启动虚拟机，联合信任保障虚拟机的系统清洁、网络连接真实。申请人在虚拟机的所有操作过程被系统自动录制成证据文件，取证结束后，系统对证据文件申请可信时间戳进行证据固化（产生格式为 *.tsa 的可信时间戳），并将该可信时间戳加入《可信时间戳认证证书》中，该证书采用电子签名和可信时间戳认证，用于证明证书由联合信任颁发，具有防篡改、防伪造的特性。完成证据固定后，系统将该组证据形成证据包供申请人下载使用。所生成的证据事后可通过验证系统进行验证。证据包的生成、存储、传输过程完全由联合信任时间戳服务中心电子证据取证系统控制，申请人无法干预，保证了证据的真实性和完整性。❷

法院认为，众佳公司利用可信时间戳取得的证据，是以可信时间戳作为保障电子数据原始性的技术手段，按照规范操作流程对取证计算机及网络环境进行安全性和清洁性检查后，对整个取证过程全程录像记录并对录像文件申请可信时间戳认证。采用这种取证方法，可以在事后追溯取证过程、方法及内容，

---

❶ 北京互联网法院：《可信时间戳取证是否当然具有证据效力？》，https：//mp.weixin.qq.com/s/LGwE9LFPIpmUy3wZS8gyOQ，访问日期：2021年11月16日。

❷ 联合信任时间戳服务中心：《可信时间戳电子证据取证与证据使用操作指引V2.0》，https：//m.tsa.cn/guide/detail/1025，访问日期：2021年12月25日。

形成完整证据链。❶ 因此，众佳公司严格按照该操作指引对相关电子证据进行保全固定，咪咕传媒并没有提供相反证据，可以确认众佳公司所固定的电子证据的真实性。本案中，尽管涉案网页电子证据保全固定的整个过程虽由众佳公司自行操作，但整个操作过程系按照可信时间戳互联网电子数据取证及固化保全操作指引规范进行。保全固化证据过程中，不仅有计算机中安装的屏幕录像软件录像记录，取证前还对所用计算机的操作环境和相关的网络环境进行了一系列合理的清洁性检查，最大限度地排除了因操作者不当介入、操作计算机不清洁、网络环境不真实等因素可能对取证结果造成的影响，保证了电子数据生成和储存方法的可靠。

根据时间戳固化电子数据原理，每个电子数据文件在申请时间戳认证时自动产生时间戳认证证书（*tsa），该证书为加密格式的电子证书，用于和对应的证据文件匹配并在时间戳中心验证平台进行验证。如果文件自申请时间戳时起，内容保持完整、未被改变，则可以通过时间戳验证，反之则无法通过时间戳验证。综合上述内容，众佳公司提供的涉案网络页面截图、屏幕录像文件以及相关时间戳认定证书等证据形成了证据链，在没有相反证据的情况下，法院对众佳公司以时间戳服务系统固定的涉案网络页面的真实性予以确认。

（二）举证责任与举证分配

我国《民事诉讼法》第64条规定，当事人对自己提出的主张，有责任提供证据，当事人及其诉讼代理人因客观原因不能自行收集的证据，或者人民法院认为受理案件需要的证据，人民法院应当调查收集。第65条规定，当事人对自己提出的主张应当提供证据。

一审中，面对原告众佳公司提供的第一组证据，被告咪咕传媒认为其无法证明涉案作品的作者王某华与原告众佳公司提交的身份证显示的王某华系同一自然人。法院认为，原告所提交的系列证据指向明确，可以相互印证，被告对其所提异议未能提供相应的反证，对被告的异议不予采信，对原告上述证据予以采信。同时，被告对第二组证据也提出了异议，认为网站截图显示书籍的作品字数与原告提交纸质书籍版权页显示的作品字数16.9万字不一致，无法证明两本书为同一作品，法院认为，被告对该说法未提异议，也未提供相反证据，故对原告的解释予以采信。

一审结束后，咪咕传媒提起上诉，认为一审法院适用法律错误，原告众佳

---

❶ 山东省高级人民法院（2018）鲁民终1607号。

公司未尽到举证责任，应当承担不利后果，一审法院举证分配错误，不能因为咪咕传媒未提供反驳证据而直接推定侵权事实成立。二审法院认为，当事人争议的焦点问题具体包括三个问题：（1）众佳公司使用时间戳电子数据取证系统固定的电子数据是否可以作为认定案件事实依据；（2）咪咕传媒是否上传并向公众提供了被诉侵权作品；（3）如果构成侵权，本案赔偿数额是否适当。其中，对于问题一，法院认为，一审原告众佳公司提供的网络页面截图、屏幕录像文件以及相关认定证书等证据形成了证据链，在没有相反证据的情况下，对众佳公司以时间戳服务系统固定的涉案网络页面的真实性予以了确认。在网络著作权侵权案件中，权利人提供的相关证据能够初步证明被诉网站侵权可能性较大时，不侵权举证责任转移到对被诉网站具有实际控制能力或距离被诉侵权行为更近的一方，举证不能的，可以推定相关侵权事实成立。

有观点认为，在运用时间戳技术进行举证的司法实践案例中，尽管权利人单方取证造假的可能性理论上是存在的，但可能性不大。一般而言，这一类案件标的额低，相对于时间戳证据保全方式低廉的维权成本，造假成本高，技术要求非常高，违法成本高，产生的法律后果严重。因此认为权利人已尽举证责任，法院在进行一般审查的基础上，在没有相反证据的情况下，以时间戳服务系统固定的电子数据可以作为认定案件事实的依据。❶

在一审和二审审理中，原告众佳公司针对自己的诉讼请求以及被告方的质证，均提供了证据，被告咪咕传媒尽管提出了异议，不认同法院对于证据的事实认定，但是由于其未提供相应证据，因此，一审、二审法院均对其请求予以不采信并驳回。

四、讨论与小结

该案详细论证了电子数据取证系统按照统一规范固定的证据，具有事后可追溯性等应予以采信的理由，对于可信时间戳本身合法性和真实性的认定进行了探讨，并对取证过程中可能出现的瑕疵问题展开了分析，为未来司法实践中可信时间戳技术的不断运用提供了可能。总体而言，随着举证方式的不断丰富，可信时间戳已经成为一种符合当下司法实践取证、举证要求，且具备解决电子签名有效性、解决数据电文易被篡改伪造、产生时间不确定等功能的技

---

❶ 李然：《时间戳保全证据的使用》，《人民司法（案例）》2017年第35期，第81－84页。

术。当下，结合涉及运用可信时间戳技术的相关案件数量不断增加，可以看出，随着互联网时代的发展，随着技术的不断改进，作为证据种类之一的电子证据无论是形式还是种类都体现出更加多样、不断增长的趋势。其中，联合可信时间戳技术正在司法实践中发挥着愈加重要的作用，相关权利人应该积极学习并运用这一技术。未来，可信时间戳技术的运用不仅会体现在知识产权领域的实践案例中，同时也会在更多领域崭露头角。

思考题：

1. 什么是联合信任时间戳？其在司法实践中可以带来什么新变化？

2. 根据《中华人民共和国电子签名法》，满足法律、法规规定的原件形式要求的电子数据需要具备哪些条件？

3. 我国首例运用时间戳技术的案例是什么？该技术在实践运用中有什么新发展？

第十三章　人工智能生成稿件的著作权及其归属

——腾讯诉盈讯侵害著作权案评析

雷丽莉[*]　朱　硕[**]

"梦幻写手"（Dreamwriter）是腾讯开发的智能写稿软件。2018年，腾讯证券网站发布了由"梦幻写手"写作的财经报道，盈讯公司将该文章通过其运营的网站向公众传播，由此引发了人工智能生成稿件的著作权纠纷。这是国内首例确认人工智能生成的稿件系作品，认定未经许可传播人工智能生成稿件构成侵犯信息网络传播权的案件。本案主要的争议焦点在于写稿机器人生产的稿件是否是著作权法意义上的"作品"以及其权利归属等。通过梳理学界围绕此案的分析和争论，以及法院对本案及其他类似案件的裁判路径，有助于了解人工智能应用给传播法提出的新问题，并为解决相关问题提供参考和指引。

一、理论背景

机器人写作是人工智能在传播领域的重要应用。近年来，多家互联网企业都推出了智能写作机器人，除腾讯的"梦幻写手"外，还有新华社的"快笔小新"、今日头条的"机器人记者小明"等。那么，智能写作机器人写作生成的稿件是否属于著作权法意义上的作品？如果是，那么其权利归属是谁？如果不是，那么，机器人写作的稿件是否受法律保护？受何种保护呢？

"著作权"是大陆法系的概念，其原意为"作者权"（author's right）。与英美法的"版权"法相比，著作权法意义上的作品，通常被认为是作者人格

---

[*] 雷丽莉，大连理工大学人文与社会科学学部副教授。
[**] 朱硕，大连理工大学人文与社会科学学部研究生。

的延伸和精神的反映，而非普通的财产。因此，作者首先应该是人类。随着人工智能技术的发展，依托互联网、大数据运算、脑科学等信息技术手段，"机器人写作""AI作曲"等新兴的内容生产方式不断推陈出新，人工智能由最初只能机械性地执行简单指令，到具有了越来越强的自主性，甚至代替了人类的写作活动。

早在20世纪70年代，美国围绕人工智能生成内容的权利保护的讨论便开始了。2012年，美国 Narrative Science 就预测，未来15年内90%以上的新闻稿将由人工智能创作完成。[1] 据国际数据公司（IDC）与浪潮集团联合发布的《2020—2021中国人工智能计算力发展评估报告》预测，中国人工智能市场未来4年将保持30.4%的年复合增长率，2024年，中国人工智能将达到172.2亿美元的市场规模，在全球人工智能市场的占比将达到15.6%，成为全球市场增长的重要驱动力。

根据传统的著作权保护理论，著作权属于知识产权的一种。知识产权保护的是人类智力劳动的成果。随着人工智能的发展，机器人也可以进行写作，并且效率更高。写稿机器人除了能更好地为人类提供信息服务外，也在通过引流、变现，创造着经济效益，甚至可能产业化。可否将其纳入著作权保护的范畴，以及如何平衡写稿机器人运用中的各方主体的利益是这种新的内容生产方式给传统著作权保护机制提出的重要挑战。因此，探讨人工智能生成内容的法律属性及其保护问题，解决相关领域的权利纷争，成为立法和司法亟待解决的问题。

"独创性"是认定稿件是否是著作权法意义上的"作品"，进而确定其是否享受著作权法保护的重要因素。如何认定人工智能生成稿件是否具有独创性？如果其具有独创性，可以认定为著作权法意义上的"作品"，那么其著作权归属于谁？是智能写稿软件的研发者？所有者？还是使用者？他们依据什么对人工智能生成稿件享有著作权？如果该稿件侵害了他人的著作权或者名誉、隐私、肖像等人格权，由谁来承担责任？承担责任的依据又是什么？如果人工智能生成的稿件不是著作权法意义上的"作品"，那么，它是否应受法律保护？依据什么受保护？受怎样的保护？这些都是值得探讨和回答的问题。

---

[1] Steven L.（2012）."Can an Algorithm Write a Better News Story Than a Human Reporter?" Wired. 2012.4.24. https：//www.wired.com/2012/04/can-an-algorithm-write-a-better-news-story-than-a-human-reporter/.

二、案例概述

"梦幻写手"是腾讯公司于2015年自主开发的一套基于数据和算法的智能写作辅助系统，是满足规模化和个性化内容业务需求的高效助手，并取得了由国家版权局颁发的计算机软件著作权登记证书。自2015年起，腾讯主持创作人员每年使用"梦幻写手"完成约30万篇作品。2018年8月20日，腾讯主持创作人员使用"梦幻写手"完成标题为《午评：沪指小幅上涨0.11%报2671.93点 通信运营、石油开采等板块领涨》的财经报道文章，并在腾讯证券网站上首次发表。发表时末尾注明"本文由腾讯机器人Dreamwriter自动撰写"。后腾讯发现盈讯公司未经其许可在该文章发表当日复制了该文章，并在运营的"网贷之家"网站公开传播，两篇文章的内容完全相同。❶

腾讯认为，盈讯的行为侵犯了其著作权中的信息网络传播权，且其直接复制涉案文章用于网站获取网络流量攫取竞争利益，构成不正当竞争行为，因此向法院提起侵犯著作权和不正当竞争之诉，请求法院判令盈讯立即停止通过信息网络对外传播该文章，并连续一个月在其官方网站"网贷之家"的首页显著位置刊登改正其侵权行为的声明、消除侵权行为的不良影响，向其赔偿经济损失人民币10000元，赔偿其因制止侵权行为所支付的公证费和律师费等合理开支人民币9000元，并承担本案诉讼费用。

2019年12月24日，深圳市南山区法院对该案作出判决，认定腾讯机器人"梦幻写手"生成的文章具有一定的独创性，涉案文章在由腾讯运营的腾讯网证券频道上发布，文章末尾注明"本文由腾讯机器人Dreamwriter自动撰写"，其中的"腾讯"署名的指向结合其发布平台应理解为腾讯公司，说明涉案文章由腾讯公司对外承担责任。涉案文章由包含编辑团队、产品团队、技术开发团队在内的主创团队运用"梦幻写手"软件完成，系腾讯主持创作的法人作品，其著作权由腾讯享有。盈讯未经许可，在其经营的网贷之家网站上向公众提供了被诉侵权文章内容，供公众在选定的时间、选定的地点获得，侵害了腾讯享有的信息网络传播权。❷

鉴于以上，法院判决盈讯赔偿腾讯经济损失及合理的维权费用人民币

---

❶ 广东省深圳市南山区人民法院（2019）粤0305民初14010号。
❷ 广东省深圳市南山区人民法院（2019）粤0305民初14010号。

1500元。对于腾讯要求盈讯在其公司网站首页刊登声明以消除影响的诉讼请求，因无证据证明盈讯的侵权行为对腾讯的商誉或腾讯就涉案作品所享有的著作人身权造成损害，故对该项诉讼请求法院未予支持。❶ 此外，鉴于本案已经依照《著作权法》的具体条款对腾讯予以救济，不再符合《反不正当竞争法》的适用条件。因此，对腾讯主张盈讯的行为构成不正当竞争行为的诉讼主张，法院未予支持。

三、案例评析

尽管腾讯在判决中胜诉，但人工智能生成稿件是否可以认定为著作权法意义上的"作品"并受到著作权法的保护，在学术界和司法界一直存在以下争议。

（一）人工智能生成稿件是否为著作权法上的"作品"

我国《著作权法实施条例》第2条规定，著作权法所保护的"作品"是指"文学、艺术和科学领域内具有独创性并能以某种有形形式复制的智力成果"。关于何为独创性，通说认为，独创性可分解为"独"和"创"两个方面，"独"是指独立创作，源于本人；"创"是指作品具有一定程度的智力创造性。❷

对于纯粹由人工智能生成的文章，有学者认为，其独创性判断标准应与自然人创作的文章的判断标准一致，无须纠结于文章创作主体到底是自然人还是人工智能，只根据内容本身是否具有独创性来判断是否构成著作权法意义上的作品即可。❸ 也有学者对此持反对态度，认为人工智能生成的内容只是应用某种算法、规则和模板的结果，与为形成作品所需的智力创作相去甚远。❹

此外，有学者提出，著作权法中的"作品"必须是文学、艺术或科学领域内的独创性表达，其中所谓"表达"，是指须以文字、言语、符号、声音、动作、色彩等一定表现形式将无形的思想表现于外部，使他人通过感官能感觉

---

❶ 广东省深圳市南山区人民法院（2019）粤0305民初14010号。
❷ 王迁：《知识产权法教程》（第七版），北京：中国人民大学出版社2021年版，第59页。
❸ 易继明：《人工智能创作物是作品吗?》，《法律科学》2017年第5期，第137-147页。
❹ 王迁：《论人工智能生成的内容在著作权法中的定性》，《法律科学（西北政法大学学报）》2017年第5期，第148-155页。

其存在。由此可见，表达的前提乃自然人所独有的智力或思想。❶ 也有学者提出智力成果是否是作品，与作者采用何种方式和方法创作作品无关，只要表达具有独创性，不影响对其作品属性的判断。从而肯定了人工智能作品的可著作权性。❷

还有学者提出，人工智能生成内容在表现形式上与人类作品高度相似。但是，据此将外观主义运用于著作权确权场合，忽略了创作过程等内在因素在可版权性判断中的重要意义。仅依据表现形式赋权，会导致著作权法的激励价值落空，且无法解释为何不保护动物创作等其他缺乏内在要素的内容。这不仅为著作权客体准入标准带来混乱，还会造成权利寻租与著作人身权落空等消极后果。因此，人工智能生成内容不构成作品。而且，在作品构成门槛较低的版权法系国家，已存在将创作意图作为作品构成要件的反思，这理应引起我国法上的重视。❸ 国外学者也很早就提出由机器独立创作的作品不应被授予版权保护，因为这样的结果将使人类失去控制，并背叛整个版权制度所基于的理由。❹

除独创性外，人工智能生成内容是否属于"智力成果"也是界定其是否是著作权法所保护的"作品"的重要考量因素。有学者肯定了人工智能在人工智能生成内容中的智力投入，认为人工智能在内容生成过程中与智力成果共享内在逻辑，生成内容在表现形式上与智力成果具有相同外在逻辑。❺ 而且，"智力成果"在著作权领域更多是侧重于"智力"的具体表现而非主体。"智力"的具体表现中"认知反应"、"抽象思维能力"、"处理环境"和"适应新情况的能力"等利用人工神经网络和类脑智能的应用，已经在人工智能应用中显露，所以人工智能创作物理应纳入著作权法保护的范围。❻ 国外有学者也认为，即使是人工智能创作的作品，如果表达了作品的人性和幸福感，也可以作为受版权保护的作品。

---

❶ 熊琦：《人工智能生成内容的著作权认定》，《知识产权》2017年第3期，第3-8页。
❷ 李伟民：《人工智能智力成果在著作权法的正确定性——与王迁教授商榷》，《东方法学》2018年第3期，第149-160页。
❸ 陈虎：《论人工智能生成内容的不可版权性——以表现形式为中心》，《重庆大学学报（社会科学版）》，https://kns.cnki.net/kcms/detail/50.1023.C.20210705.1346.002.html，2021年7月5日。
❹ Timothy, L. B. Can a computer be an author – copyright aspects of artificial intelligence?. Hastings Communications and Entertainment Law Journal, 1982, 4 (4): 707-747.
❺ 孙正樑：《人工智能生成内容的著作权问题探析》，《清华法学》2019年第6期，第190-204页。
❻ 马治国、刘桢：《人工智能创作物的著作权定性及制度安排》，《科技与出版》2018年第10期，第107-114页。

也有学者对人工智能生成内容中的智力投入持否定态度。该观点认为，我国著作权法在立法基本理念上趋近于作者权法系，因此判断独创性时还要考虑相关内容是否属于人类完成的智力成果。❶ 因为人工智能创作所依赖的大数据库是原作者智力劳动的结晶，人工智能的创作只是对原作者创作的一种间接模仿、创新，失去大数据库的支撑，人工智能几乎无法进行首创。❷

在本案中，法院认为，从涉案文章的外在表现形式与生成过程来分析，该文章的特定表现形式及其源于创作者个性化的选择与安排，并由"梦幻写手"软件在技术上"生成"的创作过程均满足著作权法对文字作品的保护条件，因此，涉案文章属于我国著作权法所保护的文字作品。法院还指出，从整个生成过程来看，如果仅将"梦幻写手"软件自动生成涉案文章的这两分钟时间视为创作过程，确实没有人的参与，仅仅是计算机软件运行既定的规则、算法和模板的结果，但"梦幻写手"软件的自动运行并非无缘无故或具有自我意识，其自动运行的方式体现了腾讯的选择，也是由"梦幻写手"软件这一技术本身的特性所决定。如果仅将"梦幻写手"软件自动运行的过程视为创作过程，这在某种意义上是将计算机软件视为创作的主体，这与客观情况不符，也有失公允。因此，从涉案文章的生成过程来分析，该文章的表现形式是由腾讯主创团队相关人员个性化的安排与选择所决定的，其表现形式并非唯一，具有一定的独创性。

事实上，在本案裁决之前，北京市互联网法院已经就一篇人工智能生成稿件的著作权纠纷作出过判决。该案原告菲林律师事务所（以下简称菲林）于2018年9月9日在其微信公众号上发布了名为《影视娱乐行业司法大数据分析报告——电影卷北京篇》。2018年9月10日，百度公司未经原告许可，就在其百度百家号"点金圣手"平台发布涉案文章，除删掉了开头结尾和律师事务所的署名外，内容与菲林发布的文章基本一致。

原告菲林主张其为涉案文章的著作权人，文章由文字作品和图表作品两部分构成：包含4511个汉字和15个图表，图表来自法律统计数据分析软件（威科先行法律信息库，以下简称威科信息库）生成的数据报告，文字则是基于该报告而进行的分析。菲林主张，百度未经许可在其经营的百家号平台上发布

---

❶ 陈虎：《论人工智能生成内容的不可版权性——以表现形式为中心》，《重庆大学学报（社会科学版）》，https://kns.cnki.net/kcms/detail/50.1023.C.20210705.1346.002.html，2021年7月5日。

❷ 孙建丽：《人工智能生成内容著作权法保护研究》，《电子知识产权》2018年第9期，第22-29页。

涉案文章，侵害了其信息网络传播权；将涉案文章首尾段进行删除，侵害了其保护作品完整权；将署名删除，侵害了其署名权。百度的侵权行为对其造成了经济损失，应承担侵权责任。被告百度公司则主张，涉案文章内容包括数据和图表，是采用法律统计数据分析软件获得的报告，其中的数据并非原告调查获得，图表也是威科信息库自动生成的，不属于著作权法的保护范围。

　　该案一审法院认为，自然人创作完成应是著作权法上作品的必要条件。上述分析报告的生成过程有两个环节有自然人作为主体参与，一是软件开发环节，二是软件使用环节。分析报告既非软件开发者（所有者）的思想、感情的独创性表达，亦非软件用户（使用者）思想、感情的独创性表达，因此，软件研发者（所有者）和使用者均不应成为该分析报告的作者。分析报告系威科信息库利用输入的关键词与算法、规则和模板结合形成的，某种意义上讲可认定威科信息库"创作"了该分析报告。但由于分析报告不是自然人创作的，因此，即使威科信息库"创作"的分析报告具有独创性，该分析报告仍不是著作权法意义上的作品，依然不能认定威科是作者并享有著作权法规定的相关权利。

　　在腾讯"梦幻写手"案中，法院认为作品在创作者独立创作、外观上与已有作品存在差异、文章生成过程中包含了创作者的个性化选择这三个因素的综合作用下能够体现出一定的独创性。判决书中指出，《著作权法实施条例》第3条规定的创作行为可以理解为"创作行为＝一种智力活动＋该活动与作品特定表现形式之间有直接联系"。由于文章的生成过程——数据服务、触发和写作、智能校验、智能分发——这四个环节都离不开团队人员的选择和安排，因此相关人员所作的选择和取舍属于与涉案文章的表达方式产生了直接关系的智力活动。同时，"梦幻写手"生成的文章包括对股市信息、数据的选择和分析，在行文逻辑和表达方式上能够体现出相关人员对信息的筛选。实际上，"梦幻写手"生成文章的起点不应从生成内容时开始计算，而是在主创团队成员对人工智能进行设置时就已经开始。由于"梦幻写手"生成的文章体现了团队人员的脑力劳动和智力选择，且这些选择和取舍直接影响了涉案文章的表达方式，使得涉案文章具有了一定的独创性。法院认为，"梦幻写手"软件生成的文章体现了团队人员的脑力劳动和智力选择，且这些选择和取舍直接影响了涉案文章的表达方式，属于作品。由此肯定了腾讯的法人作者身份。

　　而在菲林诉百度案中，法院认为，软件开发者（所有者）没有根据其需求输入关键词进行检索，该分析报告并未传递软件研发者（所有者）的思想、感情的独创性表达，故不应认定该分析报告为软件研发者（所有者）创作完成。同理，软件用户仅提交了关键词进行搜索，应用"可视化"功能自动生成的分析报告亦非传递软件用户思想、感情的独创性表达，故该分析报告亦不宜认定为使用者创作完成。因此，否定了菲林的作者身份。

尽管菲林诉百度案早于本案，但由于本案法院肯定了人工智能生成稿件的"作品"属性，因此被称为机器人著作权第一案。尽管两案判决结果不同，但"梦幻写手"案的判决也并非对菲林诉百度案的直接否定，更不等于肯定机器人的作者身份。两份判决是对人工智能生成内容在不同具体案件事实下的不同认定，而产生这种差别的关键因素在于作品的产生过程是否包含了"人"的智力活动。

（二）人工智能生成稿件的权利归谁所有

尽管在人工智能生成内容是否是"作品"，是否受著作权保护的问题上存在重大争议，但在人工智能是否具有主体资格，能否成为权利主体问题上，学界几乎一致性地持否定态度。理由大致包括以下几点。首先，发明是一个智能活动的事实行为，基于此可以将人工智能视为发明人，但在涉及权利享有和从事法律行为方面，只能由自然人或自然人的集合体来充当主体。[1] 机器人不是具有生命的自然人，也区别于具有自己独立意志并作为自然人集合体的法人，将其作为拟制之人以享有法律主体资格，在法理上尚有值得斟榷之处。[2] 其次，在权利义务对等原则的视角下，人工智能虽然享有权利，但自身却无力承担人工智能作品可能产生的法律责任，故人工智能作品著作权的归属最终又需要以生物学意义上的"人"为落脚点。[3] 智能机器虽具备著作权法要求的一定程度的创造力，但仍然缺乏"心智"和人格，一旦侵权或犯错不能被法律追究和惩罚，赋予其作者身份不足以承担法律责任，也不能被著作权法激励而产出报道。[4] 考虑到现阶段人工智能并不具备法律主体资格，所以在现阶段没有

---

[1] 吴汉东：《人工智能生成发明的专利法之问》，《当代法学》2019年第4期，第24-38页。
[2] 吴汉东：《人工智能时代的制度安排与法律规制》，《法律科学（西北政法大学学报）》2017年第5期，第128-136页。
[3] 梅傲、郑宇豪：《人工智能作品的困境及求解——以人工智能写作领域第一案为考察中心》，《出版发行研究》2020年第12期，第50-56页。
[4] 林爱珺、余家辉：《机器人写作的身份确权与责任归属研究》，《湖南师范大学社会科学学报》2020年第5期，第126-132页。

必要将人工智能作为私权主体赋予其著作权人的法律地位。[1]

尽管学界几乎一边倒地认为人工智能生成物的权利不能归属于人工智能，但是，如果人工智能生成物构成具有独创性的作品，对于其著作权应当归属于谁，学界存在较大的争议。始于18世纪工业革命前夕的英美法系的版权法和大陆法系的著作权法，均以"作品归于作者"为原则，即由作品创作者享有基于作品所产生的权利。随着20世纪初技术的快速发展，版权产业的分工愈加细化，非创作者的投资者在维系作品的创作与传播方面的作用愈发凸显，"作品归于作者"的原则也随之有所调整。我国著作权法所确立的作品归属模式是"以著作权属于作者为原则，以特殊规定为补充，以合同约定为例外"。其中，法人作品、职务作品、委托作品等适用特殊的规定。

人工智能的发展，进一步对作品的归属原则提出了挑战。关于人工智能生成内容的权利归属，目前学界存在"设计者（研发者或编程者）说""操作者（使用者）说""所有者说""合作作者说"等。

"设计者说"认为著作权属于智力劳动提供者，设计者投入创造性的智力劳动设计出计算机程序，再由诸如计算机等智能机器生成相应的作品，设计者对人工智能生成物的创作具有实质性贡献，生成物的著作权归属于设计者。[2]反对者则认为设计者所设计的人工智能只不过是他人创作的智能化工具。设计者虽可以对其设计的人工智能通过著作权（计算机程序）、专利权（智能机器）、商标权（智能机器）等确保利益还流，但对他人利用人工智能创作出的作品不再享有著作权。[3]

"使用者说"认为，计算机等智能机器是创作的辅助工具，不能独立自动自主创作，人工智能生成内容的作者是使用智能机器进行创作的人，而非计算机之类的智能机器，人工智能生成物的著作权应归其操作者。[4] 有学者提出，一般来说，执行单位（雇主）的任务，或者主要是利用单位（雇主）的物质技术条件所完成的发明，申请和取得专利的权利应属于单位或雇主；接受他人

---

[1] 余翔、张润哲、张奔、王华：《适应人工智能快速发展的知识产权制度研究》，《科研管理》2021年第8期，第176-183页。

[2] Darin, G. Copyrights in Computer - generated Works: Whom, If Anyone, Do We Reward? . *Duke Law & Technology Review*, 2001, 1 (1): 24-41.

[3] 李扬、李晓宇：《康德哲学视点下人工智能生成物的著作权问题探讨》，《法学杂志》2018年第9期，第43-54页。

[4] Farr. E. H. Copyrightability of Computer - Created Works. *Rutgers Computer & Technology Law Journal*, 1989, 15 (1): 63-80.

委托而完成的发明，应当以协议约定专利权的归属。如果没有约定，相关权利属于对人工智能发明作出创造性贡献的受委托人。❶ 2020 年我国《著作权法》在修正时对新闻作品的著作权权属做出修改，其中第 18 条规定，报社、期刊社、通讯社、广播电台、电视台的工作人员创作的职务作品，作者享有署名权，著作权的其他权利由法人或者非法人组织享有。有学者指出，在视新闻机器人为有限人格法律主体前提下，将文本署名权赋予新闻机器人、新闻机器人暂无法享有的权利归属于其所属媒体机构，或是当下较为合适的著作权划分方式。❷

"所有者说"认为，权利分配应遵循约定先行原则，加上对于人工智能发展政策的考量，应创设以所有者为主导的权利归属原则。❸ 如果将人工智能视为表达所有者意志的创作，人工智能生成物的权利归属可借鉴法人作品制度，将著作权归属于人工智能的所有者。❹ 在有的国家，根据对雇佣条款的新解释，人工智能生成作品的作者将被授予人工智能设备的程序员和所有者。❺ 在我国，也有学者提出，在人工智能生成物属于法人作品、雇佣作品或委托作品时，该权利归属投资人模式最具可行性与经济性。原因在于投资者享有人工智能生成作品的著作权有利于效益最大化。❻

合作者说认为，人工智能生成物的著作权权利归属，要先以当事人的意思自知来确定，即约定优先，在此基础上再吸收版权法其他法律规则。❼ 判定人工智能能否成为著作权主体以及相关权益配置问题，需要在实际考量有关产业流程和市场竞争参与主体利益分配结构的基础上，认真分析产业运作过程和市场结构中各方利益配置，以多种利益配置方案及其可能引发的后果为标准。❽ 有学者提出，人工智能的发展使得智能机器人的自主创作逐步成为可能，但鉴

---

❶ 吴汉东：《人工智能生成发明的专利法之问》，《当代法学》2019 年第 4 期，第 24 - 38 页。

❷ 霍凤、郭小安：《新闻机器人的主体性界定及著作权保护策略》，《出版发行研究》2021 年第 8 期，第 52 - 60 页。

❸ 易继明：《人工智能创作物是作品吗?》《法律科学》2017 年第 5 期，第 137 - 147 页。

❹ 熊琦：《人工智能生成内容的著作权认定》，《知识产权》2017 年第 3 期，第 3 - 8 页。

❺ Hristov, K. Artificial Intelligence and the Copyright Dilemma. *The Journal of the Franklin Pierce Center for Intellectual Property*, 2017, 57 (3): 431 - 454.

❻ 李晓宇：《人工智能生成物的可版权性与权利分配刍议》，《电子知识产权》2018 年第 6 期，第 31 - 43 页。

❼ 丛立先：《人工智能生成内容的可版权性与版权归属》，《中国出版》2019 年第 1 期，第 11 - 14 页。

❽ 荣幸：《智能时代著作权主体认定问题研究》，《中国出版》2021 年第 16 期，第 61 - 64 页。

于人工智能独立法律人格尚存在伦理与道德争议，对智能作品上的权利配置在设计者、所有者和使用者这三个利益主体之间进行权衡，是较为妥当的。❶

在本案判决中，法院采纳了"使用者说"的观点。因为"梦幻写手"生成的稿件包含了作为使用者的腾讯公司的员工的智力活动，且以腾讯署名，故法院作出了著作权归腾讯的判决。

在"菲林"案中，法院认为，有关分析报告的署名问题，无论是软件研发者（所有者）还是使用者，非创作者都不能以作者身份署名。法院同时又指出，虽然分析报告不构成作品，但不意味着其进入公有领域，可以被公众自由使用。软件使用者通过付费使用，基于自身需求设置关键词并生成了分析报告，软件使用者的使用和传播行为应被激励，将分析报告的相关权益赋予其享有，因此，尽管软件使用者不能以作者的身份在分析报告上署名，但是为了保护其合法权益，保障社会公众的知情权，软件使用者可以采用合理方式表明其享有相关权益。鉴于此，一审法院判决百度在其平台首页上连续48小时刊登道歉声明，消除影响，并赔偿经济损失及合理费用1560元。二审法院追认被告行为侵害了原告保护作品完整权，维持了一审判决。❷ 法院的判决没有突破现有著作权法，其判决思路仍遵循"创作是人类专属的或特有的"法律逻辑，否定了"人工智能创作物"的可版权性。但是，法院虽然否认了涉案文章的"作品"属性，却又判决被告侵害了原告的署名权、保护作品完整权，使得判决难以逻辑自洽。

（三）人工智能生成稿件的侵权责任由谁承担

尽管本案不涉及人工智能生成稿件如果侵害他人人格权或著作权，该由谁承担责任及承担何种责任的问题，但是，如果不考虑责任承担，就确定权利归属必然会引发逻辑上以及实践中的问题。鉴于本案不涉及责任承担问题，下文仅对学界主要观点做简单介绍，述而不论，不作分析。

关于人工智能生成稿件侵害他人权利的责任归属，大体有以下四种观点。

一是"人工智能工具论"，该观点认为人工智能只是工具，责任应由使用者承担。使用者是人工智能程序和设备的控制者也是受益者，侵权风险是使用者的使用行为引起的，责任理应由其承担。对于新闻机器人，从著作权保护初

---

❶ 易继明：《人工智能创作物是作品吗?》，《法律科学（西北政法大学学报）》2017年第5期，第137-147页。

❷ 北京知识产权法院民事判决书（2019）京73民终2030号。

衷和现行法律框架来看,将新闻机器人生成文本视为媒体主持或者投资、代表其意志创作并以其名义发表的作品,新闻机器人享有作品署名权,侵权责任后果由媒体机构承担,此种权责划分方式或更符合当下传媒技术语境和法理框架。[1]

二是"人工智能产品论",即应由人工智能的生产者承担责任。该观点认为人工智能通常是一种产品,除了个别由于使用者或者第三人故意引起的侵权以外,大多数人工智能侵权是由于产品存在缺陷造成的。人工智能的使用者作为消费者,对于人工智能产品缺陷,既难以理解也难以发现且难以举证,所以应当由生产者承担产品责任。

三是"人工智能动物论",即应由管理者承担责任。尽管古代立法中有让动物承担法律责任的规定,但现代立法不再将动物视作法律主体,因此动物的侵权行为应由饲养人或者管理人承担侵权责任。借鉴动物侵权规律规定,人工智能侵权也应由对其负有管理义务的人承担。

四是"人工智能主体论",即由人工智能承担责任。法律可以将自然人以外的实体规定为法律主体,例如法人,对于人工智能也可以参照这种做法。而且,已经有一些国家赋予或正在考虑赋予人工智能法律主体资格,如沙特阿拉伯的索菲亚机器人已获公民资格。如果人工智能成为法律主体,则应当承担其侵权行为引起的法律责任。

(四)是否有超越著作权法的路径?

在人工智能技术飞速发展的背景下,建立能够有效解决权利纠纷、平衡各方利益、保障相关法益且逻辑自洽的规范制度,是立法和司法迫切需要解决的问题。对于人工智能生成内容相关权利纠纷的解决,除了已有的在著作权法框架下的各种路径的讨论,也有研究者跳出了围绕人工智能生成稿件是否是"作品",是否受著作权法保护等围绕著作权法的讨论框架,寻求其他的解决路径。因为如果将写稿机器人生成的稿件认定为"作品",著作权法就保护了没有投入智力劳动的活动,而使没有从事智力劳动者获取收益,无法激励智力劳动,从而为人类谋求福祉,也与著作权法的立法初衷不符。而如果不将人工智能生成稿件认定为"作品",又无法通过著作权法回应和解决现实中各相关主体的利益纠纷。

---

[1] 霍凤、郭小安:《新闻机器人的主体性界定及著作权保护策略》,《出版发行研究》2021年第8期,第52-60页。

在著作权框架之外，可资参考的解决路径有两种。第一种路径是利用《反不正当竞争法》保护相关主体的利益，从而规避对人工智能生成稿件属性的争论。在无法认定竞争关系的情况下，从当事人的角度看，也可以通过不当得利之诉寻求救济。第二种路径是通过立法明确规定权利属性，确定权利和责任归属。如果人工智能生成稿件是"人工+人工智能"或"人工+人工智能+数据库"的产物，即有人工编辑团队参与创作，而不是纯粹的人工智能生成物，那么只要符合著作权法关于独创性的相关规定，就可以认定为作品，享受著作权的保护。如果人工智能生成稿件是纯粹的"人工智能"或"人工智能+数据库"，没有人的智力活动的参与，或者人的智力活动过于简单，不是稿件具有独创性的决定性因素，则不作为著作权法上的作品保护。

但这并不意味着人工智能生成的内容不受法律保护。由于生成稿件的人工智能软件本身是受著作权保护的，对于人工智能软件生成的稿件，可以考虑参照物权法关于"孳息"的规定，将其认定为享有著作权的软件的特殊的"孳息"，确定其权利归属及侵权责任。由于不享有著作权的内容也可能侵害他人权利，因此如果稿件内容侵害他人的名誉、隐私等人格权或著作权，也可以由相应的主体承担责任。❶

四、讨论与小结

从"人—物"二元论的视角考察，尽管人工智能有一定程度的"类人属性"，但目前人工智能仍普遍被认为是"物"，而非"人"。因此，由人工智能生成的稿件就是"物"所产生的"物"，而非"人"所产生的"物"。因此，与将其作为著作权法中的"作品"相比，将其作为物权法中的"孳息"在逻辑上更自洽。只是产生这种孳息的"物"是"人工智能"这种特殊的物而已。

法律的功能不只是定分止争，它对人的行为也具有指引作用。对人工智能生成内容如何立法，不仅需要做事实判断和逻辑判断，还需要做价值选择。对人工智能生成内容的法律保护可以有多种路径选择。立法需要进一步探索，在未来的产业化发展的视野下，在考察其生产机制的前提下，回到立法的初衷和目的，考量法律所要保护的价值，比较各种路径的优劣，采纳最能够有效保护

---

❶ 林秀芹、游凯杰：《版权制度应对人工智能创作物的路径选择——以民法孳息理论为视角》，《电子知识产权》2018年第6期，第13－19页；黄玉烨、司马航：《孳息视角下人工智能生成作品的权利归属》，《河南师范大学学报（哲学社会科学版）》2018年第7期，第23－29页。

各种价值，平衡各相关主体利益，最有利于立法目的实现且逻辑自洽的路径。而围绕本案的讨论，不仅对于解决人工智能生成稿件的权利纠纷具有启发，对于解决人工智能生成专利和商标等其他人类智力成果的权利争议以及应对人工智能发展给现行立法提出的问题和挑战也有参考价值。

思考题：

1. 人工智能生成稿件是否应被认定为著作权法上的"作品"？

2. 如果人工智能生成稿件是著作权法上的"作品"，那么著作权的归属是谁？

3. 如果人工智能生成稿件不是著作权法上的"作品"，那么它是否受法律保护？以何种方式受何种保护？

版块二　影视作品

第十四章　视频平台在履行"通知—删除"规则之外是否还应尽到注意义务？[*]

——评优酷网络与 B 站信息网络传播权纠纷案

路　鹃[**]　杨杲郁娜[***]

被告上海某信息科技有限公司将原告优酷网络技术有限公司所取得的独占性视频内容擅自发布于其开发并实际运营的"哔哩哔哩"网站安卓客户端，损害了原告的相关利益。法院审理认为，被告侵害了原告针对涉案节目享有的独家信息网络传播权，被告具有平台性质，不仅适用"通知—删除"规则，还应对用户上传的作品进行审查，尽到相应的注意义务。"通知—删除"规则的设立是在著作权人/版权所有者、上传者和信息存储空间服务者之间建立利益平衡。如果权利人认为用户上传的是非常明显的侵权内容，此平台进行审核时必然能够发现其侵权性质，却仍然允许其进行传播，那么可以依据"红旗标准"，直接起诉平台。

近年来，短视频因其形式新颖、内容丰富、传播迅速等特点而成为最受欢迎的互联网产品之一，产业的快速发展也使得与短视频相关的纠纷逐渐出现。对进入诉讼的短视频知识产权民事侵权纠纷而言，短视频能否构成作品，短视频构成作品的前提下其作品类型等问题往往是双方当事人争议的焦点。在版权/著作权侵权诉讼中，合理使用是常见的抗辩事由，我国《著作权法》在第24

---

[*]　本文系国家社科基金一般项目"5G 时代短视频生产与传播的网络安全引导体系研究"（项目号：20BXW108）的阶段性成果；教育部协同育人教改项目"'互联网+'背景下媒介伦理与法规教育的理念重构与实践创新研究"（项目号：202002170006）阶段性成果。

[**]　路鹃，北京体育大学新闻与传播学院副教授、硕士生导师。

[***]　杨杲郁娜，中央民族大学新闻与传播学院硕士研究生。

第十四章 视频平台在履行"通知—删除"规则之外是否还应尽到注意义务？

条指出了符合合理使用的 13 种情形无须版权人同意，也无须支付报酬。[1]

但在社交媒体或视频分享网站上，将原视频平台播放的视频片段截取或混剪处理（即"二次创作"短视频）后上传以供用户观赏的行为越来越普遍，其传播行为构成侵权的标准应如何认定？原视频平台具有独占性信息网络传播权能否视同为版权人？而在"内容"与"渠道"竞争激烈的视频行业，信息独家网络传播权应如何得到保障，其利益分享模式又是否符合当前资本运作逻辑？

一、理论背景

短视频即时长较短的视频，一般而言长度在 5 分钟以内，不同内容平台、内容类型视频的长度差异较大，竖屏类短视频在 1 分钟以内，横屏类短视频多在 2～10 分钟，短视频与传统长视频在内容上也各有侧重，长视频内容信息容量大，以 PGC、OGC 为主；短视频内容以 UGC、PUGC 为主。从表达方式来看，短视频也是由一系列有伴音或无伴音的画面组成，短视频的镜头运用、拍摄技巧、后期制作等是拍摄者的创造性劳动成果，可以构成以类似摄制电影的方法创作的作品（简称类电影作品），其独创性的标准和判断方式与现行法律中的类电影作品相通。自 2018 年以来，陆续出现以短视频为客体的侵权纠纷中，法院均认可把短视频归于类电影作品进行保护。如"快手诉补刀小视频"一案即国首例认定短视频构成类电影作品的生效案件。

根据目前短视频行业展现的情况，现在短视频分为原创短视频和二次创作短视频两种类型。原创短视频为作者通过自己的实际拍摄所形成的视频，二次创作短视频为作者通过对原作品的加工、剪辑、提取等方式所形成的视频。目前业内已普遍认为原创短视频作为"视听作品"受法律保护没有争议，但是对于二次创作短视频是否构成《著作权法》意义上应受保护的作品，其是否侵害原著作权人著作权等，各方代表都具有不同的观点。

短视频的二次创作，主要指以受到著作权保护的畅销书、电影、连续剧、动画、电动游戏中的人物和情节作为蓝本，进行文字、图像、影像的第二次衍生创作，也是很多短视频采用的创作形式。相较于独创/原创视频来说，二次创作视频的类型有以下五种。

---

[1] 陈笑春、蔡雨坤：《混剪视频版权纠纷中合理使用的素材标准》，《青年记者》2021 年第 5 期，第 91－92 页。

（1）片段类短视频。其主要表现为直接对原作品的部分片段，通常是故事高潮或特定情节部分进行截取展现，对原作品不进行任何的改变，即通俗说法中的"切条"。（2）盘点类短视频。其主要表现为选取两部及以上作品，并根据二次创作者的思想确定相关主题，进而对作品中拥有相似主题部分进行提取并进行剪辑。（3）影评类短视频。其主要表现为通过对影视作品的片段（包括正片、预告片、花絮等）进行剪辑和拼接，并加入自己的配音或字幕进行评论，在几分钟的时间内浓缩一部影视作品的主体剧情结构，并表达个人观看后的褒贬评价。（4）解说类短视频。其主要表现为挑选出特定部分进行解读、点评，与影评类短视频内容上有交叉，但其又广泛包括游戏解说、体育解说等类型。（5）混剪类短视频。其主要表现为对原作品故事情节引入后，增加创作者自己的独创部分，重点放在二次创作者的独创部分，而非整篇文字或故事情节的复制，该种类型可以较好地体现出创作者的原创内容。从以上五类可以看出，片段类短视频就是对原作品完全照搬，其不能体现创作者思想的表达，故其不能构成作品；其他几类二创短视频，则存在"作品"性质认定上的争议。

《世界知识产权组织版权条约》（WCT）（1996）第 8 条规定了向公众传播的权利：文学和艺术作品的作者应享有专有权，以授权将其作品以有线或无线方式向公众传播，包括将其作品向公众提供，使公众中的成员在其个人选定的地点和时间可获得这些作品。我国 2010 年《著作权法》第 3 条将"混剪视频"规定为"电影作品和以类似摄制电影的方法创作的作品"（简称"类电影作品"）；《著作权法实施条例》第 4 条中，将"混剪视频"规定为"摄制在一定介质上，由一系列有伴音或者无伴音的画面组成，并且借助适当装置放映或者以其他方式传播的作品"。自新《著作权法》于 2021 年 6 月 1 日施行之后，"视听作品"正式替代原《著作权法》中"电影作品和以类似摄制电影的方法创作的作品"并受到法律保护。在新《著作权法》正式实施前，2021 年 4 月 9 日，为落实国务院政府工作报告"加强知识产权保护"之精神和《互联网用户公众账号信息服务管理规定》之要求，腾讯视频、爱奇艺、优酷在内 53 家影视公司、5 家视频平台及 15 家影视行业协会发表联合声明，称将对网络上针对影视作品内容未经授权进行剪辑、切条、搬运、传播等行为，发起集中、必要的法律维权行动。❶ 声明同时也呼吁短视频平台与公众账号生产运营

---

❶ 搜狐新闻：《爱优腾芒等视频平台联合声明：保护版权　不得侵权搬运》，https：//www.sohu.com/na/459885813_115831，2021 年 4 月 9 日。

者提升版权意识，呼吁社会各界对侵权内容予以举报、删除、屏蔽，形成"先授权后使用"的良好行业生态。

二、案例概述

2016年，优酷网络技术有限公司（以下简称优酷公司）起诉被告上海某信息科技有限公司（哔哩哔哩网站即B站的实际运营方），指控其擅自将涉案节目发布于其开发并实际运营的"B站"安卓客户端（仅限于手机安卓端口）提供播放服务，严重侵害了原告的合法权利。原告对涉案的综艺节目《欢乐喜剧人》第二季（共12期）、《王牌对王牌》（共11期）、《金星秀2016》、《德云社丙申年开箱庆典2016》、《德云社乙未年封箱庆典2016》通过授权取得独家信息网络传播权，以上节目均取得了极高收视率，这些节目整体在安卓端播放量巨大，原告提交了国家版权局《2016年国家第二批重点影视剧作品预警名单》，证实涉案节目是当年版权局重点保护的影视作品，并表示涉案节目是只针对原告平台的会员所提供的VIP作品。

被告辩称：其一，B站为短视频分享网站，所涉案的综艺节目页面右侧显示上传者信息，标签也是用户自行设置，未经被告编辑，没有对其节目分类，应适用避风港原则，[1] 原告未事先通知并让被告删除其相关视频，被告不应承担侵权责任。其二，原告取证的上传内容并非完整的节目，都以片段上传（包括二创视频），亦不在影视类项下，被告难以注意到。故不存在侵犯原告的独家信息网络传播权。

海淀区人民法院认为，可以认定原告通过授权取得涉案节目的独家信息网络传播权，所涉案节目是知名综艺节目，且都在热播期，是付费会员才能观看的作品，具有较高的播放价值。虽然涉案节目的片段视频名称没有节目名称，网站很难注意，但法院认为，被告具有平台性质，在适用"通知—删除"规则之外，仍应对用户上传的作品应进行审查，尽到相应的注意义务。虽然通过节目名称搜索不到涉案视频，但部分非原告平台用户仍可以通过搜索演员的名字获取视频，并且观看视频人数较多，被告平台对此应给予一定注意，十几分钟的视频已经具备了一个节目整体的过程。法院据此认定被告未尽到相应的注

---

[1] 张丽波、马海群、周丽霞：《避风港原则适用性研究及立法建议——由百度文库侵权案件说起》，《图书情报知识》2013年第1期，第122-127页。

意义务，其行为侵犯了原告针对涉案节目享有的独家信息网络传播权。判决被告赔偿每个节目的经济损失及合理支出，并驳回原告的其他诉讼请求。

被告上海某信息科技有限公司不服判决再次上诉，以节目《德云社乙未年封箱庆典2016》判决为由，认为一审法院未认定涉案视频的可版权性；一审判决判赔过高；被告属平台性质，只应适用"通知—删除"规则等事实进行诉讼。法院仍以二审维持一审判决结果。

综上案情，"通知—删除"规则在著作人、上传者和信息存储空间服务者之间建立了利益平衡。但是权利人认为B站用户上传的是非常明显的侵权内容，平台进行审核时必然能够发现其侵权性质，却仍然允许其进行传播，依据"红旗标准"，直接起诉平台帮助用户侵权行为的事实成立。

三、案例评析

本部分包括界定版权人身份及独家信息网络传播权等核心概念，"通知—删除"规则为何不能适用于本案，B站缘何要承担平台注意义务，以及"二创"短视频的相关版权判定条例等内容，评析案件的主要争议点。

（一）如何理解优酷的版权人身份以及独家信息网络传播权

所谓视频/短视频作品的著作权人，即以自己的独立创作成为视频作品作者的人，从创作者的角度，凡是对视频作品做出了独创性贡献的人，包括剧作家、导演、摄影师、剪辑师等，都应该称之为作者。❶ 近年来，社交网络平台上诞生了许多新型的视听作品类型，如短视频、直播等，此类作品多仰赖庞大的用户个体的创作，但随着短视频业态发展迅猛，屡屡有"出圈"作品，产生了显著的社会效应，也有越来越多的资本注入，催生出专业性创作的集体化形式（PGC和OGC），B站作为国内最大的年轻人聚集的文化社区与弹幕视频平台，仍以UGC内容生产模式为主。

由于视听作品的作者构成复杂，除了数量庞大的个体创作者，我国法律也认可法人是"作者"的情形。《著作权法》（2020）第11条规定，"由法人或

---

❶ 《著作权法》（2020）第15条规定：视听作品中的电影作品、电视剧作品的著作权由制作者享有，但编剧、导演、摄影、作词、作曲等作者享有署名权，并有权按照与制片者签订的合同获得报酬。新《著作权法》第17条第3款规定：视听作品中的剧本、音乐等可以单独使用的作品的作者有权单独行使其著作权。

第十四章 视频平台在履行"通知—删除"规则之外是否还应尽到注意义务？

非法人组织主持，代表法人或非法人组织意志创作，并由法人或非法人组织承担责任的作品，法人或者非法人组织视为作者"。法人作者一般是制片者，包含"出品方、出品单位、联合出品单位、摄制单位、联合摄制单位、联合拍摄单位、协助摄制单位、出品人、联合出品人、制片人、总制片人、制片、监制等"❶。现实中，视听作品的投资者、合作方式多样，这些人是否构成"制片者"的作者身份，以及他们是否享有同等的权利，现行规制框架没有明确规定，一般要依据所签订的合同来确定。

在本案中，优酷并非涉案节目的制片方，通过签订购买合同取得了以上多档高收视率综艺节目的独家信息网络传播权，可以视同为继受版权人，即通过继承、转让或法律规定的其他方式取得著作权经济权利的人，转让是视听作品继受版权人取得版权的主要途径。❷ 继受版权人可以通过独家授权来获得市场中的排他性，以获取更大的利益。由此，可以确定优酷作为继受版权人的身份。

（二）"通知—删除"规则以及本案中"合理使用"的相关争议

本案中，涉案节目页面右侧显示上传者信息，标签由用户自行设定，未经平台编辑且无分类，B 站因此援引了"避风港原则"作为合理使用的抗辩事由（原告未事先"通知—删除"），"避风港"这一概念最早源于美国 1998 年的《数字千年版权法》（Digital Millennium Copyright Act，DMCA）。制订该法的目的是为了激励平台运营商在提供特殊网络服务时的积极性，以打消他们因可能造成侵犯知识产权的顾虑，更好地保护商业利益。在网络服务提供者没有事先对他人上传的作品内容进行审查，且事先也不知晓侵权事实存在的情况下，在发生侵权行为时，只要在接到版权人通知后将侵权内容移除，即可不承担侵权责任。在互联网视听产业发展的早期，"避风港"原则很大程度上为互联网企业降低了运营成本，对产业发展具有积极作用。

2001 年《著作权法》修订过程中，考虑到网络版权以及网络侵权案件的高发性，为了平衡版权人与网络服务企业之间的利益冲突，引入了"避风港原则"。在我国，关于"避风港原则"的争议最初集中在"明知"和"应知"的判断标准上，对于"通知"与"反通知"的讨论较少，《最高人民法院关于审理涉及计算机网络著作权纠纷案件适用法律若干问题的解释》中，第 4 条规

---

❶ 陈锦川：《著作权审判：原理解读与实务指导》，北京：法律出版社 2013 年版，第 47 页。
❷ 陈笑春：《网络视听版权规制论》，北京：社会科学文献出版社 2021 年版，第 85 页。

定著作权人可以向网络服务提供者提出警告,可以视为我国"通知—反通知"制度的开始。2014年通过、2021年修订的《最高人民法院关于审理利用信息网络侵害人身权益民事纠纷案件适用法律若干问题的规定》中对于"通知—反通知"作了具体规定,在司法实践中得到了更加广泛的应用。

为了防止"避风港原则"被滥用,我国《信息网络传播权保护条例》设定了一条"红旗标准"❶,要求网络服务提供者要承担合理的注意义务,不能对非常明显的侵权内容或链接不采取任何措施,否则,该网络服务提供者就应被认定为具有主观过错,须承担相应的侵权责任。目前,我国获得法院支持的案件均履行了"通知—删除"义务,北京慈文影视制作有限公司诉北京我乐信息科技有限公司侵权一案❷是我国适用"避风港原则"抗辩成功的第一案。使用"避风港原则"抗辩的一方能否证明自己仅仅提供了网络空间服务以及是否履行了"通知—删除"义务,是法院判定其是否适用"避风港原则"的关键。

本案中法院裁定B站在履行"通知—删除"规则之外,还应负有更高的注意义务,即依据"红旗标准",用户上传的内容显著侵权,平台进行审核时必然能否发现侵权性质,却仍然允许其传播,构成帮助用户实施内容侵权。再次重申了"红旗标准"的保护原则,必须是非常知名的作品,否则难以判断侵权方是否为"明知"或"应知",对于不知名作品,版权人的权益难以适用"红旗原则"得到保护。本案涉案综艺均为收视率极高的作品,如《王牌对王牌》第二期节目就蝉联综艺节目热度之首,热搜话题覆盖全网27个平台72个热搜,主话题阅读阅读量175.6亿❸,这也是法院裁决不能使用"避风港原则"作为抗辩事由的判断基准。

2008年,新传在线(北京)信息技术有限公司与土豆网络科技有限公司著作权纠纷案被业内称为我国应用"红旗标准"保护信息网络传播权并获胜诉的第一案。该案中,版权方新传在线发现土豆网上有免费的《疯狂的石头》播放,新传在线向土豆网发出侵权警告函后,土豆网在运营网站中删除了涉案

---

❶ "红旗标准"最早规定在1998年《美国版权法》修正案中,是指如果侵犯信息网络传播的事实是显而易见的,就像红旗一样飘扬,网络服务提供商就不能装作看不见,或以不知道侵权的理由来推脱责任,在这样的情况下,若网络服务提供商不采取删除、屏蔽、断链等必要措施,尽管权利人没有发出通知,我们也应该认定网络服务提供商知道第三方侵权。

❷ 北京市朝阳区人民法院(2008)朝民初字第16141号。

❸ 浙江卫视:《〈王牌对王牌〉收视夺冠,宋丹丹退休引全民共情》,https://baijiahao.baidu.com/s?id=1660057558361332276&wfr=spider&for=pc,访问日期:2020年3月2日。

第十四章 视频平台在履行"通知—删除"规则之外是否还应尽到注意义务?

影片,但该影片几度出现,法院判决书认为,土豆网虽然并未直接上传涉案电影至其经营的网站,但作为一个专业性的视频网站运营者,土豆网有能力也应知道在其经营的网站上存在盗版和非法转载的情况,但由于疏于监管导致涉案视频在该网站上多次传播,未能及时制止,土豆网这种行为实质上是一种纵容和帮助侵权的行为,因此被裁定不能使用"避风港原则"。[1]

短视频平台通过切条、"二创"短视频获得超额利润,其侵权成本低、侵权行为高发,相对于维权的被动,法院的判罚倾向于平台应加大版权保护的义务。在适用"通知—删除"以及"避风港原则"方面的不同理解,也造成了现行法院认定平台责任的困局。具体表现在,对于平台同样的侵权行为,不同法院在适用现行法律法规及相应的司法解释认定平台责任的过程中存在差异,出现了审理结果截然不同的情形(见表14-1)。

表14-1 短视频App平台侵权案例

案号	案件当事人	审理法院	审判结果	案由
(2018)京0491民初1号	原告:北京微播视界科技有限公司(抖音App)被告:百度在线网络技术有限公司(伙拍App)	北京互联网法院	被告不构成侵权,不承担相关责任	被告不具有主观过错,履行了"通知—删除"义务,不应承担相关责任
(2018)沪73民终361号	原告:上海新梨视网络科技有限公司(梨视频App)被告:优酷信息技术(北京)有限公司(优酷App)	上海知识产权法院	被告满足免责条件,不承担赔偿责任	原告无证据证明被告明知,故被告不具有过错
(2018)湘01民初1114号	原告:湖南广播电视台被告:广州市千钧网络科技有限公司(56视频App)	长沙市中级人民法院	被告赔偿原告经济损失15000元	涉案作品具有较高的知名度,被告怠于行使合理审查义务,主观存在过错

---

[1] 上海市高级人民法院(2008)沪高民三(知)终字第62号。

续表

案号	案件当事人	审理法院	审判结果	案由
（2017）京0108民24103号	原告：北京爱奇艺科技有限公司（爱奇艺App）被告：北京字节跳动科技有限公司（今日头条App）	北京市海淀区人民法院	被告赔偿原告经济损失60000元	涉案作品被国家版权局发布预警通知，被告未尽到合理注意义务，存在主观过错

数据来源：沈世娟、季盼盼：《短视频App平台间接侵权责任认定探究》，《南京理工大学学报（社会科学版）》2020年第8期，第33—39页。

从以上案例可以看出，首先，关于"过错"内涵的认定，分别适用了《侵权责任法》第36条中的"知道"，《电子商务法》第45条中的"知道或者应当知道"，《信息网络传播权保护条例》及最高人民法院出台的司法解释中的"明知或者应知"。❶《电子商务法》与《侵权责任法》法律效力同阶，但基于新法优于旧法的原则，应以《电子商务法》第45条为准。而《信息网络传播权保护条例》与司法解释中的"知道"是指有证据证明平台实际知道，这是一个主观的标准。"应当知道"是指虽无证据证明平台实际知道，但有证据证明一个理性的平台应当能够预见并回避侵权行为，这是一个客观的标准。本案中，海淀区人民法院就适用了"应当知道"的标准。其次，关于"知道"的评判要素，体现出了法官较大的自由裁量权，以上案例中法官主要参考了作品的知名度作为判断被告是否"应当知道"的基准。但作品知名度的判定依据或考虑的因素有哪些？法院没有明确，由于法官过大的自由裁量权，直接影响到了侵权与非侵权的认定结果，本案中，法院以高收视率数据作为知名度判断的依据。

此外，在司法实践中，不同法院对"避风港原则"的把握尺度不尽相同。例如北京互联网法院认为，"避风港原则"既有利于网络平台的健康发展，又有利于著作权人的权利保护。上海知识产权法院亦秉持了同样思路，即如果要求被告公司对短视频——进行实质审查，不仅大大增加运营成本，也会打击公司免费提供存储空间服务的积极性。而长沙中级人民法院和北京市海淀区人民

---

❶ 赫明英：《网络短视频平台的著作权侵权责任认定》，《山东科技大学学报》2019年第4期，第52页。

法院在审理过程中则认为原创视频的制作也需要耗费大量人力、物力和财力，此时平台不应再袖手旁观，放任侵权行为的发生，应当给予涉案视频更高的注意义务。这也导致了法院处理此类案件的两种倾向：一类优先保护平台发展利益，另一类侧重保护创作者的利益（如本案），由于两类裁决缺乏平衡的思维，总体上无助于短视频行业的良性发展。

上述情形将会导致当事人"选购法院"，即当事人为了规避对自己不利的结果，在所有具有管辖权的法院中挑选一个诉讼时效最短、诉讼成本最低、胜诉概率最大、对自己最有利的法院提起诉讼。[1] 若是不将网络侵权管辖中的"选购法院"限定在可容忍范围内，往往会有悖于法的精神，威胁法律的权威性。

（三）如何理解 B 站被判定为平台负有更高的注意义务

《民法典》第 1195 条规定，网络用户利用网络服务实施侵权行为的，权利人有权通知网络服务提供者采取删除、屏蔽、断开链接等必要措施。通知应当包括构成侵权的初步证据及权利人的真实身份信息。网络服务提供者接到通知后，应当及时将该通知转送相关网络用户，并根据构成侵权的初步证据和服务类型采取必要措施；未及时采取必要措施的，对损害的扩大部分与该网络用户承担连带责任。本案例的争议点就在于，B 站安卓客户端是否尽到平台审核责任。网络服务提供商提供信息存储空间服务，并不制作具体内容，如果被告知侵权，履行删除义务即可，否则才被视为侵权，其被称作"通知—删除"义务。但在此案件中，被告以"通知—删除"规则予以反驳，最终法院判定，对用户上传的作品平台应进行审查，未尽到相应的注意义务。

《民法典》第 1194 条规定，"网络用户、网络服务提供者利用网络侵害他人民事权益的，应当承担侵权责任"。随着《著作权法》明确了信息网络传播权，网络服务提供者帮助网络用户的行为是否构成侵权行为，相关司法判例作出了明确的侵权性定性，明确侵权行为有的时候是用户造成的，但网络用户能够侵害到他人的著作权是因为有了网络服务提供者的帮助，著作权所有者遭受的损害结果与帮助行为之间存在因果关系。平台未能积极采取预防侵权的合理措施，即对著作权侵害起到了帮助作用，因而要承担间接侵权责任。

本案中，虽然 B 站安卓客户端并没有侵害原告优酷网络技术有限公司的独

---

[1] 宋亦淼、杜颖：《论网络侵权管辖中的挑选法院——以 2015 年〈民事诉讼法〉司法解释第 25 条的理解适用为中心》，《湖北警官学院学报》2017 年第 1 期，第 25-26 页。

家信息网络传播权,但是在其平台上能够搜索到相关视频,存在一定的帮助作用,平台未能发现,存在责任失职。法院的考虑是,短视频平台因为切条和搬运获取超额利润,版权保护的义务也应当相应加重。间接侵权认定中,"避风港"原则与短视频 App 平台的技术水平、经济地位已经不相适应,需要设定短视频 App 平台一定程度上对短视频作品进行审查的合理注意义务,怠于行使合理注意义务,放任侵权行为的发生,就具有主观过错,应当承担间接侵权责任;举证责任分配中,短视频 App 平台需要对其履行了合理注意义务进行举证,其从技术手段和审查措施上满足了履行合理注意义务的条件;关于注意的程度,不能仅仅根据作品的知名度判断,还需要结合作品类型,借助技术手段有效识别作品。

在 2017 年《老九门》案中,被告北京字节跳动科技有限公司的新闻平台上被用户上传了多条热播影视剧集《老九门》的片段,原告北京爱奇艺科技有限公司以侵犯信息网络传播权为由起诉。法院认为涉案短视频侵权信息明显,被告应当对侵权行为处于明知或应知的状态,因为其并未通过正常审核途径予以删除,故构成共同侵权。据 2012 年颁布的《最高人民法院关于审理侵害信息网络传播权民事纠纷案件适用法律若干问题的规定》第 9 条总结得知,我国相关法律规定中的注意义务不断更新,表述的词汇从"知道"到"明知",甚至列举"应知"情形,司法实践中平台注意义务的标准也因法官的个案自由裁量而不断变动。[1]

对于 B 站的平台性质来说,《信息网络传播权保护条例》第 20~23 条对于不同类型的"网络技术服务提供者"和对应的免责条件进行了详细规定,分别为:网络接入服务是指电信运营商、服务器租赁;缓存服务是指云计算技术的中缓存服务;信息存储服务是指视频网站、新闻网站、电商平台;搜索或链接服务是指各类搜索引擎。所以,B 站平台属于信息存储服务类型,应尽版权审查义务。

大数据时代互联网平台普遍利用"算法推送"来发布内容早已成为互联网商业模式之一。所谓"算法推送"是指网络服务提供者对网络用户在一定时间内已经作出的历史选择记录、评论以及对相关辅助信息进行分析后发现网络用户所关注的信息并进行个性化推送的技术。在"算法推送"技术下,推

---

[1] 田小军、郭雨笛:《设定平台版权过滤义务视角下的短视频平台版权治理研究》,《出版发行研究》2019 年第 3 期,第 66-69 页。

送的内容是机器通过算法推送的内容，基于现有的技术和水平，网络服务提供者利用算法是没有能力屏蔽侵权内容的。但根据《著作权法》的相关规定，"服务器标准说"忽视了网络服务提供者的信息管理能力。然而，网络服务提供者作为间接责任承担者，不可能具有完全的侵权信息内容的排除能力，所以不承担刑事责任。❶ 只有当"算法推送"技术下网络服务提供者虽然具有特别认知，但是这种特别认知只有与自己在网络服务活动中的角色相结合时才能被追究刑事责任。这在一定程度上也为网络服务提供者提供了一种保障。所以此案件是民事案件，而不是刑事案件。综上所述，因视频平台审查的业务量比较大，平台应完善各项技术支持，对侵权行为进行有力监测。

本案最值得借鉴之处是，以往我们看到著作权的侵权案例中，都是以"通知—删除"规则为主，平台及时删除相关侵权作品就可以不构成侵权。但在此案例中提到了平台应尽的更高的义务——注意义务。当前中国互联网市场增速趋缓，但短视频行业发展依然充满活力，各类规范的出台倒逼内容生产从野蛮生长过渡至良心发展，但平台与平台之间、平台与用户之间、平台与版权方之间的侵权状况的案例还是不断出现。在这次的平台侵权案例中，法院判决给予平台更高的审查和注意义务的恪守，这也是给其他短视频平台的一个警示，应该保持平台应尽的责任和义务，不可以有侥幸心理。

（四）"二次创作"的短视频网络版权的相关案例分析

2019 年，网红播主谷阿莫的电影解说短视频遭到迪士尼等五家影视公司状告侵权。被告辩称自己是在行使著作权合理使用原则，认为自己符合评论、研究、解说、教学或新闻报道的情况，只是在做二次创作，同时强调，"引用只占到原片的一小部分"，但该"合理使用"的事由未能得到版权方的认可，版权方提到，至少有四部电影经过谷阿莫的制作就无法在院线上映或在电视台放送，损失达 8 位数。而在 2018 年快手公司诉"补刀小视频"一案中，关于两条涉案短视频的作品性质，法院认为，根据作品的构成要件，创作性的认定不受到短视频长度的影响，涉案短视频虽仅持续 18 秒，但其在该时间段中所讲述的情景故事，融合了两名表演者的对话和动作等要素，且通过镜头切换展现了故事发生的场景，已构成具有独创性的完整表达；涉案短视频是摄制在一

---

❶ 麦买提·乌斯曼、杨立敏：《"算法推送"与网络服务提供者著作权侵权刑事责任规范性重构——从"实际作用"转向"规范能力"》，《重庆理工大学学报（社会科学）》2021 年第 8 期，第 147 - 159 页。

定介质上,由一系列有伴音的画面组成,并通过网络传播的作品,属于类电影作品。

虽然时间长短的确可能限制作者的表达空间,但表达空间受限并不等于表达形式非常有限而成为思想范畴的产物;相反,在十余秒的时间内亦可以创作出体现一定主题,且结合文字、场景、对话、动作等多种元素的内容表达。此外,著作权法并不禁止不同主体就同一主题进行创作,只要作者形成了体现其一定选择、取舍的作品,即便该作品主题与在先作品主题相同,亦不影响作者对其作品享有著作权。据此法院作出判决,判令华多公司赔偿快手公司经济损失 1 万元及相应合理开支。一审宣判后,快手公司提出上诉,后撤回上诉,一审判决生效。

关于"二创"类短视频的版权规定,2019 年中国网络视听节目服务协会发布了《网络短视频内容审核标准细则》,该细则共计 100 条,定义了短视频节目的内涵外延。作为唯一一家与互联网视听直接相关的国家一级协会,该规则具有广泛的行业约束力,在制定过程中,央视网、芒果 TV、腾讯视频、优酷、爱奇艺、搜狐、哔哩哔哩、今日头条、快手、秒拍等国内开展短视频业务的平台几乎都有参与,也使得这一规则具有现实的针对性。

2018 年 3 月 16 日,国家新闻出版社广电总局下发通知指出,近期一些网络视听节目制作、播出不规范的问题十分突出,产生了极坏的社会影响,为进一步规范网络视听节目的传播秩序,国家新闻出版广电总局提出要求:坚决禁止非法抓取、剪拼改编视听节目的行为;加强网上片花、预告片等视听节目管理。[1] 这一通知,从行政主管机关的角度对短视频的标准提出了要求:遵循《著作权法》有关规定是短视频创作必须遵守的准则,二次创作和抓取行为也必须得到授权或许可。同时,内容要健康向上,注重品质、格调积极。

这反映出,"视频搬运"、二次创作等涉及短视频著作权争议的现象,已经由最初客体的可版权性转向行为的合法性认定问题,其核心在于如何判断短视频中以不同形式使用他人作品的行为是否合法。由于移动互联网时代短视频的制作和传播早已超出网络用户自我表达的范畴,成为"引流"和"圈粉"的重要手段,并通过用户规模的提升给互联网平台带来经济收益,因此其性质应视为"职业创造内容"。

一般而言,普通短视频用户上传的视频很难被认定为职业创造内容,在于

---

[1] 新广电办发〔2018〕21 号文件。

这种行为长期以来被视为"用户创造内容",即网络用户以非营利性目的在线创作和传播内容,这一概念除了突出创作方式是网络用户自行将互联网上的素材加以拼贴组合之外,更重要的是网络用户的创作及其对原作品的使用都一直被视为是"非职业性"的。[1] 有学者极力呼吁将这种非职业性的混编行为认定为著作权的例外。此类非职业性使用不应受著作权法规制的理念,是自社交网络服务普及以来即根深蒂固地被当作诸多互联网治理的认知前提。尤其对于 B 站这样聚合型的平台,UP 主们旺盛的"二创"和上传行为带来了用户的消费热情,从而为平台带来巨大的利润,该理念是否仍然真实反映现今社交网络平台及其商业模式的实际,短视频的创作和传播是否仍然维持非职业性的认知,值得在重新检视网络用户创作目的与社交网络平台商业模式的前提下进行反思。

本案中,法院认定,二次创作的视频是基于综艺节目的独立的"作品"存在争议,其侵犯独家播放权的主要都是平台所播放节目的完整片段,故此侵犯了著作权。且本案所涉及的侵权视频均为节目的全部内容或后半部分内容,其截取的画面并非进入公有领域的创作元素,而为涉案剧集中具有独创性表达的部分内容,二次创作的视频被认定没有投入智力劳动,所"借鉴"比例过高,是对原作品的照搬,其视频内容侵犯了其原告的著作权。

根据既往网络侵权案例来看,如"中国网络视频反盗版联合行动",著作行政执法部门对案件的查处采用了认定信息网络传播行为的控制标准,即以研究网络服务提供者控制传播行为以及传播结果的权利和能力,结合主观过错,分析侵权责任。[2] 为了解决鼓励互联网释放创作能量与作品著作权保护之间的紧张关系,有必要从以下三个方面来探索著作权法如何回应现今的短视频创作与传播争议:首先,对比"用户创造内容"的核心内涵与当今网络用户创作和传播行为的新特点,重新认定上述创作和传播行为的商业价值;其次,从著作权法角度对其中具有直接或间接营利目的的行为进行重新定位,排除合法性争议中对主体和行为性质的错误认知;最后,在充分保障移动互联网传播效率优势的基础上,探索社群化创作和传播模式的权利变动规则,以寻求原作品市场与新兴短视频市场相关主体都接受的良性收益分配。

---

[1] OECD. Participative Web and User-Created Content: Web2.0, Wikis and Social Networking. OECD Publishing, 2000: 4.

[2] 杨勇:《从控制角度看信息网络传播权定义的是与非》,《知识产权》2017 年第 2 期,第 3-21 页。

四、讨论与小结

　　随着短视频平台通过切条、"二创"短视频获得超额利润，侵权成本低、侵权行为高发，相对于维权的被动，法院的判罚倾向于平台应加大版权保护的义务。在适用"通知—删除"以及"避风港原则"方面的不同理解，也给现行法院认定平台责任带来困局。具体表现在，对于平台同样的侵权行为，不同法院在适用现行法律法规及相应的司法解释认定平台责任的过程中存在差异，出现了审理结果截然不同的情形。短视频在野蛮生长之后逐渐回归到规则之下，但还有一些问题需要逐渐地合理判定和规划，除了"通知—删除"规则、平台应尽审查义务和"红旗标准"，未来还会有更加明确且完善的条例来规范公众的行为，做到法有所依，事有所靠。

思考问题：
　　1. "视频搬运"现象已经由最初客体的可版权性问题转向行为的合法性认定问题，如何更好保护自己的权益？
　　2. 应该如何认定"二创"短视频的性质？其是对原视频作品的剪辑，还是具有原创性的评论作品？
　　3. 网络平台应该如何规范自己的审查机制以规避侵权风险？

第十五章　二次创作影视解说类作品侵权路径认定

——评优酷诉深圳蜀黍科技有限公司案

何秋红[*]　丁　悦[**]　朱宇婷[***]

从2017年4月网络人气影视解说类作品博主"谷阿莫"侵犯著作权到2021年4月中国影视行业协会、影视公司、视频网站及500余名艺人联合发布《关于保护影视版权的联合声明》呼吁影视版权保护，影视作品二次创作的侵权问题层出不穷，影视解说类作品作为影视二次创作作品中的重要组成部分，其侵权问题也受到了广泛关注。本文以优酷诉蜀黍科技案为例，从"转换性使用"的理论视角出发，对该案中具有争议点的"合理使用"构成要件进行讨论。同时通过对影视解说类作品进行类型化分析，探讨影视解说类作品的侵权认定路径，并对影视解说类作品的侵权问题提出多方面、多维度、多层次治理建议策略。

一、理论背景

在对优酷网络技术（北京）有限公司（以下简称优酷）诉深圳蜀黍科技有限公司（以下简称蜀黍科技）案分析定性之前，本文将对文中出现的核心理论及概念做一个简单的界定。

（一）影视解说类作品

影视解说类作品是在对电影、电视剧和音乐短片等视听作品进行引用、新

---

[*] 何秋红，河海大学公共管理学院副教授，复旦大学新闻学院博士后。
[**] 丁悦，河海大学新闻与传播专业硕士。
[***] 朱宇婷，河海大学新闻与传播专业硕士。

编或加以发展的基础上创作产生的。创作者使用变速或不同叙事模式等处理方式进行二次创作。❶ 影视解说作品运用剪辑效果和讲解风格能够帮助观众更容易地理解影视作品复杂的故事内涵和人物情节。

根据二次创作形式，影视解说类作品可分为图集解说类和视频解说类。图集解说类作品强调创作者使用的影视作品素材是截取的图片，如"图解电影"App 上发布的作品都使用图片素材对影视作品进行图集式剧情解析；视频解说类则强调创作者使用影视作品的视频片段来进行创作，如"谷阿莫""老刘说电影"等自媒体用户创作的作品均属于对影视作品进行视频式剧情解析。在后期剪辑、字幕编排和语音解说等方面，两种作品类型也展现出不同的创作风格。

根据作品内涵及创作者的创作过程，影视解说类作品表现出二次创造性和强交互性的特点。一方面，影视解说类作品的素材大多为原影视作品的正片、预告片及花絮等内容，并非视频制作者原创，因此影视解说类作品的制作多为基于非原创素材的二次创作。另一方面，互联网技术的普及使得创作者可以随时随地上传影视解说类作品，并借助多样的互联网平台及时与观众进行互动交流，具有较强的互动性。❷

（二）转换性使用

美国勒瓦尔法官在分析司法实践中的合理使用问题时提出了转换性使用的概念。转换性使用，即对原作的二次使用不是简单的复制或重新出版，而是增加了新的美感、价值、意义和认识。❸ 基于不同传播模式和商业发展背景，各种新型使用方式和案件层出不穷，转换性使用理论内涵也随之不断发展。转换性使用根据合理使用强调的"使用的目的和性质"，将考察内容分为两方面，即目的转换性使用和内容转换性使用。目的转换性使用主要考察创作新作品的目的是否不同于原作品，例如评论原作品、说明某一问题、便捷用户网络搜索等。内容转换性使用主要集中于以批注、评论或再创作的方式对原作品加以改动。❹

在对两者进行分析比较时，有学者认为新技术环境下，转换性使用判断应

---

❶ 卞娜娜、王鹏飞：《二次创作版权问题探讨》，《中国编辑》2019 年第 6 期，第 76－80 页。

❷ 孙文康、王讷敏：《对影视解说类视频的分类定性与侵权分析刍议——以转换性使用为视角》，《上海法学研究集刊》（律师法学研究文集），上海：上海法学会 2021 年版，第 50－58 页。

❸ Leval, P. Toward a Fair Use Standard. *Harvard Law Review*, 1990, 103（5）：1105－1136.

❹ 熊琦：《著作权转换性使用的本土法释义》，《法学家》2019 年第 2 期，第 124－134 页，第 195 页。

该重在目的性转换,而非内容性转换,并且目的性转换是判断转换性使用的最根本标准。❶ 首先,内容方面的改变难以客观量化,在新旧作品中无法界定一个确切的标准证实其中内容的转变。其次,内容转换性使用与《著作权法》中演绎权之间的界限较为模糊。著作权人演绎权的规制范围是对作品内容形式的转变,与内容转换性使用的内涵有重合之处。

在"康佩尔等人诉阿可夫玫瑰音乐公司"(Campbell v. Acuff – Rose Music)一案中,美国联邦最高法院最早将转换性使用应用到司法实践中。❷ 转换性使用标准的提出为新技术、新类型案件中容易出现的争议提供了合理的解释依据。鉴于转换性使用的合理性和正当性,我国法院也将其引入到相关的司法实践中来,并取得了良好的利益分配效果。❸ 我国在司法实践中将美国法院总结的"合理使用四要素"作为判断合理使用的依据,即判断合理使用时必须考虑使用的目的和性质、版权作品的性质、使用的数量和质量以及使用对于市场的影响四方面。❹ 转换性使用理论则是对"合理使用四要素"的补充,在"合理使用四要素"没有涉及的模糊情况下,转换性使用起到了补充的作用,丰富了"合理使用四要素"的判定内涵。例如,在考察作品使用的质与量方面,因为"质与量"本身的内涵就比较模糊,并且主要依靠主观判断对使用的质和量进行分析。

依靠转换性使用对使用目的的分析,能直接清晰地判断出是否属于合理使用,所以转换性使用比判断质与量的方法更为清晰有效。在新型使用行为案件的司法实践中,转换性使用可以作为《著作权法》第24条第2款之"介绍、评论某一作品或者说明某一问题"的解释延伸,规避借助他人素材进行创新等情形引发的争议,为当下广泛的多元化创作提供合理正当的依据。因此,一旦作品被认定为转换性使用,合理使用就可以直接成立而不构成侵权。

二、案例概述

电视剧《三生三世十里桃花》是由网络高人气青春小说作家唐七公子所

---

❶ 袁锋:《网络影评类短视频合理使用问题研究——以转换性使用为视角》,《中国出版》2019年第3期,第41–44页。
❷ Campbell v. Acuff – Rose Music, Inc, 510 U. S. 569, 579 (1994).
❸ 孙松:《著作权转换性使用的本土路径重塑》,《电子知识产权》2020年第2期,第21–29页。
❹ 宋海燕:《娱乐法》,北京:商务印书馆2018年版,第89–90页。

著的古风仙侠言情小说《三生三世十里桃花》改编的影视作品。电视剧《三生三世十里桃花》凭借高人气的小说 IP、精美流畅的画面制作以及全明星阵容，自 2017 年 1 月 30 日上线以来，获得了网友的广泛关注。该电视剧上线网络平台仅半天的时间，点击播放量就高达 6 亿人次，一跃成为热门网络影视作品。优酷基于对电视剧《三生三世十里桃花》的经济效益评估，与拥有电视剧《三生三世十里桃花》全部著作权的影视发行公司上海剧酷文化传播有限公司签订合约。2016 年 12 月，上海剧酷文化传播有限公司将电视剧《三生三世十里桃花》的中国大陆境内独占专有的信息网络传播权（含转授权、维权权利）授予合一网络技术（北京）有限公司（优酷网络技术（北京）有限公司的前称）。因此，优酷拥有了电视剧《三生三世十里桃花》的信息网络传播权，同时也获得了授权合约签订后所拥有的相应维权权利。

"图解电影"App 是蜀黍科技旗下所运营的一款高清在线图文电影解说手机软件，该软件以"只需 10 分钟，让你读懂 1 部电影"为口号，将热门影视作品通过制作成图片集的形式，为用户提供影视作品的观看浏览服务。在"图解电影"App 中，用户"青青酱"上传的名为《三生三世十里桃花作品 01》图片集共包含图片 382 张，均截取自电视剧《三生三世十里桃花》第一集，图片内容涵盖了该电视剧第一集视频内容中的主要画面和全部情节，且该图片集观看量高达 6.9 万。因此优酷认为蜀黍科技运营的"图解电影"App 在优酷所签订的电视剧《三生三世十里桃花》信息网络传播权授权期间，未经许可提供了电视剧的连续图集，该图集内涵盖了电视剧的主要画面及情节，且产生了一定的传播影响力，因此构成了对优酷信息网络传播权的侵害，故而将运营"图解电影"App 的蜀黍科技诉至北京互联网法院，要求蜀黍科技赔偿经济损失和合理费用共计 50 万元。

但被告蜀黍科技辩称不同意原告优酷的诉讼请求，被告主张：第一，"图解电影"App 作为一个分享平台，只需并且已经尽到了平台的注意义务；第二，图解的核心在于文字解释，与作品本身无关；第三，图解片段就时间长度而言属于合理引用范畴，不应承担优酷主张的侵权责任。❶

2019 年 8 月 6 日，北京互联网法院依照《著作权法》第 3 条、第 10 条第（十二）项、第 15 条、第 48 条第（一）项、第 49 条❷，《著作权法实施条例》

---

❶ 北京互联网法院（2019）京 0491 民初 665 号。
❷ 《中华人民共和国著作权法》，2010 年 2 月 26 日。

第 21 条[1],《信息网络传播权保护条例》第 22 条之规定对此案作出一审判决[2],判定被告蜀黍科技提供"图解电影"图片集的行为构成对原告优酷信息网络传播权的侵犯,被告蜀黍科技于本判决生效之日起 7 日内,向原告优酷赔偿经济损失 3 万元,同时驳回原告优酷的其他诉讼请求。2020 年 5 月 11 日,二审北京知识产权法院作出最终判决,依照《民事诉讼法》第 170 条第 1 款第(一)项之规定,维持了一审北京互联网法院作出的判决。[3]

该案作为全国首例涉及将影视作品制作成图解形式的侵权案件,明确界定了影视作品合理使用的边界。将影视作品通过截图的方式制作成图片集,实质呈现主要画面、具体情节等内容的行为,在客观上起到了替代原作品的效果,超出了合理使用的限度,构成侵权行为。影视作品合理使用边界的确定有助于激励创新,推进影视产业健康发展。

三、案例评析

根据优酷和蜀黍科技著作权纠纷案的两审,法院认为该案争议主要包括以下三点:优酷网络公司是否享有涉案剧集的信息网络传播权;蜀黍科技公司是否实施了被诉侵权行为;蜀黍科技公司实施的被控侵权行为是否构成对优酷网络公司信息网络传播权的侵犯。[4] 其中,因为根据涉案影视作品片尾标明的制作单位名录,相关出品单位是涉案影视作品的著作权人,而优酷网络公司基于著作权人的授权获得涉案剧集专有的信息网络传播权,有权就涉案剧集主张权利。因此,案件最主要的争议集中在第二点和第三点,即蜀黍科技公司截图创作涉案影视作品行为的合理使用界定。合理使用即根据《著作权法》的规定,以一定方式使用作品可以不经著作权人的同意,也不向其支付报酬。在一般情况下,未经著作权人许可而使用其作品的,就构成侵权,但为了保护公共利益,一些对著作权危害不大的行为并不构成侵权。这些行为在理论上被称为合理使用。

下文将从转换性使用角度,对该案中"合理使用"的争议作进一步分析。

---

[1]《中华人民共和国著作权法实施条例》,2013 年 1 月 30 日。
[2]《信息网络传播权保护条例》,2013 年 1 月 30 日。
[3]《中华人民共和国民事诉讼法》,2017 年 6 月 27 日。
[4] 北京知识产权法院(2020)京 73 民终 189 号。

（一）影视作品截图是否属于内容转换性使用

内容转换性使用更多体现在挪用艺术是否构成合理使用的分析上。法院对内容转换性使用的判定主要考察挪用艺术的转换性性质。挪用艺术是以他人的艺术作品为原本和材料进行改编创作的一类艺术形式，是从相对主观的角度改变原作品的内容及表达含义等，不同的公众对创作意图会产生不同的理解。但是不能仅因为公众产生了不同于原作品的感受就认定该转换属于对作品内容的转换。❶

在该案中，蜀黍科技公司主张其挪用影视作品时，改变了涉案剧集作品原有的表现形式，提供的是图片集而并非视频本身，《著作权法》保护的是作品独创性的表达。《著作权法》第10条第（十二）项规定，信息网络传播权是指"以有线或者无线方式向公众提供作品"，只要使用了作品具有独创性表达的部分，均属于作品信息网络传播权的控制范围。本案中判断蜀黍科技公司是否存在提供作品的行为，关键需要考察涉案图片集是否使用了涉案剧集具有独创性的表达。

从本质上来看，影视作品是一系列的"运动图片、影像"的集合，依赖"视觉暂留原理"和媒体技术慢慢成形。从影视作品中截取的一个画面即影视作品的截图可以是影视作品画面的全部或者部分，是影视作品制作过程中形成的一种特殊的表达形式。❷ 在本案中，涉案图片集虽然过滤了涉案剧集的音效内容，但截取的涉案剧集的画面并非进入公有领域的创作元素，而为原涉案剧集中具有独创性表达的内容，因此，提供涉案图片集的行为构成对涉案影视作品的侵权，不属于对作品的内容转换性使用。

《著作权法实施条例》第21条规定，依照《著作权法》有关规定，使用可以不经著作权人许可的已经发表的作品的，不得影响该作品的正常使用，也不得不合理地损害著作权人的合法利益。就引用范围来说，蜀黍科技公司抗辩称其使用的300多张图仅能播放几秒钟，按照一般类电影作品每秒24帧计算，涉案图片集仅"引用"了原作品0.5%的画面内容。但合理引用的判断标准并非取决于引用比例，而应取决于介绍、评论或者说明的合理需要。

---

❶ 华劼：《版权转换性使用规则研究——以挪用艺术的合理使用判定为视角》，《科技与法律》2019年第4期，第26-33页。

❷ 刘燕：《优酷诉蜀黍科技信息网络传播权案法律分析》，沈阳师范大学2021年硕士学位论文，第6-7页。

另外，涉案图集解说作品截取了整部影视作品中的关键情节和画面，用文字解说对剧情进行动态描述，实质上能够完整呈现整部影视作品的具体表达，包括主要人物、主要情节、主要画面等。公众在浏览了上述图集解说作品后，能够方便快速地了解涉案影视作品的主要内容，蜀黍科技公司提供图集解说作品的行为对涉案影视作品起到了实质性复制效果，影响了作品的正常使用。因此，蜀黍科技公司提供涉案图片集的行为已超过适当引用的必要限度，影响涉案剧集的正常使用，是对原作品的不合理使用，不属于内容转换性使用。

（二）图集解说作品是否属于目的转换性使用

在国内外的司法实践中，被告使用原作品目的的转换与转换性使用的最终认定关系更为紧密。在司法实践中被认可的目的转换主要包括以下三种情形：第一类情形是利用图片、照片进行报道或阐述，二次创作不影响原作品的表现意义；第二类情形是以评价原作品为目的，借助作品内容进行二次创作；第三类情形是以数字图书馆建设为代表，只提供作品片段或关键信息供检索使用。

影视解说类作品往往需要不可避免地介绍影视作品本身，并再现影视作品部分画面，从而进行主观评述。本案中，涉案图集解说作品使用图片集对涉案影视剧的情节进行了快速梳理，虽改变了表现形式，但几乎全部为原有剧情中已有的表达，其具体表达内容并未发生实质性变化。根据《最高人民法院关于审理侵害信息网络传播权民事纠纷案件适用法律若干问题的规定》第3条第2款的规定，提供作品的行为是指通过上传到网络服务器、设置共享文件或者利用文件分享软件等方式，将作品置于信息网络中，使公众能够在个人选定的时间和地点以下载、浏览或者其他方式获得的行为。❶ 经公证可见，在蜀黍科技公司运营的网站上提供有涉案图集解说作品。根据图解电影平台上已发布的作品，提供涉案图集解说作品的目的并非简要介绍或主观评论，而是在当今碎片化阅读的背景下，通过三百多张图集的展现，迎合用户在短时间内获悉影视剧集内容的需求。

转换性使用理论认为，使用行为对原作品具备非代替性才符合转换性使用的标准，原作品的使用者不可侵犯原作品的潜在市场利益或任何市场价值。就涉案图集解说作品产生的影响看，涉案图集解说作品获得的关注和流量替代了原告优酷应享有的相应市场份额，蜀黍科技公司发布图集解说作品的行为将对

---

❶《最高人民法院关于审理侵害信息网络传播权民事纠纷案件适用法律若干问题的规定》，《中华人民共和国最高人民法院公报》2013年第3期，第11-13页。

涉案影视作品的市场价值造成实质性影响。蜀黍科技公司抗辩称涉案图集解说作品对涉案影视作品起到宣传作用，但从市场角度看，以宣传为目的与以替代为目的的提供行为存在显著区别。分析涉案图集解说作品的内容可以发现，内容中并不包含吸引公众的宣传信息或剧集悬念，而是涵盖了涉案影视作品的关键剧情和画面，在一般情况下，并不能激发观众的观影兴趣，不具备满足原告优酷利益的宣传效果，损害了原告优酷的合法权益。上述被告蜀黍科技公司的使用目的并非评论性引用或宣传，所以，涉案图集解说作品并没有转换使用目的，并不属于合理使用的范畴。

（三）影视解说类作品的"独创性"如何判定

《著作权法》界定"作品"作为智力成果的两个核心特征为可复制性与独创性，其中"独创性"作为作品的本质属性，对其进行判定是界定影视解说类作品是否构成侵权的关键。

目前我国关于"独创性"标准的判定较为模糊，但基本上可以总结为三点，即"完成创作的独立性"、"带有一定程度的创造性"以及"在一定程度上反映创作者的思想或个性"[1]。在对互联网二次创作作品的"独创性"判定上，"独创性"要求二次创作作品与原作品之间要存在"实质性改变标准"，即更加注重"独创性"标准中"带有一定程度的创造性"以及"在一定程度上反映创作者的思想或个性"这两点。因此，影视解说类作品是否被界定为"独创性作品"，最为关键的因素还是需要认定作品是否包含了创作者对作品独特的、创造性的、深层次的解读与理解。

二次创作的影视解说类作品存在多种类型，虽然其中大部分创作作品都未经授权许可，但并非所有二次创作的影视解说类作品都构成侵权行为。部分影视解说类作品中包含了创作者对作品独特的、创造性的、深层次的解读与理解，构成《著作权法》中具备"独创性"的二次创作作品，因此不能把所有影视解说类作品"一棍子打死"，全面的扼杀并不利于影视产业的创新发展。

在现行的法律框架下进行影视解说类作品的侵权判定，类型化分析成为可能的侵权认定路径。[2] 类型化即人类的一种思维方式，是对具有共同性质、特点的事物进行抽象、概括所形成的类别，其比抽象的概念更直观和具体，比具

---

[1] 辛沐原：《影视混剪短视频著作权保护问题研究》，外交学院2020年硕士学位论文，第14页。
[2] 黄亚洲：《二次剪辑短视频的侵权认定与治理要点》，《青年记者》2021年第18期，第91–92页。

体的个案更具概括性和普遍性。❶ 类型化分析有利于更加清晰、准确地识别出哪一类影视解说类作品具备"独创性",进而探索出细致化、精确化的侵权认定路径。

影视解说类作品根据内容大致可以分为三种类型,即"速看型"影视解说作品、"戏仿型"影视解说作品和"专业分析型"影视解说作品。

"速看型"影视解说作品的创作内容基本都来源于原影视作品,通过对原影视作品的快速、粗略的展示进行剧透,使用户在短时间内了解原影视作品的基本内容。这种类型的影视解说作品基本延续了原影视作品的表达逻辑,创作者不仅没有对作品进行独特的、创造性的、深层次的二次解读,而且保留了原影视作品的基本表达,对原作品产生了实质性的替代效果,因此,这种类型的影视解说作品构成对原影视作品著作权的侵犯。❷ 如本文所分析的优酷诉蜀黍科技案,蜀黍科技旗下运营的"图解电影"App 就是通过图片截图的形式使用户在短时间内了解《三生三世十里桃花》的基本内容,达到速看的效果。虽然"图解电影"App 通过文字注释对影视画面进行阐释,但在整体的作品逻辑表达架构上与原影视作品《三生三世十里桃花》一致,并不具有"独创性"特质,侵犯了优酷的信息网络传播权。

"戏仿型"影视解说作品的视觉影视材料基本都来源于原影视作品,也会引用部分与视觉材料相伴的原声材料,但创作者会通过画面剪辑、后期配音等形式构建一个区别于原影视作品的、带有创作者个人思想情绪的展示逻辑框架,形成具有独创性的、具备新表达形式的全新的影视作品。这种类型的影视解说作品多以"××说电影"的形式出现,创作者往往会使用诙谐的语言、流行的梗和精辟的词句来吐槽"烂剧",❸ 进而形成了创作者本人对于原影视作品的个人特色解读,在一定程度上反映了创作者的思想和个性,并没有对原作品产生实质性的替代效果,因此这种类型的影视解说作品往往不构成对于原影视作品著作权的侵犯。如在 B 站拥有 241 万粉丝的知名娱乐 UP 主"开心嘴炮"、拥有 210 万粉丝的"老邪说电影"等自媒体博主均是以快意毒舌的吐槽形式进行"戏仿型"影视解说作品的创作,这些自媒体博主在进行影视解说类作品创作的时候融入了极具个人特色的、强烈的个人思想和情感,构成了全

---

❶ 苏玲玲:《出版领域常见侵犯著作权行为类型化分析及防范建议——兼谈著作权侵权行为的新变化》,《出版广角》2021 年第 14 期,第 84 – 88 页。
❷ 宋晓丹:《影视剧短视频侵权认定及保护研究》,《传播与版权》2021 年第 6 期,第 121 – 124 页。
❸ 方雨婷:《影视解说短视频的生产逻辑研究》,《东南传播》2021 年第 8 期,第 123 – 126 页。

新的二次创作影视作品。

"专业分析型"影视解说作品的视觉影视材料基本都来源于原影视作品，但此类影视解说作品的重点在于对原影视作品的内容拓展，即对影视作品的相关背景、导演设置的隐喻伏笔以及影视作品的相关知识点进行深入剖析和科普，帮助用户更加完整和深刻地理解原影视作品的剧情和隐藏在镜头后的深层含义。这种类型的影视解说作品以创作者的个人认知框架和知识图谱为用户搭建了一个关于原影视作品的全新世界，创作者本人对作品进行了独特的、创造性的、深层次的二次解读，因此这种类型的影视解说作品往往不仅不会构成对原影视作品著作权的侵犯，有的时候还会扩大原影视作品的潜在影响力。如在B站拥有795万粉丝的超高人气知名百大UP主"木鱼水心"就是"专业分析型"影视解说类作品的创作博主，他于2021年4月11日上传的关于电视剧《觉醒年代》的系列科普解说视频的首期视频在B站播放量高达733万，众多网友表示因为"木鱼水心"的精心制作的影视解说视频才了解并去观看《觉醒年代》电视剧。"木鱼水心"基于影视作品《觉醒年代》剧情内容进行的专业分析解读属于二次创作，非但没有侵犯原影视作品的著作权，而且大大提高了《觉醒年代》的知名度，对该影视作品的宣传起到了一定的作用。

四、讨论与小结

以影视解说类作品为代表的影视作品的二次创作作品因符合当前短视频时代下可视化、碎片化、简单化的视频传播模式趋势，逐渐成为备受用户喜爱的一种视频内容形式，也逐渐成为短视频创作者进行影视作品二次创作的普遍创作形式，但目前也面临着较大的侵权争议。"独创性"作为二次创作影视解说类作品的要点，是侵权判定的核心。转换性使用下的"独创性"表现为内容上的创新或目的上的超越，使影视解说作品形成全新的目的、意义和价值，从而属于合理使用，不侵犯原影视作品合法权益。类型化分析可以为创作者提供合法化的创作范围。与此同时，也需要对影视解说类作品的侵权问题进行多方面、多维度、多层次的引导和治理。

在与影视作品的二次创作相关的国家政策和《著作权法》等法律法规完善、修订的过程中，首先，要具体分析影视解说类作品在互联网环境下创作和传播的过程中所产生的新问题和出现的新矛盾，在更新相关政策法规的同时，必须高度重视影视解说类二次创作作品的创作表达自由与著作权保护之间的平衡问题，优化出能够平衡两者利益的政策法规。[1] 其次，由于影视解说等二次创作博主多是以个体创作者的身份进行作品创作的，因此其具有一定的获取授权困境。基于此困境，影视作品创作行业可以引入一种新型的授权许可模式，即知识产权共享协议，来改善传统许可授权的困难。最后，影视解说类二次创作作品的创作者需要提高自身的版权保护意识，主动学习并熟悉《著作权法》等与作品二次创作相关的法规政策，在合法范围内进行优秀文化作品的创作。

思考题：

1. 我国是否有必要在《著作权法》中引入"转换性使用"？
2. "转换性使用"的本土化存在哪些困境？
3. 如何找到既适应人们碎片化观看习惯又不侵犯原影视作品版权的传播模式？

---

[1] 董天策、邵铄岚：《关于平衡保护二次创作和著作权的思考——从电影解说短视频博主谷阿莫被告侵权案谈起》，《出版发行研究》2018年第10期，第75-78页。

版块三　类电影作品

第十六章　赛事直播节目著作权保护的固定性要件分析

——评新浪诉凤凰网侵犯著作权及不正当竞争纠纷案[*]

姚岚秋[**]　魏高灵[***]

2020年9月，北京市高级人民法院对新浪诉凤凰网侵犯著作权及不正当竞争纠纷案作出再审判决，以体育赛事直播节目符合电影类作品的"独创性"和"固定性"要件为由，认定涉案体育赛事直播节目构成电影类作品。这一判决引发了学界的高度关注和激烈争议。在媒介产业中，体育赛事直播节目承载着巨大的经济利益，其法律属性是否为电影类作品，决定了对其权益保护的力度，也影响着市场的竞争格局。该判例已成为引导媒介组织加强对体育赛事直播节目著作权保护的风向标，从中我们可窥探出体育赛事直播节目的司法保护倾向的变化。本文将以电影类作品构成要件中的"固定性"为理论背景，分析新浪诉凤凰网一案的审判思路，探讨"固定性"问题的要义及其在著作权法体系下对体育赛事直播节目保护的重要意义。

一、理论背景

在北京新浪互联信息服务有限公司（以下简称新浪）诉北京天盈九州网

---

[*] 本文系国家社科基金重大项目"媒体融合中的版权理论与运用研究"（编号：19ZDA331）的阶段性成果。

[**] 姚岚秋，法学博士，入选国家"百千万知识产权人才工程"，上海广播电视台版权资产中心副主任，华东政法大学硕士生导师。

[***] 魏高灵，上海广播电视台版权资产中心高级版权管理专员。

络技术有限公司（以下简称凤凰网）侵犯著作权及不正当竞争纠纷案中，新浪认为凤凰网运营的网站未经许可实时转播自己获得授权的中超赛事直播节目，侵犯了自己对该节目享有的著作权。新浪主张权利的对象限于赛事公用信号所承载的连续画面，这是首次以侵犯直播的赛事公用信号所承载的连续画面权益为由提起的诉讼，因此被业界称作"体育赛事直播第一案"。公用信号，是体育赛事直播行业的通用术语，通常包括比赛现场的画面及声音、字幕、慢动作回放、集锦等，且仅涉及确定时间段的内容。[1]

讨论此案的目的在于研究体育赛事直播节目是否能成为著作权保护的客体，更进一步说能否被认定为著作权法保护的电影类作品，其法律定性决定了体育赛事直播节目获得法律保护力度的高低，结论将对体育赛事相关产业主体的利益格局产生重大影响。本案发生争议时，在我国著作权法框架内，对于呈现为连续画面的视听内容，可通过电影类作品、录像制品及广播电视信号三种途径予以保护。首先，《著作权法实施条例》第4条第11项规定："电影作品和以类似摄制电影的方法创作的作品，是指摄制在一定介质上，由一系列有伴音或者无伴音的画面组成，并且借助适当装置放映或者以其他方式传播的作品。"如被认定为电影类作品，连续画面的视听内容权利人可以得到最全面的保护，包括享有2010年《著作权法》第10条规定的第（十七）项"其他权利"，用于控制通过网络定时播放或实时转播该连续画面的行为。

其次，《著作权法实施条例》第5条第（三）项规定："录像制品，是指电影作品和以类似摄制电影的方法创作的作品以外的任何有伴音或者无伴音的连续相关形象、图像的录制品。"如被认定为录像制品，由于录像制品是邻接权客体，作为权利人的录像制品制作者仅享有许可他人复制、发行、出租、广播以及信息网络传播其录像制品的权利，并无权控制通过网络定时播放或实时转播的行为。

最后，如果呈现为连续画面的视听内容只是被认定为广播组织播放的广播电视信号（它是邻接权而非狭义著作权的客体），广播组织享有禁止他人转播、复制其播出的广播、电视的权利，但根据2010年《著作权法》，这里的"转播"同样不包括通过网络实时转播的行为。

具体到本案，新浪希望对其运营的体育赛事直播节目，通过电影类作品的途径给予司法保护。原因是，新浪不是广播组织（广播组织特指县级以上人

---

[1] 北京市高级人民法院（2020）京民再128号。

民政府设立的采编、制作并通过有线或者无线的方式播放广播电视节目的机构[1]，即广播电台、电视台），因主体不适格，无法通过广播组织权的途径对其运营的体育赛事直播节目进行保护。此外，如果体育赛事直播节目被认定为录像制品，如上所述，录像制作者并不具有控制网络定时播放或实时转播录像制品的权利，无法阻止未经许可通过网络实时转播体育赛事直播节目的行为。因此，新浪必须证明其获得授权传播的体育赛事直播节目为作品（即电影类作品），才能阻止他人未经许可通过网络实时转播的"盗播"行为。

在法律适用过程中，判断某一客体是否属于著作权法保护的特定类型作品时，应从体系上理解并适用相关规定，既要考虑该客体是否符合作品的一般定义，也要考虑该作品是否符合特定类型作品的表现形式。本案中，各方当事人对电影类作品构成要件的争议，主要在于如何界定《著作权法》中电影类作品"独创性"的要求以及如何理解"摄制在一定介质上"的构成要件（即"固定性"）的问题。2020年新《著作权法》实施后，电影类作品被扩展为视听作品，视听作品的独创性门槛已大为降低，故本文对电影类作品的"独创性"构成要件的解释不作赘述，重点剖析"摄制在一定介质上"的含义，即电影类作品的"固定性"要件应作何解释，并在此基础上延伸讨论体育赛事直播节目具备可版权性后，对赛事相关传播主体利益的影响。

二、案例概述

新浪经合法授权，获得于一定期限内在门户网站领域独家播放中超联赛视频的权利。2013年8月1日，新浪发现凤凰网未经许可，在其运营的网站（www.ifeng.sports.letv.com）上设置"中超"栏目，实时转播新浪取得独家授权的中超联赛直播视频。为维护自身权益，新浪对涉案两场比赛（即中超"鲁能VS富力""申鑫VS舜天"）在凤凰网上的实时直播节目进行了公证取证，取证内容均包含直播、回看等视频画面，以及全场解说。

新浪认为凤凰网的上述行为侵害了其针对涉案体育赛事直播节目享有的著作权且构成不正当竞争，遂诉至法院，请求判令凤凰网停止侵权，赔偿经济损失并赔礼道歉。

北京市朝阳区人民法院（以下称一审法院）审理后认为：涉案体育赛事

---

[1] 《广播电视管理条例》第八条、第十条。

直播节目构成作品（但未释明是何种类型的作品），凤凰网被诉行为构成对新浪著作权的侵犯，因被诉行为已通过我国《著作权法》进行了调整，无须再以反不正当竞争法进行规制。据此，一审法院判决凤凰网承担停止侵权、赔偿损失和消除影响的民事责任。凤凰网不服一审判决，提起上诉。

北京知识产权法院（以下称二审法院）将涉案两场体育赛事直播节目所呈现的连续画面是否符合电影类作品的独创性和固定性要件作为争议焦点展开论证。独创性要件方面，通过新浪提供的《中超联赛电视转播公用信号制作手册》，二审法院判断体育赛事直播节目的制作存在相对固定和统一操作流程，体育赛事直播画面的独创性选择空间非常有限，未达到电影类作品需要的独创性的高度。固定性要件方面，二审法院认为我国著作权法所保护的电影类作品应被"摄制在一定介质上"，该限定要求电影类作品应已经稳定地固定在有形载体上，而本案中涉案节目为"随摄随播"，故认定涉案体育赛事直播节目亦不符合电影类作品的"固定性"要件。最终，二审法院于2018年3月30日作出判决，认定涉案体育赛事节目未构成电影类作品，新浪对其依法不享有相应著作权，撤销一审判决并驳回新浪全部诉讼请求。新浪不服二审判决，向北京市高级人民法院（以下称再审法院）提出再审申请。

再审法院同样将涉案两场体育赛事直播节目是否符合电影类作品的构成要件作为审理的焦点。对于独创性，再审法院主张，电影类作品与录像制品的划分标准应为独创性之有无，而非独创性之高低。涉案赛事直播节目在画面摄制和选择剪辑上显然具有一定的独创性，符合电影类作品独创性的要求。此外，对于电影类作品定义中所要求的"摄制在一定介质上"，再审法院指出其意不限于事先稳定地固定在有形载体上，而在于摄制者能够证明作品的存在以便于复制传播，且对"介质"应该作广义理解，信号亦可视为一种介质。涉案赛事直播节目的比赛画面系由摄制者在比赛现场拍摄并以公用信号方式向外传输，体育赛事节目直播摄制的过程即是证明作品存在的过程，因此符合电影类作品的"固定性"要件。鉴于此，2020年9月27日，再审法院作出最终判决：新浪关于涉案赛事直播节目构成电影类作品的再审主张成立，凤凰网的涉案行为侵害了新浪对涉案赛事节目享有的"著作权人享有的其他权利"，遂撤销二审法院的判决，维持一审法院此前作出的判决。

三、案例评析

"新浪诉凤凰网案"中,新浪请求保护的涉案内容为赛事直播公用信号所承载的连续画面。与之关联的体育赛事录制节目的法律定性在产业界、理论界已经历了长期争论,然而对于体育赛事直播节目是否受著作权保护的问题,则是从本次案件开始,拉开了百家争鸣的序幕。

本案历经一审、二审、再审,展现出不同司法机关对体育赛事直播节目定性截然不同的审判思路,法院的观点冲突也反映出目前理论界对体育赛事直播节目保护的思维差异。如前所述,受篇幅所限,本文仅聚焦二审法院及再审法院对于争议焦点——电影类作品的"固定性"要件的不同认识,分析不同法院对于"固定性"的认知如何解释,并在此基础上,给出笔者自己的观点。通过对本案的深入剖析,希望能对包括广播电台电视台(体育赛事直播节目信号的制作者)、互联网视频平台(依法获得授权传播体育赛事直播节目的网络视听机构)在内的媒介组织,在选择适合的法律路径保护体育赛事直播节目权益方面有所裨益。

(一)案件争议焦点之电影类作品"固定性"要件评述

1. 电影类作品的"固定性"="已经稳定地固定"?

二审法院通过对体育赛事直播公用信号承载的连续画面进行类型化分析,认为现场直播过程中的体育赛事节目采用"随摄随播"的方式,且被诉行为亦系网络直播行为,该过程与现场直播基本同步。在这一过程中,涉案赛事整体比赛画面尚未"被稳定地固定"在有形载体上,因而,此时的赛事直播公用信号所承载的连续画面并不满足电影作品中固定的要求,不能构成电影类作品。

纵观二审法院对于"固定性"要求的论证部分,其"摄制在一定介质上"应当解释为"已经稳定地固定在有形载体上"的结论,存在着论述与结果之间的递进跳跃,让人难以信服。因为仅根据文义解释,"摄制"不能当然解释为"已经稳定地固定"。按照《现代汉语词典》的解释,"摄制"属于动词,词语解释为"统摄控制及拍摄制作"。从字面意思可以看出,摄制是一个动态的行为,而"已经"为副词,表示动作、变化完成或达到某种程度。两者没有当然对应关系。

二审法院又将"摄制权"的定义作为论据来说明我国《著作权法》中对

于电影类作品具有"稳定固定"的要求。2010年《著作权法》第10条第（十三）项规定："摄制权，即以摄制电影或者以类似摄制电影的方法将作品固定在载体上的权利。"笔者认为，摄制权是著作权人享有的著作财产权之一，从逻辑分析角度看，应理解为著作权人可以对其作品实施相关权利所对应的行为，即著作权人享有摄制权，是指可以实施或许可他人实施将其作品以摄制的方法固定在载体上的行为，而不应将"摄制权"的规定理解为我国《著作权法》中对于电影类作品具有固定的要求。

二审法院之所以得出以上结论，还在于2010年《著作权法》将电影类作品命名为"电影作品和以类似摄制电影的方法创作的作品"，从其中的"创作"一词，似乎可以推导出只要是电影类作品，均应采用摄制电影的方法制作，而电影确实是事先稳定地固定在一定介质上才能传播和欣赏的。

但是，追根溯源，我国《著作权法》上的"电影作品和以类似摄制电影的方法创作的作品"，源自《伯尔尼公约》中的"电影作品和以类似摄制电影的方法表现的作品"。"用……方法创作的作品"和"用……方法表现的作品"，两者的含义显然不尽相同。《伯尔尼公约指南》一书对此解释道："一部电影未经固定也可以存在……不论录制在胶片上还是通过摄像机现场直播，在观众看来都是一样的。""以类似摄制电影的方法表现的作品……与其说是所使用的方法（与电影）类似，不如说是由这种方法产生的效果、声音、影响类似。"[1]

由此可见，《伯尔尼公约》之所以用"以类似摄制电影的方法表现的作品"指代电影以外的同类作品，其目的就是使那些不加以事先"固定"的视听内容等也可以纳入电影作品的范畴。[2] 相对应的，我国《著作权法》虽然使用了"电影作品和以类似摄制电影的方法创作的作品"概念，但其本质含义应当与《伯尔尼公约》作相同的解读，不能把只有电影才具有的事先稳定地固定在一定介质上的特征，机械地复制到其他电影类作品上。因为，著作权法保护该类作品的目的不是保护创作的方法，而是保护创作的结果——连续会动的画面。

对此，司法实践中已有相关案例作出正确的判决。如2020年7月9日，

---

[1] 刘波林：《保护文学和艺术作品伯尔尼公约（1971年巴黎文本）指南》，北京：中国人民大学出版社2002年版，第15页。

[2] 张伟君：《论著作权法第三次修改后"转播权"内涵的变化》，《知识产权》2021年第3期，第27–33页。

杭州互联网法院对"苏宁体育公司诉浙江电信、杭州电信、浙江广电新媒体侵害作品信息网络传播权纠纷案"作出一审宣判，认定涉案赛事节目由体奥公司现场采集镜头，进行选择编排制作和直播，体奥公司在直播过程中向苏宁体育公司与央视双方发送信号的同时进行缓存，处于可复制的状态，数字信号承载的连续画面确定可感知，符合我国著作权法电影类作品"摄制在一定介质上"即固定性的要求。法院认为，涉案赛事构成以类似摄制电影的方法创作的作品，三被告未经授权播放赛事节目的行为构成侵权。

综上，"新浪诉凤凰网案"的二审法院对电影类作品"固定性"的说理论述看似层次递进分明，实则其论证过程与结论均有些偏颇，结论不具有强有力的说服力。

2. 电影类作品"摄制在一定介质上"的要求应作广义解释

再审法院从立法目的角度分析，认为《著作权法实施条例》第4条有关电影类作品定义中规定的"摄制在一定介质上"，目的在于将被摄制的形象、活动与摄制后的表达进行区分，明确该类作品保护的是智力创作成果而非被创作的对象，亦即电影类作品保护的是表达，而非思想或情感本身。通过运用上述思想表达二分法，再审法院想说明，摄制者只有通过其作品把虚无缥缈的思想具象化，最终通过某一介质落实为具体的符号表达时，才能够证明作品的具体内容，并将之进行复制传播，进而为他人所感知。

因此，"摄制在一定的介质上"的规范意义在于摄制者能够证明作品的存在，并据以对作品进行复制传播。由此，再审法院得出结论：从《著作权法实施条例》第2条有关作品的一般定义中规定的"能以某种有形形式复制"，可以得知作品具有"可复制性"即可，并未将"固定"或"稳定地固定"作为作品的构成要件。这一要求同样适用于电影类作品，不能将"稳定地固定"作为电影类作品"固定性"要件的解释。此外，通过文义解释，再审法院还认为"摄制在一定介质上"中的"介质"应当做广义解释，即扩大至直播节目"随摄随播"所产生的信号本身。

由此，再审法院纠正了二审法院认为的电影类作品的"固定性"应限定为"已经稳定地固定在有形载体上"的结论，认为其限缩了电影类作品的内涵和外延，"随摄随播"的体育赛事直播节目符合电影类作品中"固定性"要件的要求，承载赛事直播连续画面的公用信号即为摄制的"介质"。

再审法院的上述论证，是基于著作权法只保护表达，不保护思想的基本原理得出的。以此为理论基础，再审法院解释了电影类作品要"摄制在一定介质上"的要求，其目的正是为了保障电影类作品上存在可被外界感知的可复制的"表达"，而不是要求必须利用技术将作品的符号表达事先固定在物质载体上。再审法院在审理过程中紧扣著作权法的基本原理和立法宗旨，利用体系解释、文义解释的方法，对"固定性"的本质要求即"可复制性"的含义进行了合理阐述，让人深感认同。不过，在纠正二审法院对于"固定性"要件解释错误的过程中，再审法院立论有余，破论不足，缺少强有力的驳斥理由及相关论据。而这恰恰是理解和评述案例所不可或缺的。

（二）电影类作品"固定性"要件之真义探究

再审法院对于体育赛事直播节目是否符合"固定性"要件的论述，聚焦于其是否符合《著作权法实施条例》规定的电影类作品"摄制在一定介质上"的要求，对《著作权法实施条例》第2条关于作品的一般定义中"能以某种有形形式复制"的要件有所涉及，但未深入讨论。然而，体育赛事直播节目是否属于电影类作品，既要考虑该连续画面是否符合电影类作品的表现形式和固定要求，也要考虑该客体是否符合作品的一般定义。因此，在论证"固定性"要件的问题上，体育赛事直播节目是否符合作品一般定义中的"能以某种有形形式复制"（即"可复制性"）是判断其是否能构成电影类作品的重要着眼点。下文将从文义解释、立法目的和体育赛事直播节目传播特性三个维度对此进行分析。

1. 从文义解释看，电影类作品的"固定"要求可以解释为能够被感知和传播

《著作权法实施条例》第2条对可成为作品的智力成果给出了必须具备"具有独创性""能以某种有形形式复制"这两个一般要件。根据《现代汉语词典》，"能"系助动词，表示具备某种能力或达到某种效率，而"已经"为副词，表示动作、变化完成或达到某种程度。"能"意味着可能性，而不是对现实的要求。显然，"能够复制"不等于"已经复制"，更不等于"已经固定"。"能够复制"与著作权法保护的作品不是有体物的价值取向是完全一致的，因为著作权法保护的客体是智力成果，智力成果必须是无体物，否则就超越了著作权法规范的范畴。作品就是形式、知识、符号或信息，它是有形无体的，但它要被感知、被传播，需要依赖于一定的物质实体。[1] 这就决定了作品

---

[1] 熊文聪：《事实与价值二分：知识产权法的逻辑与修辞》，武汉：华中科技大学出版社2016年版，第69–71页。

在依附于一定的物质载体之前，它就已经是作品了。因此，我们可以认为一般作品是具有独创性且能够被复制/被感知、被传播的无体物。从文义解释角度看，"固定性"意味着作品只要符合能够被感知、能够被传播即可，具体作品应该依附在什么物质载体上及依附时间长短的标准应该另作判断。

2. 从立法目的看，"可复制性"是电影类作品"固定性"要件的本质要求

根据立法目的，我国著作权法并不要求作品必须长期稳定地"存储"于一定的介质上才受保护。有人说在法条列举的作品类型中，唯独只有"口述作品"可以不经"固定"就构成作品，这种说法并不尽然。实际上，"音乐、戏剧、曲艺、舞蹈、杂技艺术"等以"人的动态表演"为要素（而非指以静态的文字、符号等呈现的书面表达）的作品都不要求"已经固定"。如果按照北京知识产权法院在"音乐喷泉"案中的观点，甚至连"美术作品"都不要求已经固定。❶ 归根到底，是因为"可版权性"是一个价值判断问题，而不是事实描述问题。一项智力成果是什么并不决定它是否应当受法律保护，❷ 故将"是否已经固定"这种纯粹技术问题作为一个价值判断要件，显然不符合作品这一概念的要求，不是体现作品本质特征的定义方式。

反之，"固定性"要件的产生则是为了便于作品的传播，而不是限制新作品的创作形式和作品形态。著作权是随着复制传播技术的发展而产生的，著作权法的发展历史也可以称之为复制技术发展的历史。❸ 复制，主要指不对作品的内容进行改变，而是通过机械、电子等方式方法对作品进行再现的行为。❹ 之所以要求作品具有可复制性，其原因在于作品只有通过一定客观形式表现出来，能够为人所感知，可以进行复制，只有这样的智力成果，才能够在线传播，产生经济效益和社会价值，才有必要对其进行著作权保护。❺

正因如此，《著作权法实施条例》第2条关于作品的一般定义中，规定了"能以某种有形形式复制"的总要件，但并未提出"有形形式固定"的要求。基于此，可以说，在电影类作品中，"摄制在一定介质上"的固定性要件是"可复制性"具象化的个性体现，"可复制性"则是电影类作品"固定性"要

---

❶ 北京知识产权法院（2017）京73民终1404号。
❷ 熊文聪：《事实与价值二分：知识产权法的逻辑与修辞》，武汉：华中科技大学出版社2016年版，第7-12页。
❸ 冯晓青、胡梦云：《动态平衡中的著作权法——"私人复制"及其著作权问题研究》，北京：中国政法大学出版社2011年版，第1-2页。
❹ 黄勤南：《知识产权法》，北京：中国广播电视大学出版社2003年版，第266页。
❺ 张今：《知识产权法》，北京：中国人民大学出版社2011年版，第24页。

件的本质要求。申言之,电影类作品的固定性要件可以包含"稳定地固定"的情形,但又不能仅限于此,否则限缩了作品一般要件的"可复制性"的内涵和外延,显然是不合理的。

3. "随摄随播"的赛事直播节目符合电影类作品"固定性"要件

从技术上看,体育赛事直播节目一般采用数字卫星信号传输的方式进行制作和传播。数字卫星传输技术是把数字电视节目信息集中经卫星地面发射站,用微波发送到离地面几万公里高度的同步卫星(以下称上星),同步卫星用微波转发回地面,用户电视机通过无遮挡的小型卫星接收天线和卫星制式机顶盒收视数字电视节目的技术。❶ 这种技术可以简化为俗称的"随摄随播"。

"随摄随播"的体育赛事直播节目显然符合电影类作品的"固定性"要件要求。首先,赛事直播节目在"上星"之前,是需要即时"录制"在安装于导播车上的临时存储介质之上的,以便在出现紧急情况无法正常传输卫星信号时,这些保存在导播车上的视频信号可被及时调用。因"存储"带来的时间差使得电视观众在看到赛事画面时,会出现十几秒的现场画面延迟。

其次,"随摄随播"的体育赛事直播节目符合电影类作品"固定性"的要件要求有可借鉴的国际范例。美国版权法对"固定"的解释,就既包括事先稳定的储存在一定的物质介质上,也包括以边播边录方式进行的固定。因为美国版权法规定的固定并不是长久的储存在一定物质介质上,只要通过一定载体能够被人感知到就是固定。因此,边录边播的体育赛事直播节目在美国自然是作为作品受到版权法保护的,《美国版权法》第 101 条规定:"由正在传送的声音、图像或者两者构成的作品的录制与其传送同步进行的,就本法而言,视为固定。"第 102 条(a)款规定:"一个被录制的作品只要能够通过一个机器或装置被感知,不管这个机器或装置是当时就有的还是后来出现的,就可以满足固定的要求。"❷ 由《美国版权法》的上述规定可以看出,其关于作品的固定要求,也是从可以被感知的角度加以限定,也就是上文述及的可复制性。

实际上,比赛现场抓拍精彩画面的摄像机可以实现慢镜头回放,其原理就在于这些设备内部安装了临时存储介质。这其实已经达到甚至超过了《美国版权法》上"向外传送的同时被录制"这一固定要求的"高标准",已经满足

---

❶ 张宁:《数字卫星广播电视的信号传输与质量控制》,《西部广播电视》2017 年第 22 期,第 240-241 页。

❷ 朱丹:《体育赛事直播节目版权保护研究》,四川师范大学 2020 年硕士学位论文,第 27 页。

了《著作权法实施条例》中要求的"摄制在一定介质上"的情况。❶ 从生活常识来看，如果没有固定和录制的画面，广播电视信号的内容、体育比赛画面就无法被观众所感知。结合上文述及的"固定性"应该被解释为"能够被感知、能够被传播"的理解，体育赛事直播节目同步被录制、被固定的事实，完全符合我国《著作权法》对于电影类作品"固定性"构成要件的要求。

在当下作品的固定方式越来越趋于数字化和无体化（比如云存储）的技术背景下，对电影类作品的保护提出必须满足"稳定地固定在有形载体上"的要求，其实是法律滞后性的体现，这种解释会对相关司法审判实践造成法律与现实脱节的负面影响。

2020年新修订的《著作权法》已对作品的一般构成要件作出修改，从强调"有形形式复制的智力成果"调整为"能以一定形式表现的智力成果"。立法者的意图显而易见，随着技术的进步，即使作品的"可复制性"要求，也已经不再局限于有形形式的范畴，而是包含借助一切形式的被表现和感知。因此，在2020年《著作权法》的语境下，电影类作品的"固定性"构成要件更不应该再机械地理解为事先稳定的有形形式的固定。

（三）"固定性"要件与体育赛事直播节目的著作权保护

体育赛事直播节目侵权纠纷属于近年来涌现的新型民事纠纷案件，本案权利人同时以著作权侵权与不正当竞争作为诉讼案由，体现出目前有关体育赛事直播节目法律性质界定不清的问题。知识产权与反不正当竞争关系密切，对于此类侵权行为应该适用哪个部门法进行保护，也成为争议话题之一。

综合考量，体育赛事直播节目应以著作权侵权救济作为首要的法律保护手段，反不正当竞争仅可以在特定情形下作为救济的补充途径较为合适。该结论基于以下理由。

首先，从法理上讲，知识产权的损害救济应首先适用知识产权法律法规，反不正当竞争法只是不得已而为之的补充依据。自2007年起，最高人民法院就在司法解释文件中多次指出，反不正当竞争法只是在有限范围内提供知识产权的附加保护，该附加保护不得与知识产权专门立法的立法政策相违背，且只要知识产权专门立法中作了穷尽性保护的，原则上就不能再适用反不正当竞争

---

❶ 熊文聪：《论"已经固定"不是电影作品的可版权要件》，《山东科技大学学报（社会科学版）》2019年第2期，第52-56页。

法寻求额外保护。❶ 2018年颁布的《北京市高级人民法院侵害著作权案件审理指南》第1.4条也规定:"同一案件中,针对同一被诉侵权行为,原告既主张侵害著作权又主张违反反不正当竞争法第二条的,可以一并审理。如果原告的主张能够依据著作权法获得支持,则不再适用反不正当竞争法第二条进行审理。如果原告的主张不能依据著作权法获得支持,在与著作权法立法政策不冲突时,可以依据反不正当竞争法第二条进行审理。"

其次,适用反不正当竞争法稳定性不足。在著作权案件中适用《反不正当竞争法》,往往依据其第2条的一般条款,即"经营者在生产经营活动中,应当遵循自愿、平等、公平、诚信的原则,遵守法律和商业道德"。但这一条款过于原则,评判无统一标准,适用过于灵活,法官在司法实践中的自由裁量权过大,会导致司法保护结果不稳定,对于权利人而言存在较大的结果不可预测性。

在确定优先选择《著作权法》保护体育赛事直播节目后,明确其法律定性就是维权的关键要点。"新浪诉凤凰网案"之所以引起业界广泛的讨论,也正是如此。三级法院的审理过程备受瞩目,多重反转的判决结果充满了话题性。但三级法院均将电影类作品构成要件的论证作为审理焦点,"固定性"是电影类作品的构成要件之一,其解释结论间接决定了审判结果。

通过对"固定性"要件的分析,进而探讨体育赛事直播节目的法律定性,一旦论证体育赛事直播节目符合电影类作品的构成要件,即可以通过《著作权法》对其按照侵害作品权利人权利为由进行保护,这就是论证"固定性"要件解释的终极要义。

理论研究最终需要指导实践。学界对于体育赛事直播节目的法律性质争论,最终目的都是要更好地保护相关权利人的合法权益。体育产业有多个利益相关者,如俱乐部、广播组织、网络视听机构、赞助商、体育设施所有者、博彩公司等,它们构成了一个复杂的商业关系网,这也就决定了体育赛事的复杂性。这些利益相关者可以在体育赛事价值链的各个要素环节中主张权利,需要通过具体有效的权利分配来妥善处理。在此基础上,如果没有一种适当的法律保护路径来激励体育赛事组织者的大量投资,体育产业要想进一步发展将会受到限制。

---

❶ 刘维:《反不正当竞争法一般条款的适用边界》,《上海政法学院报》2011年第6期,第42-48页。

2020年新《著作权法》生效后，为广播电台、电视台增加了一项"广播组织权"，即禁止未经其许可将其播放的广播、电视通过信息网络向公众传播。这项权利赋予作为体育赛事直播节目信号制作者的广电机构对其直播信号享有"网络转播禁止权"。但由于新《著作权法》将广播组织权的主体仍限定在广播电台、电视台，因此对于新浪这样的网络视听机构而言，由于不是广播组织权的权利主体，仍然无法通过广播组织权保护其体育赛事直播节目的相关权益，因此，更需要通过论证体育赛事直播节目的属性来判断其是否可以构成著作权法上的电影类作品，以及能否以著作权人的身份展开维权。

"新浪诉凤凰网案"是首个因体育赛事直播节目发生争议的司法判例。值得一提的是，这一案例所开创的正确的审判思路已在实践中形成共识。在2021年9月28日审结的央视国际网络有限公司诉深圳新感易搜网络科技有限公司侵害著作权和不正当竞争纠纷案中，法院基于类似的审判思路，同样认定涉案的奥运会直播节目已满足作品一般定义中"可复制性"的要求和类电影作品定义中"摄制在一定介质上"的"固定性"要求，应当给予相应的著作权保护。相信这些判例会激励更多的权利人，特别是体育赛事相关的媒介组织，积极拿起法律武器，维护自身的合法权益。

四、讨论与小结

随着网络技术的飞速发展，体育赛事直播越来越成为体育文化产业的增长点，但许多网络平台未经授权盗播赛事直播节目，无须支付任何费用却可以获得流量，严重侵害了体育赛事直播节目权利人的利益，亟待通过司法给予保护。法律制度是社会关系的调节器，应当起到定分止争、维护公平和促进社会进步的作用。但法律又有着天然的滞后性，当相关法律概念存在不确定性，判决结果却可能对产业利益产生重大影响等情况下，司法机关应当通过探究立法本意，考量利益平衡，全面地解释和适用法律规定，以达到维护竞争秩序，保护正当法益，促进产业良性发展的目的，而不应机械地仅通过法条的字面文义去解释法律规范，否则结果可能偏离正确的轨道。

在新浪诉凤凰网的体育赛事直播节目侵犯著作权及反不正当竞争纠纷案中，再审法院就是秉持着上述原则，在电影类作品的"固定性"等关键问题上作出了科学的认定，使得体育赛事直播节目得以归类于电影类作品，获得合理的保护。这一判例突破了体育赛事直播节目长久以来的维权难点，也前瞻性地与新《著作权法》的修法意图不谋而合，必将对今后保护和促进体育赛事直播节目产业的发展起到积极的示范作用。

思考题：

1. 从著作权保护的角度，谈谈为什么讨论体育赛事直播节目是否满足电影类作品的固定性要件十分必要？

2. 2020年新《著作权法》取消了"电影类作品"，取而代之的是"视听作品"，同时修改了广播组织权。请思考在新《著作权法》实施后，对于不同的媒介组织，体育赛事直播节目有几种保护途径？

3. 我国不是判例法国家，但是指导性案例的结果对后续司法裁判也影响深远。同案不同判的情况时有发生，请问应从哪几个角度研判一个判例的结果合理与否？

第十七章　赛事节目的作品构成与独创性分析

——以新浪中超案为例

赵双阁[*]　南　梅[**]

中国体育赛事转播著作权第一案——新浪中超案，一审法院判决涉案中超赛事画面受著作权保护，二审法院则判决涉案赛事不构成类电影作品，再审法院认为涉案赛事节目构成作品，判决版权侵权成立。前后经过三次宣判，终于以凤凰网侵权败诉落下帷幕。本案最大的争议点就在于涉案赛事转播画面是否构成作品。本文结合法院三次判决从对素材的选择与拍摄、画面的选择与编排等几方面分析赛事节目的独创性，判定其作品属性且根据著作权法可将其纳入视听作品范围。随着中国体育赛事转播著作权第一案的尘埃落定，学界和司法界对体育赛事节目网络直播的作品定性逐渐趋于一致，这对体育赛事产业和网络直播产业的发展均具有深远影响。

一、理论背景

近些年，随着世界各国交往的日益密切和人民物质生活的丰裕，体育赛事节目作为一种视觉消费的新产品，逐渐引起了人们的广泛关注。体育赛事节目并不同于体育赛事本身，而是对体育赛事拍摄所形成的影像节目。具体而言，就是指由在编导、摄像、现场主持解说等工作人员亲临赛事场地通过摄像机位的移动、镜头的切换、现场解说或采访、字幕呈现、镜头回放、人物特写等行为，将正在进行的体育赛事活动拍摄成能够满足大家信息获取、欣赏的视频节目。在这个拍摄过程中，尽管体育赛事本身不能被"创造"，没有"剧本"可

---

[*] 赵双阁，西北大学新闻传播学院教授、博士生导师。
[**] 南梅，西北大学新闻传播学院2021级硕士研究生。

循，但是画面拍摄过程本身是可以体现技巧、技术能力，体现一定程度的创新性。[1]但是，即便如此，在面对频频发生的体育赛事节目网络直播纠纷中，各地法院对此类问题并没有形成统一认识，人们在体育赛事节目的性质及保护方法方面还存有较大争议。与此对应，学界对此也同样存在不协调的认识，有学者指出："降低对独创性的要求、将直播画面认定为作品，将在很大程度上降低使用广播组织权的意义。因此对体育赛事现场直播画面的保护，应当通过完善《著作权法》对广播组织权的规定加以实现。"[2]但有学者认为："体育赛事直播节目本身已具备作品所要求的独创性，通过邻接权并不能对其进行完满的保护，修改《著作权法》时应重构'广播权'和'信息网络传播权'，以完善目前体育赛事直播节目的版权保护路径。"[3]还有学者认为，"擅自网络实时转播体育赛事构成不正当竞争"[4]，"较为合理的方案是将这类赛事节目按照反不正当竞争法予以保护"[5]。由此可见，造成上述认识的不一致，既有立法方面的缺陷，又有理论上不自足的短板。

依据《著作权法实施条例》第2条之规定[6]，作品的构成必须满足"属于文学、艺术和科学领域"、"独创性"、"可复制性"和"智力成果"等四大要件，而"属于文学、艺术和科学领域"、"智力成果"这两个要件对于体育赛事节目而言是不言自明的，因此，对独创性和固定性的分析就成为判定体育赛事拍摄画面是否属于作品的两大决定因素。要定义作品必须首先明确独创性的定义，目前，司法实践中较为统一的观点是：著作权法保护的作品是独立创作、非窃取他人并具有适度创作高度的表达方式。[7]而如何才能算作"独立创作"并具有"适度创作高度"即独创性的有无及高低问题，一直在学术界存

---

[1] 赵双阁：《体育赛事网络实时转播法律保护困境及其对策研究》，《法律科学》2018年第4期，第56-66页。

[2] 王迁：《论体育赛事现场直播画面的著作权保护——兼评"凤凰网赛事转播案"》，《法律科学》2016年第1期，第182-191页。

[3] 高帅：《论体育赛事直播节目的可版权化——以新浪诉天盈九州凤凰网直播中超案为引》，《研究生法学》2016年第1期，第89-95页。

[4] 祝建军、魏巍：《擅自网络实时转播体育赛事构成不正当竞争》，《人民司法》2016年第2期，第96-99页。

[5] 徐小奔：《论体育赛事节目独创性之所在——兼评"新浪诉凤凰网体育赛事转播案"》，《中国版权》2016年第3期，第47-50页。

[6] 《著作权法实施条例》第2条规定：作品是指文学、艺术和科学领域内具有独创性并能以某种有形形式复制的智力成果。

[7] 薛飞：《亟待关注的新类型作品著作权保护》，《中国知识产权报》2010年6月23日，第9版。

在着很大的争议。可以说，不同类型的作品，由于在创作的过程中制作需求不同，而制作需求的大小又在一定程度上决定着不同类型作品的独创性。

我们从立法上也能发现，虽然著作权中的人身权针对所有类型作品都能提供无差别保护，但是著作权中的财产权以及兜底条款权利并非对所有类型作品提供无差别保护。这也就从一个侧面为我们提供了理论基础，即不同类型作品在独创性上的差别必然导致受保护门槛的不同，换言之，不同类型的作品受版权保护时所需独创性的高度是不同的。比如，摄影作品的独创性在我国著作权法中要求就非常低，只要是由自然人拍摄的照片都会得到保护，无论是专业人士还是业余人士。而对于类电影作品而言，一般情况下需要有编导、导演、演员、制片人、灯光师、摄影师、化妆师等人员的共同参与创作，那么，独创性的要求必然要比摄影作品高。但是，由于我国著作权法对独创性并没有作出规定或者解释，司法实践中对于体育赛事节目独创性的判断各级法官也无法清晰地作出统一的认识。

当然，对体育赛事节目的独创性进行分析判断也只是能否获得版权保护的第一步，接着尚须确定的是其属于何种作品类型。在2010年的《著作权法》中列举了明确的八种作品类型和模糊性的兜底条款性类型，在理论界和司法界，根据对独创性的评判，也就出现了将其归入类电影作品、汇编作品和"其他作品"等三种情况都有的局面。但是，新修订的《著作权法》中将旧法中"能以某种有形形式复制的"改为"能够以一定形式表现"，并增添了"视听作品"的概念，将旧法中的"类电影作品"归入视听作品之中，从而为判定体育赛事节目的作品属性提供了新的思路，当然，也为统一思想提供了立法基础。

总而言之，选择"新浪中超案"进行分析，在理论上对体育赛事节目的作品属性进行深入论证，可以为促进体育赛事实时网络转播事业的蓬勃发展，完善体育赛事实时网络转播方面的制度规范，探索有效解决网络转播法律难保护的理论方案提供坚实的基础，无论在理论上还是在实践中都会产生重要的现实意义。

二、案例概述

根据《国际足联章程》《中国足球协会章程》之规定，中国足协是中超赛事权利的原始所有者。2006年3月8日，中超联赛责任有限公司（以下简称中超公司）经中国足协授权取得中超联赛资源代理开发经营的唯一授权，有效期为十年，其中包括中超联赛的电视、广播、互联网及各种多媒体版权。2012年3月7日，中超公司与新浪互联信息服务有限公司（以下简称新浪公司）公司签订协议，约定新浪公司享有在门户网站领域独家播放中超联赛视频的权利，期限为2012年3月1日至2014年3月1日。为避免歧义，协议中还特别列明了与新浪网业务相同或有竞争关系的多家互联网门户网站不得以任何形式转播或录播中超赛事，其中就包括凤凰网。❶

2013年8月1日，北京天盈九州网络技术有限公司（以下简称天盈九州公司）在其运营的网站——凤凰网中超视频首页显著位置标注并提供鲁能VS富力、申鑫VS舜天两场比赛的直播。进入比赛的专门页面后显示有"凤凰体育讯""凤凰体育将为您视频直播本场比赛，敬请收看！"字样，再"点击进入视频直播室"，该页面的浏览器标题为"视频直播合作：凤凰互动直播室"字样，且该页面存在大量广告。

鉴于此，新浪公司诉称凤凰网及运营方天盈九州公司未经合法授权，非法转播中超联赛直播视频，侵犯了新浪公司享有的涉案体育赛事节目作品著作权，且构成不正当竞争；天盈九州公司攫取了新浪公司的经济利益，分流了用户关注度和网站流量。新浪公司因此请求法院判令天盈九州公司停止侵犯中超联赛视频独占转播、播放权，停止对体育赛事转播权及其授权领域竞争秩序和商业模式的破坏，立即停止对视频播放服务的来源作引人误解的虚假宣传，赔偿经济损失1000万元，并消除侵权及不正当竞争行为造成的不良影响。❷

审理中，法院通知乐视网信息技术（北京）股份有限公司（以下简称乐视公司）作为第三人参加本案诉讼。

一审判决构成侵权。2015年6月，朝阳区人民法院作出一审判决，乐视公司、天盈九州公司以合作方式转播涉案赛事的行为，侵犯了新浪公司对涉案赛事画面作品享有的著作权，故判决凤凰网及天盈九州公司赔偿新浪公司经济损失50万元。朝阳法院一审认为，赛事录制镜头的选择、编排，形成可供观赏的新画面，是一种创作性劳动，且该创作性因不同的选择、不同的制作，会产生不同的画面效果，反映了其创作性。即赛事录制形成的画面，构成我国著作权法对作品独创性的要求，应当认定为作品。该案一审判决成为我国首例认

---

❶ 北京市高级人民法院（2020）京民再128号。
❷ 《凤凰网擅转中超联赛被判侵权　新浪网获赔50万》，《北京晨报》2015年7月2日，第A17版。

定体育赛事画面为受著作权保护作品的判决。❶

二审撤销一审判决。随后,凤凰网不服判决,上诉至北京知识产权法院。体育赛事节目能否作为著作权法意义上的"作品"而享有著作权,成为该案争议焦点。凤凰网认为,体育赛事并非著作权法所保护的对象,任何足球比赛的转播都是根据观赛需求录制特定的内容,其独创性不足以成为一件"作品"。新浪公司则辩称,体育赛事节目是"类似以电影拍摄方式拍摄的作品",属于著作权法意义上具备独创性的作品。

对于涉案公用信号承载的连续画面是否构成电影作品,北京知识产权法院2018年3月二审判决认为,就纪实类电影作品的三个独创性判断角度而言,在素材的选择上,中超赛事公用信号所承载的连续画面基本不存在独创性劳动。分别通过CCTV5和北京体育频道直播的两场中超比赛公用信号所承载连续画面既不符合电影作品的固定要件,亦未达到电影作品的独创性高度,故涉案赛事公用信号所承载的连续画面未构成电影作品。因现有证据无法证明,涉案两场赛事公用信号所承载画面构成电影作品,从而无法认定新浪公司对其享有著作权,故被诉行为未构成对新浪公司著作权的侵犯,凤凰网的部分上诉理由成立,北京知识产权法院予以支持。因此,北京知识产权法院二审撤销一审判决,驳回新浪公司全部诉讼请求。

再审维持一审判决。因不服二审判决,新浪公司向北京市高级人民法院申请再审。北京市高级人民法院再审认为,该案争议焦点在于:一是涉案赛事节目是否构成类似摄制电影的方法创作的作品;二是天盈九州公司、乐视公司的涉案行为在上述前提下如何定性及其法律责任承担。

关于争议焦点一,法院认为,对于类电影作品与录像制品的划分标准应为有无独创性,而非独创性程度的高低。具有独创性,则一般是指作品为作者独立完成并能体现作者特有的选择与安排。在该案中,该类赛事节目的制作充分运用了多种创作手法和技术手段,体现了摄像、编导等创作者的个性选择和安排,符合类电影作品的独创性要求。同时,关于是否满足类电影作品定义中"摄制在一定介质上"的要求,法院认为,涉案赛事节目在网上传播足以表明其已经通过数字信息技术在相关介质上加以固定并进行复制和传播。

关于天盈九州公司和乐视公司的涉案行为,法院指出,根据现行《著作权法》的规定,被诉直播行为既不属于信息网络传播权也不属于广播权调整

---

❶ 北京市高级人民法院(2020)京民再128号。

的范围，应适用《著作权法》第 10 条第 1 款第（十七）项"应当由著作权人享有的其他权利"的调整范围，该条款是为作品的著作权人设置的"兜底"权利条款，因此被诉直播行为侵犯了新浪公司对涉案赛事节目享有的"著作权人享有的其他权利"，对新浪公司认为上述行为亦构成不正当竞争的主张，不予支持。

三、案例评析

该起案件作为"中国体育赛事转播著作权"第一案，引发了社会各界的高度关注，前后三次判决的焦点都集中于"体育赛事节目能否作为著作权法意义上的作品而受到著作权法保护"这一问题。2020 年，案情虽得到了最终判决，但伴随着著作权法的修订，其结果至今仍为学术界所争论。本文将结合修订的最新著作权法及法院前后三次的判决，针对此争议作出以下几个方面的分析。

（一）性质判定：体育赛事节目是否可认定为著作权法规定的作品

依据 2020 年新修订的《著作权法》第 3 条的规定，本法所称的作品是指文学、艺术和科学领域内具有独创性并能以一定形式表现的智力成果。修改后的《著作权法》摒弃了之前《著作权法实施条例》第 2 条对作品应当"能以某种有形形式复制的"即"固定性"的要求，取而代之的是"能够以一定形式表现"。这一修改使得人们重新认识了著作权法意义上"作品"的构成要件，因为按照之前的法律，那些无法被固定下来的创作或表达是不能被称之为著作权法意义上的"作品"的，而修改后的法律中所提及的"能够以一定形式表现"实际上明确了之前的"固定性"要求，即只要是用肉眼可见的形式能为人们所感知就可满足这一要求，而体育赛事节目明显是可通过一定载体表现出来为观众所感知的，所以涉案赛事节目必然满足"能够以一定形式表现"这一要件。故本篇在分析涉案赛事节目是否构成著作权法所规定的"作品"时，主要从独创性这一角度进行分析。

作品"具有独创性"，从字面理解就是说这个作品必须由创作者独立完成且体现的是创作者自己的思想。即从两方面进行判定，一是作品是否由创作者独立完成，即作品在创作的过程中完全是作者独立思考不掺杂他人作品的痕迹；二是作品的整体表达安排是否可以表现出作者个人的判断、选择，即明确作品应当体现作者的智力创造性。

当然，独创性判断标准依据作品的类型不同定会有所差异，即使同一类型作品，可能也将会有不同的独创性判断标准。由于体育赛事是客观发生的事件，具有纪实特性，故本文结合法院判决从纪实类作品的独创性判断角度出发进行分析。

1. 对素材的选择：应以价值要素为判断标准

与非纪实类作品源于独创的电影情节不同，纪实类作品的内容均源于现实生活中的具体人物、事件等，导演的独创性劳动主要体现在如何在各种现实素材中进行选择并加以运用。对于此类作品的独创性判断首先需要分析导演在素材选择方面的独创性劳动。通常情况下，可被选择的素材范围越广，在素材的选择及运用方面的独创性程度可能越高，反之则越低。

二审法院认为，"中超直播团队的直播素材必然是中超联赛中的各场比赛，这一素材并非由直播团队所选择。退一步讲，即便直播团队对于播或者不播以及播哪场比赛具有选择权，该选择亦并非独创性意义上对素材的选择。因此，如果将整体赛事作为素材，直播团队并无选择权。当然，每场比赛客观上可以被分为若干个时间段，从而每个时间段亦可视为单独的素材，但因对于赛事直播而言，如实反映比赛进程是其根本要求，因此，直播团队并无权选择播放或不播放某个时间段的比赛，而是必须按照比赛的客观情形从头至尾播放整个比赛，因此，如果将各个时间段的比赛作为素材，直播团队亦无选择权"❶。

再审时法院推翻了二审判决，对素材的选择是否存在个性化选择重新作出判定。再审法院指出，中超赛事公用信号所承载的连续画面是关于中超赛事视频节目的主要组成部分，其素材必然是中超的现场比赛。此点是所有纪实类作品的共性所在，但不能据此否定该类作品的独创性。著作权法对于因反映客观事实而不予保护的典型情形是时事新闻，但时事新闻限于仅有"时间、地点、人物、事件、原因"内容的文字或口头表达。除时事新闻外，不同的作者即便报道同一事实，其对构成要素的选择仍具有较多的选择空间，只要各自创作的"新闻报道"具有独创性，就不属于单纯的事实消息，而可以作为新闻作品受到著作权法的保护。根据"举重以明轻"的解释方法，对于涉案赛事节目是否具有独创性的认定，亦不能因其受赛事本身的限制而否定其个性化选择。中超赛事公用信号所承载的连续画面是由一帧帧连续的画面组成，尽管一场具体的赛事节目整体上只能限于同一场比赛，但由于比赛进程的丰富性、场内外各种情形的不可预知性以及多机位多角度拍摄画面的多样性，使得在具体

---

❶ 北京市高级人民法院（2020）京民再128号。

时点上每一帧画面的形成、选择以及画面的连续编排,仍存在对拍摄对象等素材进行个性化选择的多种可能性。

笔者与再审法院的观点一致。作品的独创性不能以可选择的素材数量的多少来界定,再审法院将涉案赛事节目可选择的素材进行量化这一做法是欠妥的。我们不能因为体育赛事节目的纪实性而否定了其独创性。

纪实类电视节目与一般影视节目相比,其最大的特点便在于它的纪实性,也正由于该类节目具有这样的特性,所以才体现出了其独特的魅力。❶ 体育赛事节目虽是摄制形成的,但其本质是通过对某一事实性体育赛事进行客观真实的记录和传播,不采用其他夸张的摄制和编排,让公众仿佛置身于体育赛事现场,平实地了解到整个比赛的进程和结果等。素材的纪实性恰恰是体育赛事节目的价值所在。正如近几年国内拍摄的诸多优秀纪录片一样,这些纪录片素材均来源于最朴实的客观实际,但平实画面背后所透漏出的深刻意义以及给整个社会所带来的巨大价值,绝不是那些打着创新的名头却毁三观的所谓猎奇影视所能匹敌的。

因此在拍摄的过程中,选择这一个素材进行拍摄,而不选择那一个素材,这本身就是独创性的一种体现。即作品独创性的判定应更多考虑素材本身的价值。

2. 对素材的拍摄:应以创作空间为判断标准

著作权法将作品的表现形式界定为一系列有伴音或无伴音的"画面",这一表现形式对应的是对于素材的拍摄。而在实际拍摄过程中,采用何种角度、手法拍摄被选定的素材,带给观众何种视觉感受,显然可能存在个性化差异。即便针对相同的素材,不同的人拍摄出来的画面亦可能并不相同,因此,此亦为作品的独创性判断角度之一。

二审认为,在素材的选择不具有独创性的情况下,如果直播团队在对素材的拍摄方面体现了较高的个性化差异,则其同样可能达到作品的独创性高度。但中超赛事公用信号的统一制作标准、对观众需求的满足、符合直播水平要求的摄影师所常用的拍摄方式及技巧等客观因素却极大限制了直播团队在素材拍摄上可能具有的个性选择空间。❷

---

❶ 秦健、李青文:《理论与实践:论体育赛事节目的独创性》,《中国出版》2020年第20期,第65-69页。

❷ 张鹏:《"互联网+"视域下体育赛事节目的可版权性研究》,《新媒体研究》2018年第23期,第64-67页。

再审法院推翻了二审法院判决。根据二审判决的认定，公用信号是体育赛事直播行业的通用术语，其由专业的直播团队按照赛事组委会统一的理念及制作标准制作而成。中超赛事公用信号的制作尽管要遵循相关信号制作手册的要求、考虑观众需求以及摄影师应具有符合直播水平要求的技术水准，但上述因素并不足以导致涉案赛事节目的制作丧失个性化选择的空间。根据二审判决补充查明的事实，尽管 2013 年、2014 年度中超联赛公用信号制作手册包括摄像机机位设置、慢动作锁定、镜头切换基本原则、字幕要求、公用信号流程等方面的要求和指引，但相关内容只是从拍摄原则和拍摄思路角度作出的规定，其作用类似于"使用说明书""操作规范"，所列的拍摄要求和部分范例仅起到提示、指引作用，并不涉及具体赛事画面的选择和取舍，相关指引内容并未具体到每一帧画面的拍摄角度、镜头运用等具体画面的表达层面，故不能因此否定创作者的个性化创作。[1]

赛事节目的制作考虑观众需求以及确保摄影师的技术水准，是为了满足观众观赏体验，确保赛事节目制作的专业水平，从而确保赛事节目不仅能向观众传递赛事信息，还能以专业化、艺术化的方式呈现，即便为了满足上述需求和技术要求，也仍然存在多种选择的可能性。[2] 尤其值得注意的是，著作权法上的独创性要求不同于专利法上的创造性要求，只要存在自由创作的空间及表达上的独特性，并不能因使用常用的拍摄技巧、表现手法而否定其独创性。因此，上述理由均不能将之作为否定中超赛事公用信号所承载的连续画面及赛事节目独创性的理由。

正如再审法院所分析的那样，笔者亦认为制作方法并不能成为限制体育赛事节目独创性的因素。首先，信号制作手册只是一种指南性规范。任何作品在制作的过程中都肯定会受到一定的限制，不可能漫无边界地进行自由的创作，所以我们不能以某一类作品在创作中受到了某种规范来否定作品的独创性，恰恰相反，正是因为有了某一个制作规范的限定才更加体现出了创作者的独特设计与编排。而且，从法律角度而言，我们不能将新颖性等同于作品的独创性。不能因为在制作过程中参照了某一制作规范而否定该创作的新颖性从而判断该创作不具有独创性。其次，拍摄画面时考虑观众需求也并非独创性的考量因素。试问有哪一个作品创作出来之后会不希望抓住观众的眼球呢？不论创作何

---

[1] 北京市高级人民法院（2020）京民再 128 号。
[2] 曹利：《论体育赛事直播节目的版权保护》，江西财经大学 2021 年学位论文，第 23 页。

种类型的作品，观众的需求都应当成为创作过程中作者考量的必需因素，得不到观众注意的创作怎么可能形成好的作品呢？最后，采用常用的拍摄技巧亦不能成为独创性的考量因素。因为在比赛时不是一台摄像机在录制，而是多台摄像机的录制，所以在同一时间段会拍摄很多个体育赛事画面，但在传输过程中观众看到的体育赛事画面只能有一个，所以如何在众多的画面中选择一个特定的画面传递给观众，这一选择恰恰就反映了制作者的个性化选择。❶其实我们不难发现，如今众多思想作品的表达都不可能是另辟蹊径，而基本上所采用的大都是现有模式方法，所以我们决不能以表达方法的相同来判定作品的独创性。

3. 画面的选择与编排：应以个性选择为判断标准

作品最终的表现形式为连续画面，而非具体单张的摄影作品，而如何选择、编排拍摄画面，并按照导演的思想形成完整的作品，同样可能存在个性化差异。即便针对相同的素材，相同的拍摄画面，采用不同方式进行选择、编排，亦可能形成不同的类电影作品。实践中，电影的后期剪辑对最终作品的巨大影响即可佐证这一事实，因此，此亦为作品的独创性判断角度之一。

二审法院认为，"在直播过程中，摄影师将其拍摄的画面传输给直播导演，导演将收到的各个机位的画面选择后直播，其中包括选择特定的慢动作镜头。在这一过程中，虽然不同的直播导演所作选择可能存在差异，但如实反映赛事现场情况是赛事组织者对直播团队的根本要求，因此，导演对于镜头的选择必然需要与比赛的实际进程相契合。当然，比赛本身是不可控的，但这并不意味着对于比赛的进程不能合理预期"❷。直播导演会基于其对规则、流程以及比赛规律的了解，尽可能使得其对画面的选择和编排更符合比赛的进程，而这一能力对于同等水平的直播导演而言并无实质差别，相应地，不同直播导演对于镜头的选择及编排并不存在过大的差异。

再审法院指出，著作权法对作品的保护是对作品独创性表达的保护。从思想与表达趋于合并的角度而对相关表达不予保护，一般仅限于表达唯一或者有限的情形，即当表达特定构思的方法只有一种或极其有限时，则表达与构想合并，对相关内容不给予著作权保护。实践中，有限表达或唯一表达通常是被告提出的抗辩事由，如被告能够举证证明被诉侵权作品由于表达方式极为有限而

---

❶ 祝建军：《体育赛事节目的性质及保护方法》，《知识产权》2015年第11期，第27-34页。
❷ 北京市高级人民法院（2020）京民再128号。

与原告主张权利的作品表达相同或者实质性相似的，可以认定有限表达抗辩成立。如前所述，中超赛事公用信号所承载的连续画面及涉案赛事节目的制作存在较大的创作空间，并不属于因缺乏个性化选择空间进而导致表达有限的情形。

在被告未提出相关抗辩，双方当事人也未进行充分举证、对质的情况下，以中超赛事公用信号所承载的连续画面及涉案体育赛事节目相较非纪实类作品具有更小的个性化选择空间为由否定涉案赛事节目的独创性，缺乏事实及法律依据。此外，新浪公司在本案再审中补充提交的证据表明，对于同一场体育赛事，由不同转播机构拍摄制作的赛事节目在内容表达上存在明显差异，进一步印证体育赛事节目的创作存在较大的个性化选择空间。因此，对二审判决的相关认定不予确认。

诚然，在笔者看来，扼杀体育赛事节目的独创性空间的并不是对赛事画面的选择与编排。在二审法院的分析中，有以体育赛事的节目内容的客观性来否定其独创性之嫌。且体育赛事节目的画面，只能拍摄赛事节目现场的局部画面，不可能是对整体的节目现场（包括观众座席与主席台等），因此这就给了摄影师对选择画面有着较大的选择自由。❶ 因此在一般情况下，即使选择和编排体育赛事节目的导演水平相当，体育赛事节目也会有所不同。

综上所述，涉案体育赛事节目从其独创性上来看，是满足我国著作权法上对于"作品"的定义要求的。

（二）类型界定：涉案赛事体育节目该属何种作品

在2020年新修订的我国《著作权法》中，将原《著作权法》第3条第（六）项中的"电影作品和以类似摄制电影的方法创作的作品"改为了"视听作品"，将第（九）项"法律、行政法规规定的其他作品"改成了"符合作品特征的其他智力成果"。通过以上分析，从"独创性"角度已经判定了涉案体育赛事节目属于著作权法意义上的"作品"，但是，依据《著作权法实施条例》第4条第11款规定❷，构成类电影作品除了独创性之外还要具备"摄制在一定介质上"这一要求，即限定要求电影类作品应已经稳定地固定在有形

---

❶ 丛立先：《体育赛事直播节目的版权问题析论》，《中国版权》2015年第4期，第9—12页。
❷ 《著作权法实施条例》第4条第（十一）项规定，电影作品和以类似摄制电影的方法创作的作品，是指摄制在一定介质上，由一系列有伴音或者无伴音的画面组成，并且借助适当装置放映或者以其他方式传播的作品。

载体上。因此,司法界和学界对直播画面属不属于"摄制在一定介质上"存在很大的争议。进行网络直播的同时可以满足录制要求,但是,在直播的同时录制是否是《著作权法实施条例》中"摄制在一定介质上"的事先"固定"要求?二审法院对于"固定性"提出"稳定地""固定""有形载体"子要素,认为涉案赛事节目不符合我国著作权法及相关法律规定,但是,再审法院却认为由于涉案赛事节目连续画面及制作素材,在摄制、分发、传输等环节中存在内容与有形载体的附着关系,符合"固定性"要求。虽然从司法程序上而言,再审后判决已经生效,但是,相关讨论并未停止。

令人欣慰的是,新《著作权法》的颁布不仅对作品概念进行了完善,不再强调"固定性",取而代之的是"能以一定形式表现",从而改变了构成要件"固定性"的要求,采取开放模式即"符合作品特征的其他智力成果"进行定义,而且还增加了视听作品这个类型,完全迎合了现实发展的需要,具有很大的积极意义,弥补了过往法律的空白。在著作权保护的司法实践中,鉴于视听作品作为一个法律术语,而法律中对其并无定义,我们可以参照《视听作品国际登记条约》的定义:视听作品是指由一系列相关的固定图像组成,带有或不带伴音,能够被看到的,并且带有伴音时,能够被听到的任何作品。[1] 如此一来,依据新的《著作权法》中"作品""视听作品"的含义,以数字化形式表现的体育赛事节目网络直播构成著作权法意义上的作品没有问题,具体而言就是视听作品。

四、讨论与小结

在我国《著作权法》中并没有非常明确的对于作品的独创性高低的明确规定。判断体育赛事等纪实类作品是否属于作品,在实践中往往以独创性高低作为评判标准,很显然,这给了法官很大的自由的裁量空间。对体育赛事节目所作出的对于创造性的要求,在我国立法中不应过高,只要体育赛事节目能够达到创造性的最低限度,就应该构成作品。从画面的选择与编排、对素材的拍摄以及素材可选择的范围三个范围来看,体育赛事节目无疑具备作品所要求的一般独创性。因此,体育赛事节目的独创性被承认,并将体育赛事节目纳入视

---

[1] 谢明哲:《体育赛事直播节目作品属性探析》,《合作经济与科技》2021 年第 6 期,第 184 – 185 页。

听作品的保护范围之内，才是关于此类问题的后续研究的必经之路。

思考题：

    1. 著作权法意义上作品的构成要件有哪些？

    2. 针对有固定拍摄要求的赛事画面来说，应该如何判定该类画面的独创性？

    3. 浅谈视听作品这一概念的引入将产生什么影响？

司法报道篇

第十八章 司法案件的媒介报道与利益平衡
——以劳某案为例[*]

梁光兆[**]　曹小杰[***]

劳某案为我国近年来重大刑事案件之一，在作案手段、办案时间跨度、情节严重性以及嫌疑人自身经历复杂性上都具有典型性，各类媒体报道热度随案件审理不断演化并形成了多次舆论波，对理解媒介监督与司法公正的关系及二者互动协作具有较大分析价值。媒介监督过度可能影响司法公正，监督不够则可能不利于司法公开。本案例聚焦劳某案这则典型但富有争议的刑事案件，通过分析专业媒体、机构媒体与自媒体对该案的报道、引发的舆论反响及利益平衡等问题，来讨论媒介如何适度监督司法实践，为预防和化解网络时代的"媒介审判"提供启示。

一、理论背景

在关注并尊重社会公众知情权这一点上，媒介与司法存在天然共性。新闻以服务公众知情权为基石，而司法过程除了通过强制力来纠正具体失范行为外，也存在通过审判失范行为来教育公众、避免更多失范的目的，换言之，公开亦是司法的内在诉求。作为新闻传播法领域的重要议题，媒介监督与司法公正的关系饱受学术、司法及社会各界的关注。媒介监督过度可能影响司法公正，监督不够则可能不利于司法公开。

媒介监督过度容易导致"媒介审判"（trial by media），即新闻媒介在报道进入司法程序的案件时超越法律规定、侵犯人权、影响审判独立和公正的现

---

[*] 本文得到广东省高等教育教学改革项目"媒介伦理课程线上线下混合式教学改革"的支持。
[**] 梁光兆，华南理工大学新闻与传播学院学生。
[***] 曹小杰，华南理工大学新闻与传播学院副院长、副教授。

象，而这种现象多数发生在刑事案件报道中。[1] 具体来说，传统意义上的"媒介审判"主要指大众传播媒介通过具有倾向性与煽动性的报道影响舆论，进而干涉司法审判。而这一现象除却直接对司法进程构成阻碍外，在法院正式宣判之前，可能直接伤害当事人隐私权并给其带来不良的社会评价，最终侵害其合法权利。

"媒介审判"这个舶来词的出处是 1954 年美国的萨姆·谢波德医生杀妻案[2]。在该案一审中，美国报纸采取了各种倾向性极强的报道，导致社会舆论处于一种维护"正义"的幻想中，在舆论铺天盖地对谢波德的有罪推定中，他直接被判死刑。随着舆论的降温，人们在案件的重审过程中开始意识到媒介过度报道尤其是不当干预司法与程序正义的弊端。

随着传播技术的进步，网络成为信息、意见交织发酵的场域，跨时空、匿名化、即时性的特性增加了社会舆论场的复杂性。各类专业媒体、机构媒体和自媒体等或协同一体，或各自为战，使得网络时代的媒介监督似更易操作但也更易沦为"媒介审判"，进而给司法实践带来更大的冲击与挑战。

首先是网络崛起为媒介监督的一支重要力量，标志性的事件是 2003 年的孙志刚案。随着博客、社交网络、即时通信等技术的迅速发展，出现了一批能够左右网络舆论走向的意见领袖。2010 年以来，自媒体应运而生并大行其道，依托一定的受众和舆论影响力，促使传统媒体与网络共生、网络媒体占主导的互联网舆论环境的形成。其次是媒介本身的日益分化，形成了专业媒体、机构媒体和自媒体三足鼎立的局面。这不仅意味着媒介并非铁板一块、内部存在差异，同时也意味着媒介所引导的意见并非铁板一块，而是内部存在差异。为了争夺受众注意力，不同媒体可能会有意去渲染不同的意见，在意见的冲突与竞争过程中，监督可能异化为审判。再次是网络舆论本身具有即时性、千变万化、迅速扩散的特征，在饱受关注的刑事案件中，网络舆论对公众舆论走向形成不可忽视的引导与影响。正如有学者所概括的：（1）严重的随意性、有罪推定盛行；（2）强舆论影响力、易形成"群体之恶"；（3）非理性、排斥一切异议；（4）重情绪宣泄、轻了解真相。[3]

---

[1] 魏永征：《新闻传播法教程（第六版）》，北京：中国人民大学出版社 2019 年版，第 98 页。
[2] 王紫璇、陈立颖、董志博：《媒介形式迭代对"媒介审判"的影响——兼论当下我国网络"媒介审判"的对策》，《中国报业》2020 年第 16 期，第 70 - 71 页。
[3] 赵金：《从"媒体审判"到"舆论审判"——信息社会化传播中的传播伦理和法律建设反思》，《青年记者》2018 年第 36 期，第 88 - 89 页。

如何在媒介报道中平衡公众对道德伦理、人性好恶的情绪理解与法治对案件事实、程序正义的制度保障，成为至关重要的焦点。当前新闻界对报道和评论有争议的刑事案件已经达成一些基本的共识性原则，比如可聚焦案件审理程序和纪律中的问题，实体问题则由司法专业人士去处理；对审判过程、一审判决与终审判决不同时间节点也要遵循不同的原则。如此方能避免嫌疑人还未经正式审判即被媒介"宣判"的问题。

尽管我们说今天的公众也许仍然对1833年本杰明创办《太阳报》后推行的"故事模式"感兴趣，即煽情主义、超越客观主义，"大众是不需要真相的，与追求真相相比，他们更喜欢得到情绪上的满足"❶。但专业媒体应该比机构媒体、自媒体承担更多的责任，克制对流量、对热点的不假思索的追寻，警惕被部分不负责任的自媒体反过来建构议程，成为真正的社会舆论的坚定磐石。

专业媒体、机构媒体与自媒体存在专业程度、受众想象和责任意识等层面的差异，三者同时追求链接社会问题与公众关注，但也存在互相牵扯、制衡的关系。司法系统的政务机构媒体作为司法新闻或信息的权威发布者，相对新闻专业媒体与自媒体而言，更能清晰、准确地进行自我表达，但也存在一定的不足，即在舆情回应中存在滞后性，有时不能完全达到社交媒体时代新闻发布的及时性、权威性和充分性要求。❷ 作为补充，法院、检察机关等同时也会通过新闻发布会、专业媒体报道来传达具体案例、相关信息。而自媒体主体则几乎无所不包，既包括普通公众，也包括律师、记者、其他公共人物等，部分有很强的专业性和正面性，部分则缺乏底线、挑战认知、充满负能量。

从媒介制衡的角度来说，首先需要充分发挥专业媒体的权威性、公信力与主导性作用，在更深刻地理解网络逻辑与新时期的舆论规律的基础上，不断调整媒介运作机制，适应网络环境，及时发现潜在的公共议题，积极引导公共事件的网络舆论。其次是对自媒体进行分类管理，充分发挥良性自媒体的作用，抑制不良自媒体的作用，合理管理灰色自媒体的运作。

本案例所聚焦的劳某案社会影响巨大，在劳某被捕、庭审、宣判的三个阶段都引发了大量舆情关注。无论是专业媒体还是自媒体，不同观点、意见、叙

---

❶ 张子森、刘海鹏：《从财新道歉说起——新闻专业精神拒绝"主观倾向"和"媒体审判"》，《青年记者》2020年第20期，第21–22页。

❷ 张志安、章震：《政务机构媒体的兴起动因与社会功能》，《新闻与写作》2018年第7期，第64–69页。

事在网络上交锋。人民网、新华社、光明网、央视等专业主流媒体矩阵，通过对舆论走向进行动态分析，对存在"媒介审判"倾向的舆论进行及时引导、积极回应，较好地抑制了部分不良自媒体的作用，推动舆论监督向客观理性方向发展，有利于营造良好的司法权威形象与舆论环境。

二、案例概述

2019年11月28日下午，福建厦门思明公安分局通过大数据信息研判，发现厦门某商场出现一名疑似命案逃犯劳某的女子，经过精心布局和安排，第二天民警成功将劳某抓获归案。同年12月17日，江西省南昌市人民检察院依法对犯罪嫌疑人劳某批准逮捕。劳某拒绝家人为其请律师，转而向政府申请法律援助。人民网、新华社、光明网、央视网等专业媒体在第一时间获取案件相关的权威信息并进行报道（如央视网《连环杀人案逃犯劳某抓捕现场视频公布：不惊慌，不拒捕，目前未发现潜逃厦门期间作案》）。同时尽管案发时间久远，劳某涉案过程与潜逃经历也得到较充分的补充梳理（如澎湃新闻《嫌犯劳某：从教书育人教师到劫杀七人女逃犯》《法子英死刑判决书全文披露：女逃犯劳某如何合伙杀人劫财》），这些报道让公众对案件相关信息形成了基本认知。

2020年8月31日，江西省南昌市人民检察院依法对劳某提起公诉，并交由南昌市中级人民法院依法受理。在12月21日、22日两天的开庭审理过程中，劳某当庭翻供，至22日17时36分庭审结束，法庭宣布休庭，将另行择期宣判。在此期间，专业媒体从司法机关、劳某本人、劳某亲属以及受害人家属多角度报道了庭审的全过程（如人民网《江西检察机关依法对劳某涉嫌故意杀人、绑架、抢劫罪案提起公诉》，《北京青年报》的《劳某否认部分杀人犯罪指控》等）。随着该案引发热议，部分自媒体博主发布对劳某进行仿妆的"蹭热度"行为，对此《人民日报》第一时间发布评论予以严肃批驳，对不良舆论倾向进行纠偏，避免引发更大的负面影响。

2021年9月9日上午，江西省南昌市中级人民法院依法进行一审公开宣判，被告人劳某当庭表示上诉并申请继续接受法律援助。除了延续之前的报道风格外，专业媒体充分发挥信息公开职能，通过对检察官、专案组、公诉人的采访报道（如新华网《拍案丨劳某一审被判死刑，专案组披露办案细节》），保障了公众对案件各阶段具体流程细节和政法机关行为依据的知情权。纵观2019年以来的整个案例报道，专业媒体均积极对各阶段网络舆情焦点进行议题设置与回应,在人脸识别技术的两面性(利于抓捕罪犯但可能侵害个人隐私)、反对无底线"蹭热度"、辩护律师是否应当为造成重大社会危害的犯罪嫌疑人辩护等"热点"议题发挥了一定引导作用,使舆论向着理性化、法制化方向发展。

三、案例评析

(一)网络舆论的非理性表达

在 2019—2021 年,除了被捕、庭审、宣判三个关键时间节点,其他时间该案在专业媒体上较少涉及,反倒百度贴吧(以其名字命名)、微博等网络平台上有持续讨论,这在一定程度上影响了公众对该案全面、理性、法治的认知。一些自媒体从道德立场出发给当时尚未被宣判的劳某定性为"红颜悍匪""杀人狂魔",诸如《杀人狂魔劳某认为自己是好人,我吐了》《善恶到头终有报!劳某狱中癌症发作,二审怕是等不到了!》等带有情感色彩、揣测性质的内容在微信公众号发布,多呼吁或强调"欲杀之而后快""无须再审,直接定罪"。

尽管类似文本的最终呼吁指向部分体现在当地法院的司法裁决文书中,与法律适用出现了一定的吻合,适用法律的适当性和正确需要肯定,但是部分媒体特别是网络平台的表现过程和传播方式无疑存在瑕疵甚至问题。除了情绪渲染和不必要的血腥细节的披露,该案中多位受害人的名字未经匿名化处理即被广泛传播,法援律师遭遇网络辱骂,部分关联地名和建筑受曝光,涉嫌侵害当事人隐私权、名誉权等。

刑事案件的专业报道应遵循"以事实为根据,以法律为准绳"原则,体现中立、理性的法律思维。这一点在自媒体和网民层面很难做到。相较有专业准则约束的专业媒体,迅速抓住网络舆情热点甚至本身也成为网络舆情一部分,往往是自媒体和网民的追求,后者在舆论引导中也经常反客为主,从被引导对象成为引导主体。[1] 类似状况早已有之。在沈阳商贩夏某峰刺死两名城管案中,部分网络大 V 及自媒体出于对案件当事人身份偏见(尤其是对城管群体的负面印象),天然认为"小贩"夏某峰属于弱势的一方(这种弱势不仅包

---

[1] 童兵:《马克思主义新闻观读本》,上海:复旦大学出版社 2016 年版,第 88-89 页。

括法律层面的弱势，还包括道德层面的弱势❶）并在互联网上公开鼓动不能判其死刑。❷

类似案例显示，非理性议题往往比理性议题具有更大的舆论建构能力。❸一经发出后再经过网民情感的发酵，往往会形成巨大的舆论压力，严重者甚至使法律成为这种"破案→声讨→判决→处决→大快人心"模式下的"民意傀儡"。❹劳某案的判决书没有直接证据显示法院受到网络舆论的影响，但近期"江某母亲诉刘某案"一审判决书强调"司法裁判应当守护社会道德底线，弘扬美德义行，引导全社会崇德向善"，较明显地体现了司法审判对网络舆论的回应。

这里面至少有两个问题值得关注。一是刑事案件中的司法审判是否应该回应舆论？如何回应？二是这种舆论（及舆论监督）本身是否合理？尤其网络时代"众声喧哗"，专业媒体应该如何理性发声并主导舆论监督？鉴于第一个问题已经得到大量法学论文的讨论，下面重点从媒介视角分析第二个问题。

（二）专业媒体的舆论引导

关于专业媒体与媒介报道过当的关系此前已有研究，如2001年的刘涌案中，专业媒体出于对严重涉黑违法者的批判，在一定程度上跳出了监督司法的框架进而试图"促进"司法。在该案审理期间，新闻报道大量使用"黑帮头目""血案累累""十恶不赦"等字眼，❺使民众对于案件的关注点更多集中在道德情节上，以至于出现了法院判决尚未生效、嫌疑人却已经"国人皆曰可杀"的社会氛围。但随着专业媒体法治思维的进步，我国针对重大刑事案件的媒介报道日益坚持"以事实为根据，以法律为准绳"原则，监督过当甚至"媒介审判"的问题更多转移到网络舆论及自媒体所营造的舆论中（见图18-1）。

---

❶ 刘颖：《媒体审判与司法公正——司法、媒体与大众的良性互动方式探索》，《法制与经济》2021年第2期，第92-96页。
❷ 史支焱：《大众媒介法治报道的双面性影响及规制探究》，《上海广播电视研究》2021年第4期，第60-67页。
❸ 赵金：《从"媒体审判"到"舆论审判"——信息社会化传播中的传播伦理和法律建设反思》，《青年记者》2018年第36期，第88-89页。
❹ 张冠楠：《"媒介审判"下的司法困境》，《法学》2011年第5期，第14-20页。
❺ 陈力丹：《不能再搞"媒介审判"》，《新闻界》2013年第22期，第23-26页。

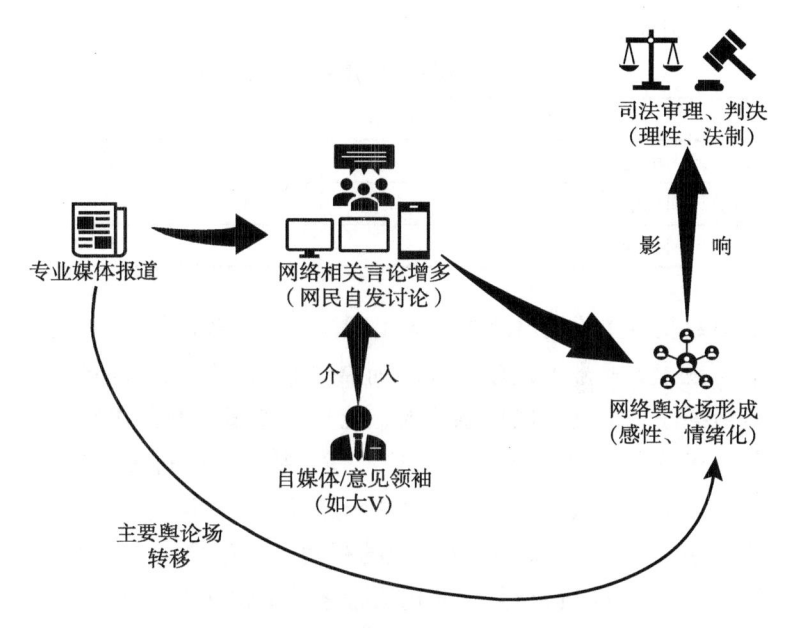

图 18-1　网络传播技术与媒介监督的形塑

网络传播技术的发展带来了舆论监督权的局部流动[1]，法院、专家与网民间的论战更是表明了依法治国首先应化解来自网络的、带有主观化、非法治思维的"媒介审判"。围绕重大刑事案件的网络"媒介审判"具体包括舆论开端、舆论发展、舆论膨胀、舆论整合与舆论消散[2]五个主要阶段，在舆论场中呈现出专业媒体"正声"、自媒体的"杂声"[3]并存的局面。从弘扬正声抑制杂声的角度，专业媒体在化解刑事案件网络"媒介审判"中需要扮演更为积极的角色。

本文以劳某名字为关键词在人民网、新华网、光明网、央视网四个专业媒体网站内进行检索，去除不相关及涉及本案内容较少的，共得到 50 篇相关报道（见表 18-1）。其中 2019 年（发现行踪到批捕时期）15 篇，2020 年（提起公诉到庭审时期）20 篇，2021 年（一审宣判到上诉时期）15 篇。结合这些报道以及相关专业媒体的报道，对劳某案中专业媒体对网络"媒介审判"的

---

[1] 张志安、王惠玲：《机构媒体、随机新闻行动与新闻业的角色流动》，《新闻与写作》2019 年第 5 期，第 64-73 页。
[2] 张冠楠：《"媒介审判"下的司法困境》，《法学》2011 年第 5 期，第 14-20 页。
[3] 马相龙、卯会：《警惕自媒体中"媒介审判"下的群体暗示行为——以"红黄蓝"事件为例》，《新媒体研究》2018 年第 9 期，第 121-122 页。

应对与化解进行分析。

表 18-1　部分主要专业媒体相关报道统计

阶段	央视网	人民网	光明网	新华网	汇总
2019 年：发现行踪到批捕	8	4	0	3	15
2020 年：提起公诉到庭审	2	4	13	1	20
2021 年：一审宣判到上诉	7	1	6	1	15

劳某案中专业媒体的报道总体体现出理性思维与法治精神，具体如下。

（1）在标题上，一般使用较中性的词语对案件事实或审理进展进行陈述。如央视网《劳某案一审宣判以故意杀人、抢劫、绑架三罪并罚判死刑》；人民网《江西检察机关依法对劳某批准逮捕》等，基本上秉持客观，单纯将案件审理的进程向网民和受众进行了报道，并未加入引导性词句。

（2）在报道内容上，基本站在客观的视角，将案件审理所经历的各个司法阶段呈现在公众面前，包括其中的司法程序、证物证言、庭审过程等，让公众通过法院的审理而不是媒体的定调来形成对案件的看法。如央视新闻在一审宣判后发文《劳某案庭审全过程公布！曾在灭门案后怕留指纹提议放火烧屋》等。通过对作案工具图片、"幸存者"证言、公诉人发言的报道将劳某案的细节与法院宣判的依据呈现与公众，通过最直接的形式向其展示案件发生以来的原始信息。

（3）在信息呈现的角度上，强调多角度、多方声音的报道。如澎湃新闻《劳某家属：法援律师称劳某已上诉，申请继续接受法律援助》从劳某家属角度出发，《重庆晨报》的《劳某案开审被害"小木匠"之妻："我就想亲眼看看她是什么样的女人"》从被害人遗孀的角度出发，东方网《自认知性美，劳某庭审时否认此前供述：都是被法某某胁迫，"我是受害者"》从劳某本人的视角出发，进行了较为深入和多层次的展示。

上述专业文本的处理过程，通过充分展示案件过程、突出事实证据，引导公众了解案件审判程序（what）——了解判决依据（how）——了解嫌疑人及相关当事人信息与观点（why），让公众明白昔日的教职人员是如何最终成为一个与多起命案相关的嫌犯的，使公众能够更加理性地思考案件带来的经验与教训。

网络时代的舆论生态呈现出"后真相"特征，同时媒介技术的赋权使传者和受者的界限逐渐模糊，传者本位逐渐让位于受者本位。❶ 在劳某案审理过程中，部分传播者以一些所谓"小道消息"或细节出发对事实进行重新包装，隐蔽地设置观点性而非事实性议题，由此放大和强化某种情绪或偏见❷，最终致使网络舆论反复反转。如对于使用人脸识别技术追踪到劳某表示质疑，进而引发了对于安全与隐私的论辩。同时，出于吸引流量的目的，网络上出现了一些炒作行为。如某加V的美妆博主在微博上发布了所谓"劳某模仿秀"并询问网友"像不像"，这对公序良俗造成了不良影响。凡此种种议题的发酵更是导致网络舆论在争议与批驳中形成新的一轮"媒介审判"的狂欢。

专业媒体对此给出了及时回应。如央视网《从"神捕"张学友到劳某落网：人脸识别为何能认出早已容貌大改的"你"？》等就人脸识别技术在劳某案侦查过程的应用与相关伦理问题作了解读。针对仿妆界的系列乱象，《人民日报》、新华网及时发布评论进行批驳。习近平总书记指出，"新闻媒体要加强对执法司法工作的监督，但对执法司法部门的正确行动，要予以支持，加强解疑释惑，进行理性引导，不要人云亦云"❸。专业媒体的这些引导使网络公众对信息的真实性、权威性等的辨识意识得到了提升，将舆论导向了较为理性的方向。针对律师为一个"死有余辜"嫌疑犯辩护，也有媒体进行了相关的报道，比如《北京青年报》的《"弑母案"被告人二审辩护律师：我为什么给吴某辩护？》联系了吴某弑母案与劳某案中引发争议的共性——无罪推定与程序正义，对于维护而不是完全剥夺重大刑事案件犯罪嫌疑人应有的法定权利这个问题进行了冷静的思考与分析。

马克思指出，报刊"是社会舆论的产物，同样，它也制造社会舆论"❹，如今这一论断依旧适用于网络语境。舆论监督的关键就在于媒体通过客观和公正地报道事件真相，给予公众知情权，从而形成良性的社会舆论的倾向。❺ 当网民认知不够全面、网络"媒介审判"的苗头出现时，需要专业媒体及时补

---

❶ 张秋燕：《试论我国"媒介审判"发展历程中的受众变化与特征》，《新闻论坛》2020年第4期，第66—69页。

❷ 赵金：《从"媒体审判"到"舆论审判"——信息社会化传播中的传播伦理和法律建设反思》，《青年记者》2018年第36期，第88—89页。

❸ 习近平：《严格执法，公正司法》，《十八大以来重要文献选编（上）》，北京：中央文献出版社2014年版，第723页。

❹ 马克思：《摩泽尔记者的辩护》，《马克思恩格斯全集》（第1卷），北京：人民出版社1995年版，第378页。

❺ 毕一鸣：《"让民做主"还是"为民做主"——论舆论监督中的媒介定位》，《当代传播》2007年第3期，第14—16页。

充相关信息，尤其是对司法活动进行充分报道，将讨论纳入法律轨道。❶ 法治建设是网络强国建设的制度基石，重大刑事案件的审理与专业报道在维护法律权威秩序、惩恶扬善的同时，可以兼顾对公众的普法，促使公众在关注重大刑事案件时能自主形成良性舆论监督、促进司法进步而不是为网络"媒介审判"狂欢。

随着一审的宣判，劳某案再次进入了审理各阶段间的空白期，专业媒体的报道也相对进入低谷期。但案件争议本身并未结束，公众仍然通过网络平台表达持续关注。专业媒体对新闻点的关注不可能持续聚焦在同一件事情上，但网络自媒体可以持续关注，这就显得专业媒体存在缺位。但不是说没有补救办法。劳某案的司法程序告一段落后，专业媒体梳理了2019年来该案的相关信息，系统地对案件本身及其社会影响进行了总结。如央视新闻的评论《良法促善治　让公平正义的阳光照耀人民心田》、新华网《一年破获命案积案5281起！追索正义，没有休止符》。另外也可以结合其他刑事案件的比较性分析报道，来激发公众对本案或类似案件法律问题的思考和辨别，进一步强化法治教育，提升法律素养。

基于上述劳某案中媒体表现的分析，未来刑事案件中媒体报道和监督存在以下几点启示值得强调。

（1）坚持新闻报道的基本理念，坚持"以事实为根据、以法律为准绳"的法治原则。我国《刑事诉讼法》第12条规定："未经人民法院依法判决，对任何人都不得确定有罪。"面对刑事案件的犯罪嫌疑人，在法院宣判未生效之前一般应坚持无罪推定原则，媒体不得发表带有倾向性的文章与评论。专业媒体是新闻传播专业原则和职业伦理规范的掌握者，更应是正确网络舆论价值观的引领者、宣传者，要坚持尺度原则，不对司法案件的实体内容进行引导性报道。

（2）报道相关案件时发挥自身影响力、坚持社会效益第一。部分专业媒体在进行相关报道时，出于改变公众眼中官媒严肃刻板形象的目的采用了"卖萌"、标题党等表达方式❷，一定程度上陷入了流量思维的低层次传播。专业媒体须坚持其严肃新闻媒体的定位，避免过于追求经济效益与流量而逐渐丧

---

❶ 张志安、卢家银、曹洵：《网络空间法治化的成效、挑战与应对》，《新疆师范大学学报（哲学社会科学版）》2016年第5期，第120—127页。

❷ 李良荣、袁鸣徽：《锻造中国新型主流媒体》，《新闻大学》2018年第5期，第1—6页，第145页。

失自主权❶，面对网络"媒介审判"应采取"治理"而不是"管理"❷的方法，避免在重大刑事案件的议程设置与引导上成为"媒介审判"的共谋者。

（3）在普法教育上积极与司法系统的机构媒体开展合作，并与正能量自媒体形成良性互动。司法机构媒体在相关的案件发布与解释上不仅体现出法律领域的专业性，而且同样与社会公众的切身利益紧密关联。❸ 专业媒体的报道应与机构媒体的报道形成互补关系，在特定的争议性议题上也可以构成相互监督的关系。同时，根据国家互联网信息办公室《互联网新闻信息服务管理规定》（2017），我国自媒体不具有一类资质因此没有新闻采访权。但网络自媒体能够通过各种表达渠道和方式，主导舆论甚至反过来干扰、建构专业媒体议程的现象。因此有必要充分利用良性自媒体，积极将其纳入并视作媒介监督的主体，促使其与专业媒体、司法系统机构媒体形成三方协作关系，共同服务于面向社会公众的普法教育，提升公众法律素养，推动法治化进程。

四、讨论与小结

总而言之，我们可以发现在本案例中，专业媒体能够积极发挥专业引导作用并在一定程度上抑制出现针对劳某案的网络"媒介审判"现象。对于如何充分发挥专业媒体在媒介监督与报道中的主导作用，并与机构媒体、良性自媒体形成动态协作关系，本案例为依法治国和普法教育提供了一些新的思路。从媒介角度来说，在案件审判的各个阶段（包括一审判决后总结性的报道），专业媒体无疑应秉持客观、公正、平衡的专业报道精神，充分发挥其在媒介监督与舆论引导方面的权威性和公信力，促使网络舆论往理性与法治的方向发展。

当然专业媒体能否切实有效地在应对网络"媒介审判"上发挥积极作用，还取决于其能否克服自身在法律专业性方面的局限性。从策略上来说，专业媒体未来应该更充分地与公检法等相关机构及机构媒体进行更为深入、密切的合

---

❶ 蔡雯：《5G时代新型主流媒体的机遇与责任》，《人民论坛·学术前沿》2019年第21期，第15-21页。

❷ 朱春阳：《全媒体视野下新型主流媒体传播效果评价的创新路径》，《新闻界》2019年第12期，第11-16页。

❸ 张志安、王惠玲：《机构媒体、随机新闻行动与新闻业的角色流动》，《新闻与写作》2019年第5期，第64-73页。

作，通过新闻发布会、开设法治专栏、主动进行普法教育等方式，不断协调好媒介与司法的关系，更准确更理性地以案释法。同时，专业媒体可适当加强与良性自媒体的合作，将这些重大刑事案件发生时的"引流点"转化为"释法点"，扩大对案件客观、法治认识的传播效果，最终形成新闻报道与司法审判的合理平衡。

思考题：
  1. 我国当前的媒介监督有什么新特点和新变化？
  2. 专业媒体在面对网络"媒介审判"时，可以采取哪些措施进行化解与引导？
  3. 本案为媒介处理与司法的关系提供了什么启示？